JN079710

2024年版

新規開業白書

日本政策金融公庫総合研究所　編

刊行に当たって

2020年以降、世界中を苦しめた新型コロナウイルス感染症は、昨年ようやく、わが国での感染症法上の5類に移行した。緊急事態宣言が繰り返し発出されていた当時を振り返ると、多くの経営者が、キャッシュレス決済やオンライン営業を導入したり、完全予約制にして密を避けたりと、事業を続ける努力を重ねていた。さらに、テイクアウト専門の飲食店が新たにオープンするなど、困難をはねのけ事業を始める開業者のたくましい姿もさまざまな場でみられた。

2021年版以降の『新規開業白書』では、感染症の流行が開業者のパフォーマンスに与えたマイナスの影響に主眼を置いてきた。ただ、テイクアウト専門店の開業にみられるように、コロナ禍にはプラスの側面もあったはずである。そこで、2024年版の本書では、コロナ禍の開業への影響をこれまでとは別の角度からとらえようと試みた。構成は次のとおりである。

最初に序章で、関連する先行研究をレビューした。2011年の東日本大震災をきっかけにした開業に関する調査や、開業者を開業動機でプル型とプッシュ型に分類した研究を概観し、以降の分析の手がかりとした。

続く第1章では、日本政策金融公庫総合研究所「新規開業実態調査」を用いて、足元の開業の動向を整理した。調査を開始した1991年度からの変化をみると、コロナ禍となる以前から、開業の小規模化や女性の開業者の増加が進んでいる。コロナ禍にやや悪化した採算や売り上げ状況は、平時に戻っている。

第2章では、引き続き同じ調査を用いて、コロナ禍をきっかけに開業した人の実態を明らかにし、きっかけの内容別にも分析を行った。コロナ禍で勤務を辞めたり家計が減ったりした人がやむなく開業したというケース

だけではなく、コロナ禍に商機を見いだして開業したというケースも少なからずみられた。政府による緊急対策支援のほか、リモートワークの浸透や空き物件の増加なども開業を後押ししていた。コロナ禍をきっかけにした開業では事業規模は一般開業より小さいが、必要な採算は維持できており、開業に対する満足度は高いこともわかった。

第3章と第4章では、当研究所によるインターネットアンケート「起業と起業意識に関する調査」を用いて、開業者以外の人も分析の対象に広げた。まず、第3章で、調査の枠組みを説明した後、事業に充てる時間が35時間以上の起業家、同35時間未満のパートタイム起業家、起業関心層、起業無関心層の特徴をまとめた。

第4章では、コロナ禍が起業への関心に与えた影響に着目した。コロナ禍に起業に対する関心を失った人もいたが、コロナ禍をきっかけに起業に関心をもったり、関心を高めたりした人もいた。それぞれに着目し、感染症の流行が起業への関心にどのように作用したのかを分析した。さらに、コロナ禍が起業に対するイメージにもたらした変化を、10年前の調査結果や国際調査の結果と比較しながら観察した。

また、事例編では、当研究所が発行している『日本政策金融公庫調査月報』の「未来を拓く起業家たち」のコーナーに連載したヒアリング記事を収録した。いずれも、感染症の流行が始まった2020年以降に開業しており、なかにはコロナ禍をきっかけに開業を決意した人や、コロナ禍に商機を得た人もいる。事例編の最後に総論として、彼らの開業前後の取り組みから得られる示唆を整理し、本書のまとめとした。

本書をまとめるに当たっては、多くの方にアンケートやヒアリングに快くご協力いただいた。改めて感謝を申し上げるとともに、事業のますますのご発展を心よりお祈りする。なお、本書の執筆と編集は、当研究所主席研究員の桑本香梨、同主任研究員の尾形苑子、同研究員の青木遥が行った。

　2024年元日に起きた能登半島地震では、多くの方が被災した。地場産業も大打撃を受けており、一日も早い復旧・復興を祈るばかりである。災害やウイルスなど、自然の脅威を前にすると人間は非力だが、それでも屈せずに立ち上がり、新しい道を見いだす意志をもっている。本書が、経済ショックを乗り越え前へ踏み出す開業者とそれをサポートする方々にとって、少しでも参考になれば幸いである。

　2024年6月

日本政策金融公庫総合研究所

所長　大沢 明生

目　　次

事例編

序　章

コロナ禍における開業

日本政策金融公庫総合研究所

主席研究員　桑本　香梨

1　コロナ禍にも減らなかった開業

　2020年以降の新型コロナウイルス感染症の流行は、世界経済に大きな
ショックをもたらした。人々の行動は制限され、飲食・宿泊業関連を中心
に営業の自粛を余儀なくされた事業者が多かった。なかには、やむなく廃
業した企業もある。深沼・西山・山田（2022）によれば、開業して間もな
くコロナ禍となった事業者は、営業自粛や感染防止対策のための経費増加
などの影響で、平時に比べて採算状況が良くなく、従業者数も伸び悩んで
いた。

　こうした状況を目の当たりにして、開業を延期したり諦めたりした人も
いるだろう。ただ、当研究所「起業と起業意識に関する調査」で起業家と
パートタイム起業家[1]が18〜69歳の人口に占める割合をみると、新型コロ
ナウイルス感染症が流行する前から、感染症法上の位置づけが5類に移行
するまでの5年の間、落ち込むことはなかった（図）[2]。国や自治体による
手厚い支援策の効果が表れているのだと思われる。

　本庄（2023）も、法務省「登記統計商業・法人」のデータから、新型コ
ロナウイルス感染症が5類感染症に移行する前の2020〜2022年度と、2008〜
2019年度を3年ずつに区切った各期間を比較して、コロナ禍での月当たり
の会社の設立数はほかの期間より若干増加しており、解散数は増えていな
いことを明らかにしている。そして、その理由として、緊急経済対策やス
タートアップ振興策が手厚くなったことのほか、在宅勤務やオンライン会
議などの活用による経済活動の広がりや、新たな事業機会の創出を挙げて

1　起業家は事業に充てる時間が週35時間以上、パートタイム起業家は同35時間未満とす
　る。詳しくは、第3章で説明している。
2　「起業と起業意識に関する調査」は2013年度から実施しているが、2019年度から調査
　対象の類型を現在のかたちに変更したため、序章では2019年度以降の時系列を示す。

図　起業家とパートタイム起業家の割合の推移

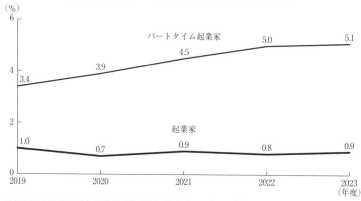

資料：日本政策金融公庫総合研究所「起業と起業意識に関する調査」
　(注)　1　起業家は事業に充てる時間が週35時間以上、パートタイム起業家は同35時間未満。
　　　　2　18〜69歳の人口に占める割合。

いる。

　感染症以外にも、自然災害や戦争は、長期的にみれば経済成長を加速さ
せると指摘されている（戸堂、2011）。技術が高度に発達した国ほど、革
新的な技術が生み出されても従来の技術が障害になって導入されにくい
が、自然災害や戦争による「創造的破壊」が新しい技術の導入や技術革新
を一気に推し進める契機となり、それが長期的成長の源泉になるのだとい
う。災害はイノベーションを促進し、全要素生産性の向上に寄与する
（Skidmore and Toya, 2002）、自然災害の種類によっては災害の多い国の
方が長期的にみた経済成長率の伸び幅が大きい（Sawada, Bhattcharyay,
and Kotera, 2011）といった指摘もある。

　コロナ禍は物理的な破壊をもたらしたわけではないが、外出制限や営業
自粛など、それまでの経済システムを転換させるような大きな影響力が働
いた点で、戸堂（2011）がいう「創造的破壊」に類似するといえるのでは
ないか。リモートワークの浸透に代表される働き方や生活様式の変化は感
染症流行前に戻ることはないだろう。実際、内閣府「新型コロナウイルス

感染症の影響下における生活意識・行動の変化に関する調査」によると、コロナ禍前は10.3％だったテレワークの実施率が2020年5月に27.7％まで上昇し、2023年3月においても30.0％を維持している。安田（2022）は、サブスクリプションビジネス、テレワークオフィス、デリバリー、キッチンカーなど、コロナ禍での制約を生かしたニュービジネスが着実に芽を出していることを指摘している。

　本書では、コロナ禍をきっかけにした開業に着目し、開業の動機や準備、開業業種、開業後のパフォーマンスをみていきたい。さらに、開業のイメージや開業に対する関心についても、コロナ禍で生じた変化を観察する。調査に先立ち、序章では、先行研究から分析の手がかりを探ることにしよう。

2　経済ショック下の開業と課題

⑴　東日本大震災後にみられた開業

　コロナ禍が事業者に与えた影響を分析した研究は多いが（深沼・西山・山田、2022；井上、2023；仲、2023など）、感染症流行を理由にした開業に関しては、筆者の調べる限り見当たらない。そこでまず、過去の経済ショック下における開業動向として、2011年3月に起きた東日本大震災後の開業に関する先行研究を概観する。

　当研究所「新規開業パネル調査」を用いて、2011年に開業した企業を5年間追跡調査した深沼（2018）は、2011年3月の東日本大震災が開業のきっかけとなったという企業が6.0％おり、被災地域（青森県、岩手県、宮城県、福島県、茨城県）に限れば30.7％にも上ることを明らかにしている。

　また、同じ調査を用いた藤田（2018）は、2011年3月以降に開業準備を開始し、同年12月末までに開業した企業のうち、東日本大震災が開業の

きっかけになったという「震災開業企業」は11.5%であったと算出している。彼らのなかには、あえて開業に挑戦した人もいたという。さらに藤田（2018）は、震災開業企業は失われた商品・サービスの供給、震災で失職した人の働く場の提供などを通じて地域経済の担い手になっていることや、震災開業企業の開業者の満足度は総じて高いことを示している。

東日本大震災後にみられた開業事例を分析した品田（2013）は、①震災発生による企業の閉鎖・失業の発生に伴う起業（プッシュ要因）、②復興需要によるビジネスチャンスの獲得や「地域のため」「社会のため」といった動機による起業（プル要因）、③自身の被災や故郷への支援願望など心理的要因に基づいた起業の順に発現していたと述べている。そして、震災を機にしたネットワークの拡大、つながりの強化が、震災後の起業の増加を支え、経済成長へとつなげていくのだと結論づけている。

ただし、品田（2013）によれば、東日本大震災後に開業した人のビジネスプランは未成熟になりがちで、その分、存続に問題が生じるケースが少なくなかった。藤田（2018）も、震災を機に開業したケースでは、一般の開業企業より資金や知識の獲得、開業場所の確保が課題になりやすかった点を問題視している。

また、被災地の開業率について震災と復興の影響を定量的に分析した岡室・猿樂（2021）は、「震災の真の効果として」開業率が上昇したことを示す一方で、その効果は短期間で低下・消失したことも明らかにし、被災地における起業支援の持続的な取り組みの必要性を説いている。

⑵ 開業動機により異なる事業パフォーマンス

東日本大震災では、失職によりやむを得ず、または商機をとらえて、もしくは地域や社会への貢献を目的に、開業した人が少なからずいたが、通常よりも開業前後に直面する課題も多いようであった。ただ、開業者が抱

える問題の大きさや内容は、開業の動機によっても異なると考えられる。

　というのも、平時の開業者のパフォーマンスを比較分析した安田（2010）によれば、リストラなどの理由でやむを得ず開業するプッシュ型の開業は、準備が少なく「安易な」開業になりやすいため、開業後のパフォーマンスが悪い。他方、自身にとって有望な事業機会をみつけて開業するプル型の開業は、パフォーマンスが上がりやすい。開業を選択することを容易もしくは困難にする要素は総じて、開業後のパフォーマンスを悪化もしくは改善させ、開業の容易さとその後の黒字基調の割合には反比例の関係があるという。

　開業動機をプル型とプッシュ型に分けて開業者のパフォーマンスを比較した Amit and Muller（1995）も、プル型の開業者の方が、事業収入が統計的に有意に高くなることを示している。

　経済ショック下においては、開業者の特性が通常とは異なるかたちで事業パフォーマンスに影響するとの指摘もある。Kraus, et al.（2012）は、オランダの事業者を対象に2009年に行ったアンケートで、リーマン・ショック後の業績に開業者の資質がどのように作用するかを調べている。その結果、資質のうち創造性とリスク耐性は、経済ショック下でのみ売り上げに作用すること、創造性はプラスに作用する一方で、リスク耐性はマイナスに働くことを明らかにしている。

　これらの先行研究から考え併せると、経済ショックにより生じたビジネスチャンスを見極め参入する創造性と、リスクを最小限に抑えるための準備が、経済ショック下での開業を円滑に進めるポイントといえるのではないか。コロナ禍においても、環境の変化に商機を見いだして新たに事業を始めた人、適当な職を失ったり収入を補塡する必要性に迫られたりしてやむを得ず開業した人などが一定数いたことが想定される。第2章では、彼らの事業パフォーマンスを開業動機や開業準備と合わせてみていきたい。

3 コロナ禍における開業動向を複数の角度から分析

　本書の構成は、以下のとおりである。まず、第1章で当研究所が日本政策金融公庫国民生活事業の融資先に行った「2023年度新規開業実態調査」の結果を紹介したうえで、第2章で同調査を用いて、コロナ禍をきっかけに開業した人の特徴やパフォーマンスを分析する。感染症の流行が開業の準備や開業後の取り組みに与えた影響についてもみていきたい。

　次に、当研究所によるネットアンケート「2023年度起業と起業意識に関する調査」を用いて、第3章で全体の結果を概観したうえで、第4章でコロナ禍が開業に対する意識にもたらした変化を観察する。コロナ禍に苦しむ事業者の様子を目の当たりにして、開業に興味をもてなくなったり、つらいイメージをもつようになったりした人もいたかもしれない。開業意欲や開業に対する印象の観点から分析する。

　続く事例編では、感染症が流行し始めた2020年以降に開業した12人の事例を紹介し、総論として事例にみられる共通点や示唆をまとめる。

　経済ショックには負の側面だけではなく、イノベーションをもたらし開業を促進するというプラスの側面もある。本書では、コロナ禍をきっかけに生まれた開業について、感染症流行の影響をプラスとマイナス両方の視点で分析し、明らかにする。

＜参考文献＞

井上考二（2023）「2016年に開業した企業の特徴とコロナ禍の影響」日本政策金融公庫総合研究所編集、武士俣友生・井上考二・長沼大海著『21世紀を拓く新規開業企業―パネルデータが映す経済ショックとダイバーシティ―』勁草書房、pp.25－77

岡室博之・猿樂知史（2021）「災害は開業を増加させるのか？―東日本大震災の事例による実証分析―」企業家研究フォーラム『企業家研究』第18号、pp.1－22

品田誠司（2013）「災害後の起業家活動―なぜ、大災害の発生が起業家の増加を引き起こすのか?―」日本ベンチャー学会『VENTURE REVIEW』No.22、pp.43‒57

戸堂康之（2011）『日本経済の底力―臥龍が目覚めるとき―』中央公論新社

仲修平（2023）「自営業者の事業継続と生活・失職に対する不安―持続化給付金制度との関係に着目して」樋口美雄、労働政策研究・研修機構編『検証・コロナ期日本の働き方―意識・行動変化と雇用政策の課題―』慶應義塾大学出版会、pp.153‒170

深沼光（2018）「東日本大震災の新規開業への影響」日本政策金融公庫総合研究所編、深沼光・藤田一郎著『躍動する新規開業企業―パネルデータでみる時系列変化―』勁草書房、pp.177‒207

深沼光・西山聡志・山田佳美（2022）「コロナ禍における『新規開業追跡調査』結果の概要」日本政策金融公庫総合研究所編『2022年版新規開業白書』佐伯コミュニケーションズ、pp.67‒106

藤田一郎(2018)「東日本大震災を契機とした開業―被災地域での開業を中心に―」日本政策金融公庫総合研究所編集、深沼光・藤田一郎著『躍動する新規開業企業―パネルデータでみる時系列変化 』勁草書房、pp.209‒238

本庄裕司（2023）「新型コロナウイルス感染拡大と開廃業」経済産業研究所（RIETI コラム）

安田武彦（2010）「起業選択と起業後のパフォーマンス」経済産業研究所『RIETI Discussion Paper Series』10‒J‒020

―――（2022）「コロナ禍の中小企業の新たな動きと今後の課題」千葉商科大学経済研究所『中小企業支援研究別冊』Vol.8、pp.22‒27

Amit, Raphael and Eitan Muller（1995）""Push"and"Pull"Entrepreneurship."*Journal of Small Business & Entrepreneurship*, Vol.12(4), pp.64‒80.

Kraus, Sascha, J.P.Coen Rigtering, Mathew Hughes, and Vincent Hosman（2012）"Entrepreneurial Orientation and the Business Performance of SMEs: A Quantitative Study from the Netherlands." *Review of Managerial Science*, Vol.6, pp.161‒182.

Sawada, Yasuyuki, Rima Bhattcharyay, and Tomoaki Kotera(2011)"Aggregate Impacts of Natural and Man-made Disasters: A Quantitative Comparison." *RIETI Discussion Paper Series*, 11‒E‒023.

Skidmore, Mark and Hideki Toya（2002）"Do Natural Disasters Promote Long-Run Growth?"*Economic Inquiry*, Vol.40(4), pp.664‒687.

第1章

「2023年度新規開業実態調査」結果の概要

日本政策金融公庫総合研究所

研究員　青木　遥

　当研究所では1991年度から「新規開業実態調査」を毎年実施し、データを蓄積してきた。本章では、2023年8月に実施した「2023年度新規開業実態調査（定例調査）」（以下、本調査）について、過去の調査結果との比較をしながら、開業者や開業事業の特徴をみていく。

　まず、本調査の実施要領を示す。調査対象は日本政策金融公庫国民生活事業が2022年4月から同年9月に融資した企業のうち、融資時点で開業後1年以内の企業（開業前の企業を含む）7,032社（不動産賃貸業を除く）である。回収数は1,789社、回収率は25.4％であった。調査票の送付、回収ともに郵送で実施した。

　回答企業の業歴の分布をみると「13〜18カ月」（50.5％）の割合が最も高く、「7〜12カ月」（28.2％）、「19〜24カ月」（14.8％）、「25カ月以上」（5.1％）、「0〜6カ月」（1.3％）と続く（図1－1）。業歴の平均は15.1カ月である。

「2023年度新規開業実態調査（定例調査）」の実施要領

調査時点　2023年8月
調査対象　日本政策金融公庫国民生活事業が2022年4月から同年9月にかけて
　　　　　融資した企業のうち、融資時点で開業後1年以内の企業（開業前の
　　　　　企業を含む）7,032社（不動産賃貸業を除く）
調査方法　調査票の送付・回答は郵送、アンケートは無記名
回 収 数　1,789社（回収率25.4％）

図1－1　回答企業の業歴

（単位：％）

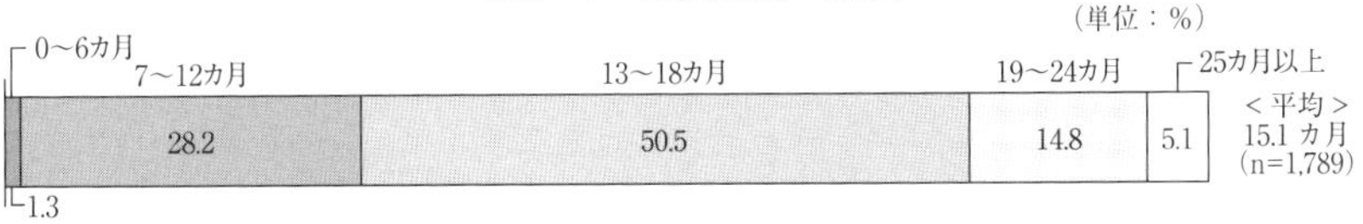

```
┌0〜6カ月
│ 7〜12カ月              13〜18カ月            19〜24カ月  ┌25カ月以上
│                                                      ＜平均＞
│   28.2                    50.5              14.8  5.1  15.1カ月
│                                                      （n=1,789）
└1.3
```

資料：日本政策金融公庫総合研究所「2023年度新規開業実態調査」。ただし、時系列データは各年度の調査による（以下同じ）。
（注）1　nは回答数（以下同じ）。
　　　2　構成比は小数第2位を四捨五入して表示しているため、合計は100％にならない場合がある（以下同じ）。

図1-2　性　別

（調査年度）	男　性	女　性
1991	87.6	12.4
92	87.1	12.9
93	87.1	12.9
94	85.3	14.7
95	86.7	13.3
96	86.8	13.2
97	85.1	14.9
98	86.4	13.6
99	87.5	12.5
2000	85.6	14.4
01	84.7	15.3
02	86.0	14.0
03	86.2	13.8
04	83.9	16.1
05	83.5	16.5
06	83.5	16.5
07	84.5	15.5
08	84.5	15.5
09	85.5	14.5
10	84.5	15.5
11	85.0	15.0
12	84.3	15.7
13	84.9	15.1
14	84.0	16.0
15	83.0	17.0
16	81.8	18.2
17	81.6	18.4
18	80.1	19.9
19	81.0	19.0
20	78.6	21.4
21	79.3	20.7
22	75.5	24.5
23	75.2	24.8

1　開業者の属性とキャリア

　開業者のうち「男性」の割合は75.2％と依然高いものの、「女性」は24.8％と調査を開始した1991年度以降最も高い割合となり、2年連続で過去最高を更新した（図1－2）。内閣府「男女共同参画社会に関する世論調査」（2022年）によれば、女性が職業をもつことに対する意識について、「こどもができても、ずっと職業を続ける方がよい」との回答が59.5％と、2番目の「こ

図1-3　開業時の年齢

(調査年度)	29歳以下	30歳代	40歳代	50歳代	60歳以上	平均年齢の推移
1991	14.5	39.9	34.1	9.3	2.2	38.9
92	14.1	38.5	36.7	9.0	1.7	38.9
93	14.7	37.8	34.3	11.8	1.4	39.2
94	13.4	39.0	34.3	11.1	2.1	39.2
95	13.2	36.9	36.1	11.5	2.3	39.7
96	13.1	37.9	35.0	12.3	1.8	39.6
97	15.0	37.0	32.6	12.8	2.5	39.6
98	15.2	35.6	31.7	14.6	2.9	40.2
99	12.2	36.1	30.4	18.8	2.6	40.9
2000	12.1	32.2	31.9	21.1	2.7	41.6
01	11.0	34.4	29.2	21.5	3.9	41.8
02	13.4	35.4	28.3	19.1	3.8	40.9
03	11.8	36.5	26.4	21.1	4.2	41.4
04	10.3	33.4	27.3	23.2	5.8	42.6
05	9.9	31.8	27.7	24.1	6.5	43.0
06	8.3	34.2	29.1	23.1	5.3	42.9
07	11.3	39.5	24.3	20.5	4.3	41.4
08	9.5	38.9	28.4	18.4	4.8	41.5
09	9.1	38.5	26.5	19.4	6.5	42.1
10	8.7	35.6	29.2	18.9	7.7	42.6
11	8.2	39.2	28.4	17.7	6.6	42.0
12	9.8	39.4	28.3	16.9	5.6	41.4
13	8.1	40.2	29.8	15.5	6.5	41.7
14	7.6	38.6	30.5	17.4	5.9	42.1
15	7.4	35.8	34.2	15.4	7.1	42.4
16	7.1	35.3	34.5	16.9	6.2	42.5
17	8.1	34.2	34.1	16.9	6.6	42.6
18	6.9	31.8	35.1	19.0	7.3	43.3
19	6.4	33.4	36.0	19.4	6.3	43.5
20	4.8	30.7	38.1	19.7	6.6	43.7
21	5.4	31.3	36.9	19.4	7.0	43.7
22	7.2	30.7	35.3	19.3	7.5	43.5
23	5.8	30.1	37.8	20.2	6.1	43.7

(単位：％)

どもができたら職業をやめ、大きくなったら再び職業をもつ方がよい」
（27.1％）との回答割合を大きく上回る。こうした社会における意識の醸
成や女性の就業意欲の高まり、そして働く女性の増加などが相まって、
開業に踏み切る女性も増えているのだろう。

　開業時の年齢は調査開始以来、上昇傾向にあり、平均43.7歳である（図
1-3）。年齢層別にみると、「29歳以下」の割合は5.8％と低い。「30歳代」
（30.1％）と「40歳代」（37.8％）で7割近くを占めており、「50歳代」は

図1-4　最終学歴

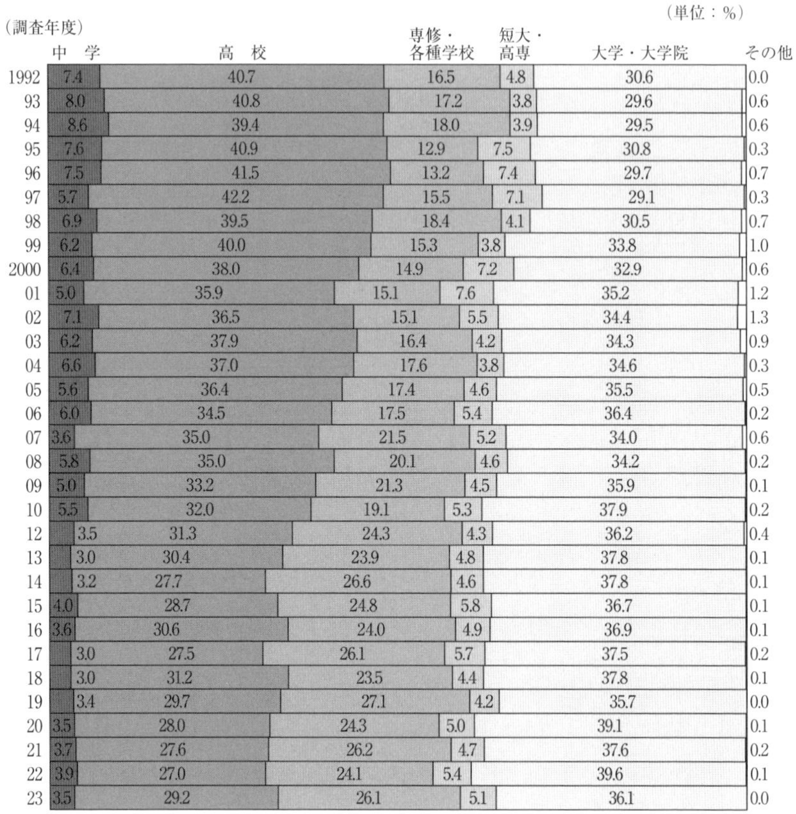

（単位：％）

（調査年度）	中学	高校	専修・各種学校	短大・高専	大学・大学院	その他
1992	7.4	40.7	16.5	4.8	30.6	0.0
93	8.0	40.8	17.2	3.8	29.6	0.6
94	8.6	39.4	18.0	3.9	29.5	0.6
95	7.6	40.9	12.9	7.5	30.8	0.3
96	7.5	41.5	13.2	7.4	29.7	0.7
97	5.7	42.2	15.5	7.1	29.1	0.3
98	6.9	39.5	18.4	4.1	30.5	0.7
99	6.2	40.0	15.3	3.8	33.8	1.0
2000	6.4	38.0	14.9	7.2	32.9	0.6
01	5.0	35.9	15.1	7.6	35.2	1.2
02	7.1	36.5	15.1	5.5	34.4	1.3
03	6.2	37.9	16.4	4.2	34.3	0.9
04	6.6	37.0	17.6	3.8	34.6	0.3
05	5.6	36.4	17.4	4.6	35.5	0.5
06	6.0	34.5	17.5	5.4	36.4	0.2
07	3.6	35.0	21.5	5.2	34.0	0.6
08	5.8	35.0	20.1	4.6	34.2	0.3
09	5.0	33.2	21.3	4.5	35.9	0.1
10	5.5	32.0	19.1	5.3	37.9	0.2
12	3.5	31.3	24.3	4.3	36.2	0.4
13	3.0	30.4	23.9	4.8	37.8	0.1
14	3.2	27.7	26.6	4.6	37.8	0.1
15	4.0	28.7	24.8	5.8	36.7	0.1
16	3.6	30.6	24.0	4.9	36.9	0.1
17	3.0	27.5	26.1	5.7	37.5	0.2
18	3.0	31.2	23.5	4.4	37.8	0.1
19	3.4	29.7	27.1	4.2	35.7	0.0
20	3.5	28.0	24.3	5.0	39.1	0.1
21	3.7	27.6	26.2	4.7	37.6	0.2
22	3.9	27.0	24.1	5.4	39.6	0.1
23	3.5	29.2	26.1	5.1	36.1	0.0

（注）1　1991年度調査の選択肢には「短大」が含まれていないため、結果を掲載していない。また、2011年度調査では最終学歴を尋ねていない。
　　　2　1992年度調査の選択肢には「その他」がない。また、1999〜2002年度調査の「その他」には「海外の学校」が含まれる。

20.2％である。「60歳以上」は6.1％と、1990年代の割合に比べると上昇している。ただ、総務省「令和4年就業構造基本調査」によると、有業者に占める60歳以上の割合は21.7％で、開業者の場合の3倍以上と高い。シニア層が働き方として開業を選択するケースは、相対的にみれば少ない。

　最終学歴は「大学・大学院」の割合が36.1％と最も高い（図1-4）。次

表1-1 勤務キャリア

（単位：％、年）

	割 合	経験年数（平均値）	経験年数（中央値）
勤務経験が「ある」（n=1,767）	98.1	20.7	20.0
斯業経験が「ある」（n=1,764）	84.4	15.2	15.0
管理職経験が「ある」（n=1,770）	66.6	11.0	10.0
経営経験が「ある」（n=1,620）	13.1	8.8	7.0

（注）1 斯業経験は現在の事業に関連する仕事の経験。管理職経験は3人以上の部下をもつ課もし
　　　くは部などの長またはリーダーの経験。経営経験は現在の事業を始める前に別事業を経
　　　営した経験（すでにその事業をやめている場合を含む）。
　　2 経験年数の平均値と中央値は、経験がある人だけを集計した。

いで「高校」（29.2％）、「専修・各種学校」（26.1％）となっている。時系
列でみると、1992年度に最も高い割合だった「高校」が低下し、その分「大
学・大学院」や「専修・各種学校」が上昇しており、高学歴化が進んでい
ることがみてとれる。

　勤務キャリアをみると、開業者の98.1％が勤務を経験している（表1-
1）。経験年数の平均は20.7年である。斯業経験（現在の事業に関連する仕
事の経験）の「ある」人は84.4％を占める。経験年数は平均15.2年であり、
開業事業の業界である程度経験を積んでから事業を始める人が多い。
管理職（3人以上の部下をもつ課もしくは部などの長またはリーダー）の経
験が「ある」割合は66.6％、経験年数の平均は11.0年であった。調査時点
の事業とは別の事業を経営した経験の「ある」人は13.1％で、経験年数の
平均は8.8年であった。

　開業直前の職業は「正社員・正職員（管理職）」（40.0％）の割合が最も
高く、次いで「正社員・正職員（管理職以外）」（30.9％）が多い（図1-5）。
これらに「会社や団体の常勤役員」（10.3％）を合わせた「正社員・正職
員」の割合は81.2％と、9割前後だった1990年代から低下している。その
分上昇しているのは「パートタイマー・アルバイト」と「派遣社員・契約
社員」を合わせた「非正社員」である。1991年度の1.5％から2023年度は

図1-5　開業直前の職業

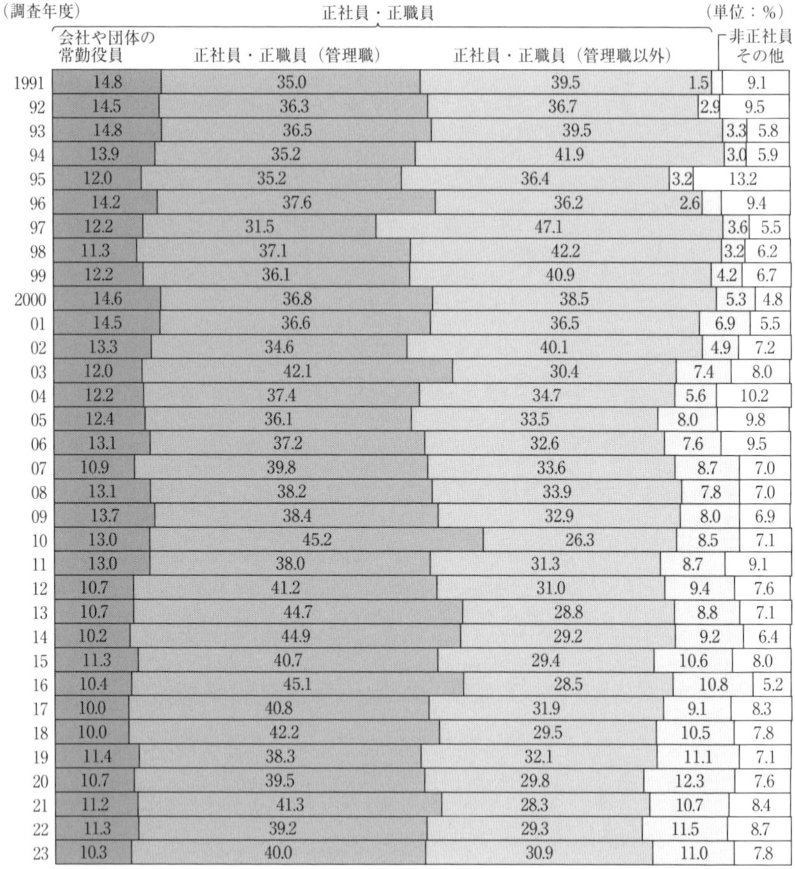

(調査年度) 　　　　　　　　　　　　正社員・正職員　　　　　　　　　　　　　　　　　　　　　　　　　（単位：%）

調査年度	会社や団体の常勤役員	正社員・正職員（管理職）	正社員・正職員（管理職以外）	非正社員	その他
1991	14.8	35.0	39.5	1.5	9.1
92	14.5	36.3	36.7	2.9	9.5
93	14.8	36.5	39.5	3.3	5.8
94	13.9	35.2	41.9	3.0	5.9
95	12.0	35.2	36.4	3.2	13.2
96	14.2	37.6	36.2	2.6	9.4
97	12.2	31.5	47.1	3.6	5.5
98	11.3	37.1	42.2	3.2	6.2
99	12.2	36.1	40.9	4.2	6.7
2000	14.6	36.8	38.5	5.3	4.8
01	14.5	36.6	36.5	6.9	5.5
02	13.3	34.6	40.1	4.9	7.2
03	12.0	42.1	30.4	7.4	8.0
04	12.2	37.4	34.7	5.6	10.2
05	12.4	36.1	33.5	8.0	9.8
06	13.1	37.2	32.6	7.6	9.5
07	10.9	39.8	33.6	8.7	7.0
08	13.1	38.2	33.9	7.8	7.0
09	13.7	38.4	32.9	8.0	6.9
10	13.0	45.2	26.3	8.5	7.1
11	13.0	38.0	31.3	8.7	9.1
12	10.7	41.2	31.0	9.4	7.6
13	10.7	44.7	28.8	8.8	7.1
14	10.2	44.9	29.2	9.2	6.4
15	11.3	40.7	29.4	10.6	8.0
16	10.4	45.1	28.5	10.8	5.2
17	10.0	40.8	31.9	9.1	8.3
18	10.0	42.2	29.5	10.5	7.8
19	11.4	38.3	32.1	11.1	7.1
20	10.7	39.5	29.8	12.3	7.6
21	11.2	41.3	28.3	10.7	8.4
22	11.3	39.2	29.3	11.5	8.7
23	10.3	40.0	30.9	11.0	7.8

（注）1　「非正社員」は「パートタイマー・アルバイト」と「派遣社員・契約社員」の合計。ただし、
　　　　1991～1994年度および2004年度調査では選択肢に「派遣社員・契約社員」がない。
　　　　また、1995～1999年度調査の選択肢は「派遣社員・契約社員」ではなく「派遣社員」である。
　　　2　「その他」には「専業主婦・主夫」（2007年度までは「専業主婦」）、「学生」が含まれる。

11.0%に上昇している。

　開業直前の勤務先を離職した理由は「自らの意思による退職」の割合が82.0%と大半を占め、2021年度（77.5%）、2022年度（81.2%）に比べて上昇している（図1-6）。「勤務先の倒産・廃業」（3.2%）、「事業部門の縮小・撤退」（2.4%）、「解雇」（1.4%）を合計した「勤務先都合」の割合は

図1-6　開業直前の勤務先からの離職理由

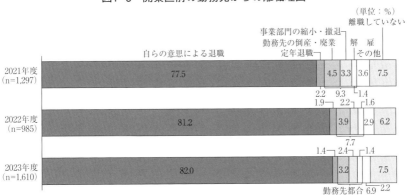

6.9％と低く、勤務しながら事業を経営している「離職していない」人は7.5％となった。

2　事業概要

⑴　開業動機と事業の決定理由

　開業動機（三つまでの複数回答）は、「自由に仕事がしたかった」（57.4％）の割合が最も高く、2021年度（54.1％）、2022年度（56.6％）より若干上昇している（表1-2）。2番目の「仕事の経験・知識や資格を生かしたかった」（45.8％）と3番目の「収入を増やしたかった」（45.5％）は、年度によって順番が前後するが、上位3項目は変わらない。

　事業内容の決定理由は、「これまでの仕事の経験や技能を生かせるから」が43.9％と最も多く、2021年度（43.8％）、2022年度（44.0％）と同水準である（表1-3）。開業者の多くが斯業経験をもっていた（前掲表1-1）ことから、勤務のなかで事業の機会をみつける人が少なくないのだろう。2番目、3番目に多いのは順に「身につけた資格や知識を生かせるから」（23.2％）、「地域や社会が必要とする事業だから」（13.6％）であった。

表1-2　開業動機（三つまでの複数回答）

（単位：％）

	2021年度 (n=1,453)	2022年度 (n=1,110)	2023年度 (n=1,768)
自由に仕事がしたかった	54.1	56.6	57.4
仕事の経験・知識や資格を生かしたかった	47.3	44.5	45.8
収入を増やしたかった	43.4	47.2	45.5
事業経営という仕事に興味があった	35.1	35.5	35.5
自分の技術やアイデアを事業化したかった	32.1	28.6	30.8
社会の役に立つ仕事がしたかった	26.5	27.6	28.0
時間や気持ちにゆとりが欲しかった	19.5	19.7	22.8
年齢や性別に関係なく仕事がしたかった	12.1	11.5	12.0
趣味や特技を生かしたかった	8.5	9.8	8.6
適当な勤め先がなかった	5.9	6.0	4.9
その他	9.1	6.3	5.0

表1-3　事業内容の決定理由

（単位：％）

	2021年度 (n=1,437)	2022年度 (n=1,100)	2023年度 (n=1,722)
これまでの仕事の経験や技能を生かせるから	43.8	44.0	43.9
身につけた資格や知識を生かせるから	19.4	19.1	23.2
地域や社会が必要とする事業だから	15.9	14.3	13.6
成長が見込める事業だから	8.4	8.1	7.8
趣味や特技を生かせるから	3.9	5.3	4.0
新しい事業のアイデアやヒントをみつけたから	4.0	4.2	3.8
経験がなくてもできそうだから	2.1	3.6	1.9
不動産などを活用できるから	0.4	0.3	0.6
その他	2.1	1.2	1.1

⑵　開業事業の属性

　開業業種は「サービス業」（28.6％）、「医療・福祉」（17.0％）、「小売業」（11.9％）の順に多い（表1-4）。「サービス業」の割合は比較可能な2004年度以降常に最も高く、2023年度は、最も高くなった2022年度（29.4％）に次ぐ水準となっている。サービス業を細かくみると、「美容業」「エステティック業」「税理士事務所」などが多い。一方、大分類業種の「飲食店・宿泊業」は11.0％と、2004年度以降で最低となった2022年度（10.1％）を

表1-4　開業業種

(単位：％)

調査年度	建設業	製造業	情報通信業	運輸業	卸売業	小売業	飲食店・宿泊業	医療・福祉	教育・学習支援業	サービス業	不動産業	その他
2004	8.9	5.5	3.2	3.8	7.5	14.2	14.0	14.9	1.6	23.5	2.2	0.8
05	8.5	5.2	2.5	3.6	6.8	15.9	14.5	16.1	1.5	21.1	2.4	1.9
06	9.6	5.4	2.6	3.6	8.2	15.2	14.5	14.1	2.2	20.9	3.2	0.5
07	7.5	5.0	3.2	2.4	5.9	13.6	16.9	15.8	1.6	25.6	1.6	0.9
08	9.5	4.0	2.8	3.2	7.4	14.0	14.5	13.2	2.5	24.1	4.2	0.6
09	9.5	6.2	3.0	3.6	6.1	10.4	13.9	14.8	1.3	26.3	4.2	0.9
10	8.8	4.7	2.4	2.5	8.4	14.0	12.8	15.7	2.1	23.2	4.1	1.2
11	7.1	2.7	2.9	4.0	7.9	12.9	13.6	17.5	2.3	24.8	3.6	0.8
12	7.2	3.2	2.7	2.2	7.2	14.6	12.9	19.8	2.6	22.0	4.2	1.5
13	6.3	4.5	2.6	2.5	6.1	10.6	15.1	19.6	3.4	23.6	4.8	0.9
14	6.4	3.5	2.5	1.8	5.5	13.2	14.9	21.9	3.2	22.2	3.7	1.2
15	8.6	4.1	2.6	2.0	5.1	11.9	15.9	19.5	2.6	23.2	3.7	0.7
16	8.5	4.4	1.6	1.9	5.6	9.4	15.8	18.0	2.9	26.2	4.5	1.1
17	8.9	4.2	2.2	2.7	4.6	11.9	14.2	19.6	3.6	23.3	4.1	0.7
18	7.7	3.4	3.2	2.8	4.9	13.1	14.7	17.4	2.6	25.1	4.2	0.8
19	8.8	3.4	2.7	3.5	5.3	12.8	15.6	14.7	3.1	25.9	3.7	0.5
20	9.4	3.1	2.9	2.6	3.5	11.8	14.3	16.7	3.6	26.4	4.4	1.3
21	7.2	2.7	2.5	4.6	4.3	11.5	14.7	17.4	2.9	28.1	3.3	0.9
22	6.8	3.9	2.7	3.8	3.2	13.8	10.1	16.4	4.4	29.4	4.9	0.6
23	8.8	3.6	2.8	3.2	4.2	11.9	11.0	17.0	3.3	28.6	4.5	1.2

(注)「持ち帰り・配達飲食サービス業」は、「小売業」に含む。

やや上回ったものの、コロナ禍前の水準には戻っていない。前掲図1-1で
みたように、本調査の回答者は、調査時点で開業から平均15.1カ月経過し
ている、すなわちコロナ禍の2021～2022年にかけて開業した人である。旅
行や会食をする機会が減るなかで、飲食店や宿泊業は開業しにくい状況
だったことがうかがえる。

　開業時の経営形態は、「個人経営」が60.4％を占めており、「株式会社」
（30.4％）、「NPO法人」（0.5％）、「その他」（合同会社・合資会社・一般

図1-7　開業時の経営形態

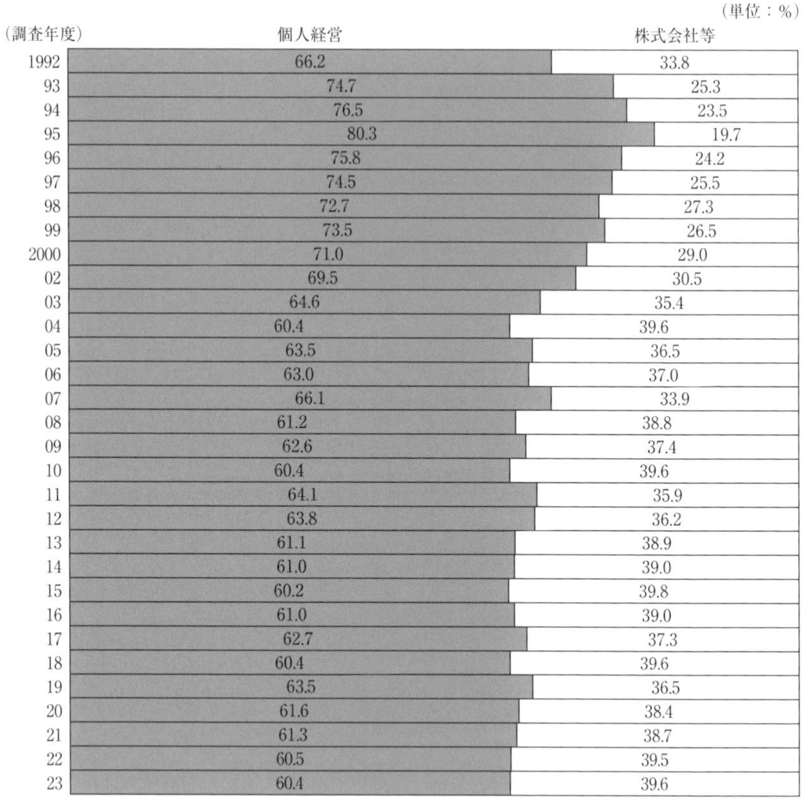

(単位：％)

(調査年度)	個人経営	株式会社等
1992	66.2	33.8
93	74.7	25.3
94	76.5	23.5
95	80.3	19.7
96	75.8	24.2
97	74.5	25.5
98	72.7	27.3
99	73.5	26.5
2000	71.0	29.0
02	69.5	30.5
03	64.6	35.4
04	60.4	39.6
05	63.5	36.5
06	63.0	37.0
07	66.1	33.9
08	61.2	38.8
09	62.6	37.4
10	60.4	39.6
11	64.1	35.9
12	63.8	36.2
13	61.1	38.9
14	61.0	39.0
15	60.2	39.8
16	61.0	39.0
17	62.7	37.3
18	60.4	39.6
19	63.5	36.5
20	61.6	38.4
21	61.3	38.7
22	60.5	39.5
23	60.4	39.6

(注) 1　1991年度調査と2001年度調査では開業時の経営形態を尋ねていない。
　　　2　経営形態の質問に対する選択肢は調査ごとに若干異なる。このため、「個人経営」以外は「株式会社等」で一括した。

社団法人など、8.7％）を合わせた「株式会社等」が39.6％となった（図1-7）。調査時点の組織形態は「個人経営」が57.9％、「株式会社等」が42.1％と、開業時から大きな変化はない。

　開業時の平均従業者数は2.8人と、1991年度以降で最も少なく、減少傾向が続いている（図1-8）。開業者本人だけで開業する割合は、44.9％と調査開始以来初めて4割を超えた。従業者数が「1人（本人のみ）」の割合は、調査時点では36.5％と開業時より10ポイントほど低下している（図1-

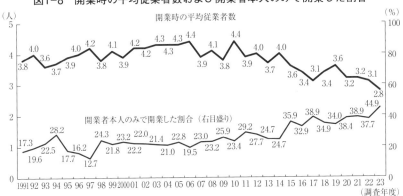

図1-8　開業時の平均従業者数および開業者本人のみで開業した割合

(注) 従業者は、「開業者本人」「家族従業員」「常勤役員・正社員」「パートタイマー・アルバイト」「派遣社員・契約社員」を含む（以下同じ）。

図1-9　開業時と調査時点の従業者数

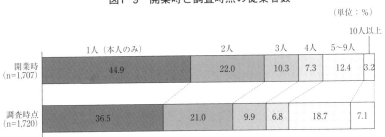

9)。しかし、調査時点でも半数以上で従業者数が2人以下であり、小さな規模で事業を運営する人が少なくない。

　開業時の従業者の内訳は、「家族従業員」が平均0.3人、「常勤役員・正社員」が0.7人、「パートタイマー・アルバイト」が0.8人、「派遣社員・契約社員」が0.1人である（図1-10）。調査時点の平均従業者数は3.9人と、開業時の2.8人から1.1人増えている。増加したのは「パートタイマー・アルバイト」（0.6人増）や「常勤役員・正社員」（0.3人増）などである。

　開業費用の平均は長期的にみると減少傾向にあり、2023年度は1,027万円である（図1-11）。中央値は550万円で、2022年度と並び、最も低い水

図1−10　開業時と調査時点の平均従業者数

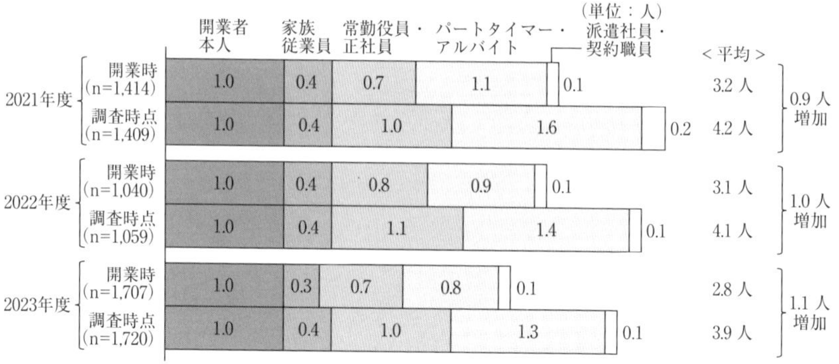

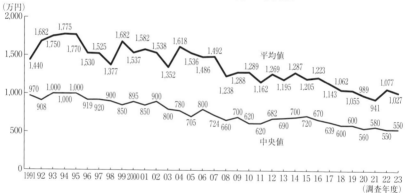

（単位：人）
開業者本人
家族従業員
常勤役員・正社員
パートタイマー・アルバイト
派遣社員・契約職員
＜平均＞
2021年度
開業時（n=1,414）
1.0 0.4 0.7 1.1 0.1
3.2 人
調査時点（n=1,409）
1.0 0.4 1.0 1.6 0.2
4.2 人
0.9 人増加
2022年度
開業時（n=1,040）
1.0 0.4 0.8 0.9 0.1
3.1 人
調査時点（n=1,059）
1.0 0.4 1.1 1.4 0.1
4.1 人
1.0 人増加
2023年度
開業時（n=1,707）
1.0 0.3 0.7 0.8 0.1
2.8 人
調査時点（n=1,720）
1.0 0.4 1.0 1.3 0.1
3.9 人
1.1 人増加

（注）小数第2位を四捨五入して表記しているため、同じ値でもグラフの長さが異なったり、内訳の合計と平均、平均の差と増加数が一致しなかったりする場合がある。

図1−11　開業費用の平均値と中央値

（万円）
2,000
1,500
1,000
500
0
平均値
1,440 1,682 1,750 1,775 1,770 1,530 1,525 1,377 1,682 1,537 1,582 1,538 1,352 1,618 1,536 1,486 1,492 1,238 1,288 1,289 1,162 1,269 1,195 1,287 1,205 1,223 1,143 1,062 1,055 989 941 1,077 1,027
中央値
970 908 1,000 1,000 1,000 919 920 900 850 895 850 900 800 780 705 800 724 660 700 620 620 682 690 700 720 670 639 600 600 560 580 550 550
1991 92 93 94 95 96 97 98 99 2000 01 02 03 04 05 06 07 08 09 10 11 12 13 14 15 16 17 18 19 20 21 22 23
（調査年度）

準となった。開業費用の分布をみると、「500万円未満」の割合は上昇傾向にある（図1−12）。なかでも「250万円未満」の割合は2000年度には5.3%であったが、2023年度は20.2%と上昇している。「500万〜1,000万円未満」は3割前後と横ばいだが、1,000万円以上の層は低下傾向にある。「2,000万円以上」は9.0%と、調査開始以来最も低い割合となった。通信技術の発達をはじめ、シェアリングエコノミーの広がりや創業支援策の充実などにより、開業にかかる費用を抑えやすくなっていると考えられる。

図1-12　開業費用

（単位：％）

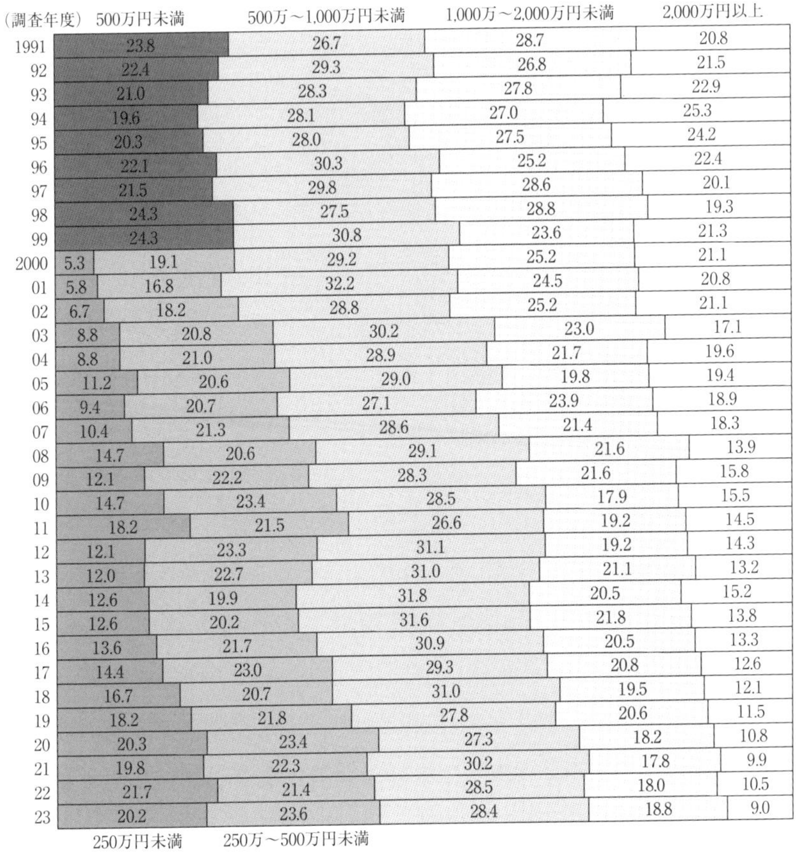

（調査年度）	500万円未満		500万～1,000万円未満	1,000万～2,000万円未満	2,000万円以上
1991	23.8		26.7	28.7	20.8
92	22.4		29.3	26.8	21.5
93	21.0		28.3	27.8	22.9
94	19.6		28.1	27.0	25.3
95	20.3		28.0	27.5	24.2
96	22.1		30.3	25.2	22.4
97	21.5		29.8	28.6	20.1
98	24.3		27.5	28.8	19.3
99	24.3		30.8	23.6	21.3
2000	5.3	19.1	29.2	25.2	21.1
01	5.8	16.8	32.2	24.5	20.8
02	6.7	18.2	28.8	25.2	21.1
03	8.8	20.8	30.2	23.0	17.1
04	8.8	21.0	28.9	21.7	19.6
05	11.2	20.6	29.0	19.8	19.4
06	9.4	20.7	27.1	23.9	18.9
07	10.4	21.3	28.6	21.4	18.3
08	14.7	20.6	29.1	21.6	13.9
09	12.1	22.2	28.3	21.6	15.8
10	14.7	23.4	28.5	17.9	15.5
11	18.2	21.5	26.6	19.2	14.5
12	12.1	23.3	31.1	19.2	14.3
13	12.0	22.7	31.0	21.1	13.2
14	12.6	19.9	31.8	20.5	15.2
15	12.6	20.2	31.6	21.8	13.8
16	13.6	21.7	30.9	20.5	13.3
17	14.4	23.0	29.3	20.8	12.6
18	16.7	20.7	31.0	19.5	12.1
19	18.2	21.8	27.8	20.6	11.5
20	20.3	23.4	27.3	18.2	10.8
21	19.8	22.3	30.2	17.8	9.9
22	21.7	21.4	28.5	18.0	10.5
23	20.2	23.6	28.4	18.8	9.0
	250万円未満	250万～500万円未満			

（注）2000年度以降は「500万円未満」を「250万円未満」と「250万～500万円未満」に分けている。

資金調達の額も減少傾向である。資金調達総額は2000年代までは1,500万円を上回ることが多かったものの、2010年代になると1,500万円を下回り、足元では1,000万円近傍にまで減少している（図1-13）。2023年度は1,180万円と、最も低い2021年度（1,177万円）に次ぐ水準である。調達先の内訳で最も多いのは「金融機関等からの借り入れ」であり、平均768万円と調達額全体の65.1％を占める。2番目に多いのは「自己資金」（同280万円）で、

図1-13　資金調達額と調達先

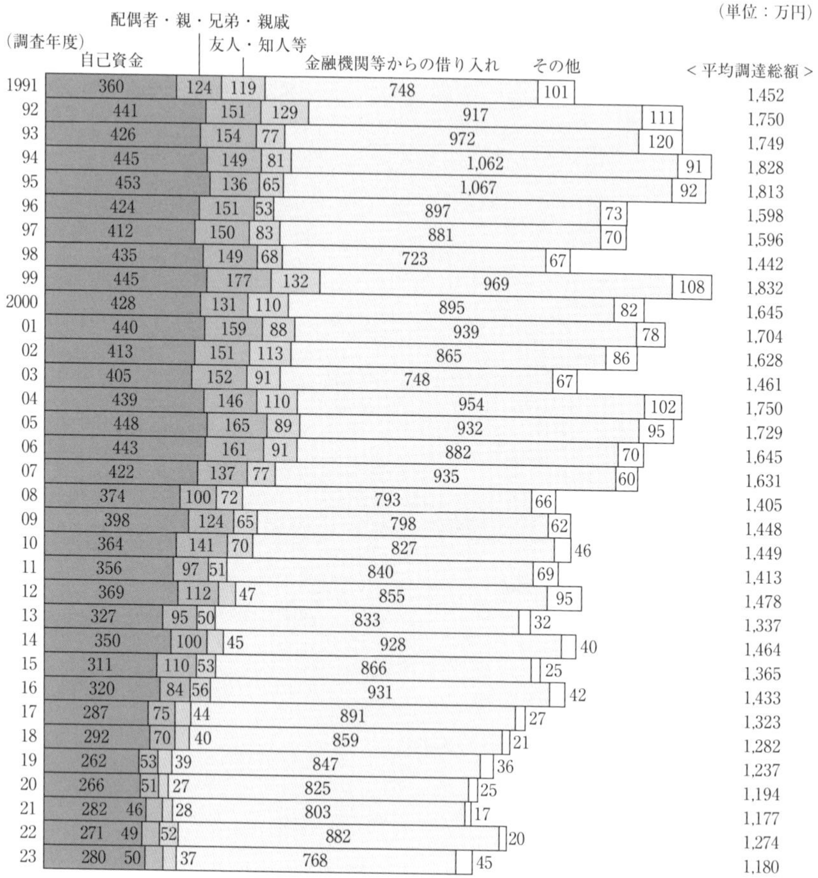

（単位：万円）

（調査年度）	自己資金	配偶者・親・兄弟・親戚	友人・知人等	金融機関等からの借り入れ	その他	＜平均調達総額＞
1991	360	124	119	748	101	1,452
92	441	151	129	917	111	1,750
93	426	154	77	972	120	1,749
94	445	149	81	1,062	91	1,828
95	453	136	65	1,067	92	1,813
96	424	151	53	897	73	1,598
97	412	150	83	881	70	1,596
98	435	149	68	723	67	1,442
99	445	177	132	969	108	1,832
2000	428	131	110	895	82	1,645
01	440	159	88	939	78	1,704
02	413	151	113	865	86	1,628
03	405	152	91	748	67	1,461
04	439	146	110	954	102	1,750
05	448	165	89	932	95	1,729
06	443	161	91	882	70	1,645
07	422	137	77	935	60	1,631
08	374	100	72	793	66	1,405
09	398	124	65	798	62	1,448
10	364	141	70	827	46	1,449
11	356	97	51	840	69	1,413
12	369	112	47	855	95	1,478
13	327	95	50	833	32	1,337
14	350	100	45	928	40	1,464
15	311	110	53	866	25	1,365
16	320	84	56	931	42	1,433
17	287	75	44	891	27	1,323
18	292	70	44	859	21	1,282
19	262	53	39	847	36	1,237
20	266	51	27	825	25	1,194
21	282	46	28	803	17	1,177
22	271	49	52	882	20	1,274
23	280	50	37	768	45	1,180

（注）1　「配偶者・親・兄弟・親戚」と「友人・知人等」は借り入れ、出資の両方を含む。
　　　2　「友人・知人等」には、「取引先」（1992～1999 年度調査）、「事業に賛同した個人・法人」（1992～2023 年度調査）、「自社の役員・従業員」（2004～2023 年度調査）、「関連会社」（2016 年度調査）を含む。
　　　3　「金融機関等からの借り入れ」には、「日本政策金融公庫」（1991～ 2023 年度調査）、「民間金融機関」（1991～2023 年度調査）、「地方自治体の制度融資」（1992～2023 年度調査）、「公庫・地方自治体以外の公的機関」（1999～2023 年度調査）が含まれる。
　　　4　開業費用と資金調達額は別々に尋ねているため、金額は一致しない。

全体の23.8％である。開業資金の約9割を借り入れと自己資金により賄っている。そのほか「配偶者・親・兄弟・親戚」は同50万円、「友人・知人等」は同37万円、「その他」は同45万円であった。

図1-14　月　商

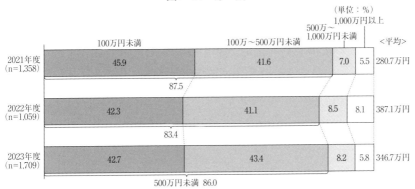

図1-15　予想月商達成率

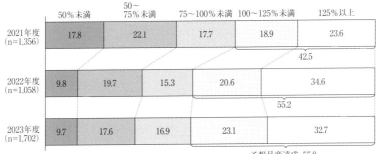

（注）予想月商達成率＝（調査時点の月商÷開業前に予想していた月商）×100

(3)　業　績

月商（1カ月の売上高）は、「100万円未満」が42.7％、「100万～500万円未満」が43.4％となった（図1-14）。平均額は346.7万円と、2022年度（387.1万円）より低いものの、コロナ禍の影響が大きかった2021年度（280.7万円）を上回っている。

予想月商達成率（調査時点の月商÷開業前に予想していた月商×100）が「100％以上」である割合は55.8％である（図1-15）。2021年度は42.5％と低いが、2022年度（55.2％）以降は開業者の半数以上が予想月商を達成

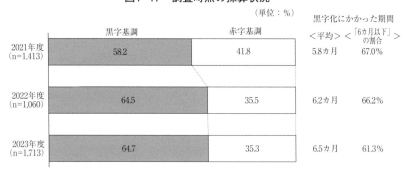

図1-16　調査時点の売り上げ状況

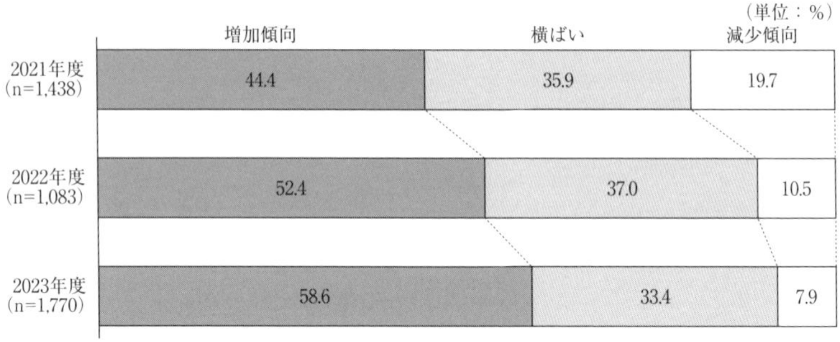

（単位：％）

	増加傾向	横ばい	減少傾向
2021年度 (n=1,438)	44.4	35.9	19.7
2022年度 (n=1,083)	52.4	37.0	10.5
2023年度 (n=1,770)	58.6	33.4	7.9

図1-17　調査時点の採算状況

（単位：％）

	黒字基調	赤字基調	黒字化にかかった期間 ＜平均＞	「6カ月以下」 の割合
2021年度 (n=1,413)	58.2	41.8	5.8カ月	67.0％
2022年度 (n=1,060)	64.5	35.5	6.2カ月	66.2％
2023年度 (n=1,713)	64.7	35.3	6.5カ月	61.3％

（注）平均は、開業してから黒字基調になった時期を尋ねたもの。「6カ月以下」の割合は、黒字基調の企業に対する、6カ月以内に黒字基調となった企業の割合。

している。

　売り上げ状況が「増加傾向」の割合は直近の3年の間に上昇しており、2023年度は58.6％となった（図1-16）。「減少傾向」の割合は7.9％と、過去2年の水準を下回っている。

　採算状況をみると「黒字基調」の割合は64.7％と、2022年度（64.5％）から横ばいだが、2021年度（58.2％）に比べるとやや高い（図1-17）。黒字化にかかった期間の平均は6.5カ月、開業から半年以内に黒字化した割合は61.3％であった。

　コロナ禍の影響が大きかった2021年度に比べて、2022、2023年度は業績

の良い開業者が増えており、コロナ禍前の状況に戻りつつあるようだ。事業を行うに当たり新型コロナウイルス感染症によるマイナスの影響があったかを尋ねると、「ない」が53.9%を占め、2022年度（24.3%）より30ポイント近く上昇している[1]。「多少ある」は35.4%、「大いにある」は10.7%であった。2022年度は順に44.5%、31.1%であり、マイナスの影響を受けた開業者の割合は低下している。

3　苦労したことと満足度

(1)　開業時・調査時点で苦労したこと

　開業時と調査時点それぞれで、開業者が苦労したこと（三つまでの複数回答）を表1−5に示した。開業時は「資金繰り、資金調達」（59.6%）が最も多く、「顧客・販路の開拓」（48.5%）、「財務・税務・法務に関する知識の不足」（37.5%）が続く。上位三つは2021、2022年度も同じである。4番目の「仕入先・外注先の確保」（20.3%）の割合は過去2年に比べると高いものの、調査時点では同程度の水準に落ち着いている。調査時点で最も多いのは「顧客・販路の開拓」（49.5%）で、開業時と同様に半数近い人が苦労しており、販売先を広げることの難しさが表れている。2番目は「資金繰り、資金調達」（37.0%）、3番目は「財務・税務・法務に関する知識の不足」（32.2%）であった。開業時に比べて調査時点で割合が上昇している項目は「従業員の確保」（開業時15.2%→調査時点26.0%）、「従業員教育、人材育成」（同9.7%→17.0%）などである。事業を展開していくうえで人材面に苦労する開業者は少なくないようだ。

1　2021年度調査は選択肢が異なる。「以前は大いにあったが、現在はない」（4.0%）、「以前は少しあったが、現在はない」（6.2%）、「現時点で大いにある」（39.6%）、「現時点で少しある」（27.1%）、「現在まではないが、今後はありそう」（8.8%）、「現在までなく、今後もなさそう」（14.3%）であった。

表1-5　開業時・調査時点で苦労したこと（三つまでの複数回答）

(単位：％)

	開業時			調査時点		
	2021年度 (n=1,425)	2022年度 (n=1,083)	2023年度 (n=1,766)	2021年度 (n=1,422)	2022年度 (n=1,080)	2023年度 (n=1,762)
資金繰り、資金調達	57.6	57.1	59.6	34.6	35.9	37.0
顧客・販路の開拓	44.8	47.4	48.5	47.9	47.7	49.5
財務・税務・法務に関する知識の不足	38.4	31.0	37.5	33.0	25.3	32.2
仕入先・外注先の確保	15.1	16.8	20.3	9.6	9.4	9.3
従業員の確保	15.1	17.9	15.2	24.0	27.5	26.0
商品・サービスの企画・開発	12.8	14.7	14.6	13.4	14.5	15.0
経営の相談ができる相手がいないこと	14.4	9.4	13.1	16.0	9.0	12.4
業界に関する知識の不足	10.5	10.6	10.1	5.3	6.5	6.6
従業員教育、人材育成	11.6	13.5	9.7	18.0	20.7	17.0
家事や育児、介護等との両立	7.4	7.2	7.8	10.0	9.6	11.2
商品・サービスに関する知識の不足	7.3	7.9	7.2	4.6	5.7	4.5
その他	2.6	1.7	1.2	4.2	2.2	1.7
特にない	5.8	4.6	4.8	7.2	8.3	7.5

(2)　満足度と今後の方針

　開業者の多くが開業時、調査時点においても何らかの苦労をしているが、開業に対してどの程度満足しているのだろうか。項目別に満足度をみると、事業からの収入に「満足」している割合は25.5％と低く、「不満」の割合が48.0％と高い（図1-18）。開業時、調査時点ともに販路の開拓に苦労している開業者が半数近くと多かったことから（前掲表1-5）、満足できる収入の確保が難しいのだと思われる。

　仕事のやりがいに「かなり満足」（34.6％）、「やや満足」（48.8％）している割合はほかの項目に比べて高く、「満足」の割合は8割を超える。「不

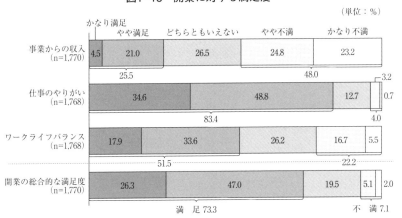

図1-18　開業に対する満足度

満」は4.0％と低い。勤務時代に比べて仕事の内容や進め方などを自身で決めることができ、やりがいを感じているのかもしれない。

　ワークライフバランスに「満足」（51.5％）している開業者は半数を超えた。ただ、「不満」の割合は22.2％と低くない。勤務のときとは違って、仕事と生活の時間を明確に区分できなくなり、仕事との両立に苦労している人も一定数いるのかもしれない。

　開業の総合的な満足度では、開業者の多くが「満足」（73.3％）と回答しており、「不満」の割合は7.1％と低い。収入面での課題はあっても、開業動機で最も多かった「自由に仕事がしたかった」（前掲表1−2）という思いをかなえて、仕事のやりがいを感じていることが、総合的な満足度の高さにつながっているのだろう。

　今後の事業の方針をみると、売上高を「拡大したい」と考える割合は90.0％を占める（図1−19）。商圏については「拡大したい」（58.3％）が最も多いものの、「現状程度でよい」とする開業者も40.7％いる。従業者数が少なく、小規模に事業を運営する開業者が多いことから、商圏を無理に広げずに現状の商圏に深く根づいて売り上げを伸ばしたいと考える人が少なく

図1-19　今後の方針

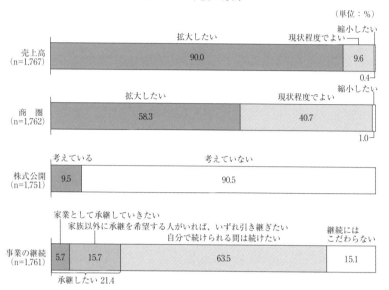

（単位：％）

ないのではないだろうか。株式公開は、「考えていない」（90.5％）人が大半で、「考えている」人は9.5％にとどまる。事業の継続については、開業間もない人が多いことから、「承継したい」と考える割合は21.4％と低く、「自分で続けられる間は続けたい」と答える人の割合が63.5％と最も高い。

◆　　　◆　　　◆

　本章で分析した「2023年度新規開業実態調査」の主な結果は以下のとおりである。

○開業者のうち「女性」の割合は24.8％と、1991年度の調査開始以来最も高い。

○開業直前の勤務先を離職した理由は、「自らの意思による退職」の割合が82.0％と、過去2年に比べて高い。

○開業時の平均従業者数は2.8人と調査開始以来最も少ない。開業者本人のみで事業を始める割合も44.9％と調査開始以来最も高く、開業事業の小規模化が進んでいる。

○開業費用の平均は1,027万円、中央値は550万円であり、開業費用も少額化の傾向がみられる。

○調査時点の売り上げ状況が「増加傾向」（58.6％）の割合や採算状況が「黒字基調」（64.7％）の割合は、コロナ禍の影響が大きかった2021年度に比べて高く、開業者のパフォーマンスは改善している。

○収入に「満足」している人は少ないものの、仕事のやりがいに「満足」している人は非常に多く、開業の総合的な満足度は高い。

　本調査の開業者の多くが、コロナ禍の影響が残るなかで事業を始めていた。飲食店・宿泊業がコロナ禍前に比べて少ないなど、開業業種にはコロナ禍の影響が観察された。一方、2023年5月に新型コロナウイルス感染症の感染症法上の位置づけが5類に移行され、社会・経済活動が活発になってきたことで、調査時点（2023年8月）の売り上げ状況や採算状況には、2021、2022年度調査に比べて改善の動きがみられた。コロナ禍の影響は少しずつ小さくなってきているようである。

第2章

コロナ禍に生じた開業の実態
―「2023年度新規開業実態調査（特別調査）」結果より―

日本政策金融公庫総合研究所

主席研究員　桑本　香梨

1　はじめに

　2023年5月、新型コロナウイルス感染症の感染症法の位置づけが5類に移行した。各地で休止していたイベントは徐々に再開され、訪日外国人観光客の数は2023年累計で2,500万人超と、コロナ禍前の水準の8割弱まで戻した（日本政府観光局「訪日外客数（2023年12月および年間推計値）」）。マスクやパーテーションのない日常が緩やかに戻りつつある。

　ただ、営業自粛や外出制限によって経済活動が鈍化したときも、多くの経営者は、感染予防対策や持ち帰りサービスの実施、リモートワークやキャッシュレスサービスなどのIT化の推進に励み、事業を維持しようと工夫していた。国や自治体による支援もあり、多くの経営者が苦境を乗り越えることができた。

　こうした状況下で開業率も下がらなかったことは、序章でみたとおりである。しかし、先行研究が示していたように、経済ショック下での開業は平時の開業に比べて、準備や知識の不足、存続の難しさといった問題がみられやすい。加えて、コロナ禍の開業には、環境の変化に商機を見いだして開業した「プル型」と、経済上の理由からやむを得ず開業した「プッシュ型」の両方があったものと考えられ、プッシュ型の場合は、事業のパフォーマンスが悪化しやすいといった懸念もある。

　本章では、当研究所「2023年度新規開業実態調査（特別調査）」（以下、本調査）の結果を用いて、コロナ禍をきっかけに開業した人の特徴を、同時期にコロナ禍をきっかけとせずに開業した人と比較しながら詳しくみていく。また、きっかけの内容をプル型とプッシュ型に分けて、開業者と事業の特徴や、開業前後の取り組みと課題、事業のパフォーマンスなどの観点から分析したい。

> 「2023年度新規開業実態調査（特別調査）」の実施要領
>
> 調査時点　2023年8月
> 調査対象　日本政策金融公庫国民生活事業が2022年4月から同年9月にかけて
> 　　　　　融資した企業のうち、融資時点で開業後4年以内の企業（開業前の
> 　　　　　企業を含む）9,118社（不動産賃貸業を除く）
> 調査方法　調査票の送付・回答は郵送、アンケートは無記名
> 回 収 数　2,206社（回収率24.2%）

2　調査の実施要領

(1)　分析の対象

　本調査は、日本政策金融公庫国民生活事業が2022年4月から同年9月に融資した企業のうち、融資時点で開業後4年以内の企業（開業前を含み、不動産賃貸業を除く）、9,118社に対して、2023年8月に行ったものである。調査は郵送で行い、2,206社から回答を得た（回収率24.2%）。

　開業年別に回答企業をみると、2019年から2023年まで順に41社、222社、387社、1,509社、47社となった。本章の目的はコロナ禍をきっかけにした開業について調べることであるため、感染症流行前の2019年に開業した41社のほか、開業の具体的な準備の開始時期が2019年以前だった企業198社は、本章の分析の対象から除くこととする。ここまでの分類に必要な項目が無回答である企業も除き、分析対象企業は1,795社となった。

(2)　分析対象の分類

①　コロナ関連開業と一般開業

　2020年以降に開業準備を始めた人のなかには、当時の状況に関係なく開業した人も多かったはずである。実際、分析対象とした1,795社のうち、感染症の流行が開業を決意する「きっかけとなった」企業は、313社で全

体の17.4％にとどまる。「きっかけとはなっていない」企業の方が、1,482社（82.6％）と多い。以下では、前者を「コロナ関連開業」、後者を「一般開業」と呼ぶ。

それぞれの開業年の構成比を確認すると、コロナ関連開業では、2020年が7.0％、2021年が17.9％、2022年が71.2％、2023年が3.8％で、一般開業では、順に5.5％、16.7％、75.6％、2.2％となった。どちらも7割超が2022年に開業しており、そのほかの年の分布もおおむね同じである。

なお、コロナ関連開業のうち、感染症が流行する前から開業することを意識していた人は41.7％であった。「感染症が流行する前から開業に関心はあったが、当時は実際に開業するつもりはなかった」という人は20.8％で、「感染症が流行してから初めて、開業に関心をもった」人は37.5％に上る。

② プル型とプッシュ型

前節で述べたように、本章ではコロナ関連開業をさらにプル型とプッシュ型に分けてみていく。分類に当たり、先行研究における定義を確認しておきたい。Amit and Muller（1995）は、「前職の経営者の方針に失望した」「前職での仕事が面白みに欠けていた」という開業者をプッシュ型、「より多くのお金を得られると思って開業した」「前職の経営者に自分のアイデアが認められず、実現しようと開業した」という開業者をプル型としている。安田(2010)は、リストラや失業以外でも、何らかの事情で開業せざるを得なかった「逃げの開業」を広義のプッシュ型開業とし、プル型の開業には、職場での性差を打破しようと開業する女性を例示している。スピンオフによる開業に関する研究では、スピンオフと同年に元の勤務先が閉業している場合をプッシュ型とするもの（Andersson and Klepper, 2013）や、閉業に加えて元の勤務先が雇用を30％以上減らした場合をプッシュ型、スピンオフ後も元の勤務先の事業規模に大きな変化がない場合をプル型とするもの（Rocha, Carneiro, and Varum, 2015）などがある。

図2-1　コロナ禍がもたらした開業のきっかけ（複数回答）

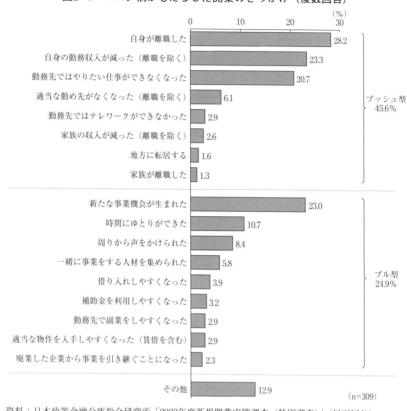

資料：日本政策金融公庫総合研究所「2023年度新規開業実態調査（特別調査）」（以下同じ）
（注）　1　新型コロナウイルス感染症の流行が開業を決意する「きっかけとなった」と回答した人に
　　　　　尋ねたもの（表2-1も同じ）。
　　　2　プル型とプッシュ型両方の項目を選択した回答者は、プル型またはプッシュ型には含まな
　　　　　い。ただし、プル型とプッシュ型の割合を算出する際の分母には、プル型・プッシュ型両
　　　　　方の項目を選択した回答者と「その他」を選択した回答者を含む（以下同じ）。
　　　3　nは回答数（以下同じ）。

　先行研究により分類方法は異なるが、プッシュ型は元の勤務先の経営上
の問題や仕事への不満を動機にしたもの、プル型はアイデアの実現など自
らの希望をかなえることを目的にしたものと整理できる。本章では、コロ
ナ関連開業の具体的なきっかけの内容をもとに分類することとする。

　きっかけの内容を図2-1でみると、最も多い回答は「自身が離職した」

図2-2 分析対象と分類

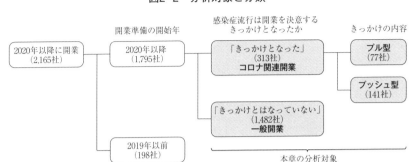

（注）分類に必要な項目に無回答の人、開業のきっかけについてプル型とプッシュ型の項目の両方を選択した人、開業のきっかけについて「その他」を選択した人の件数は記載を省略。

（28.2％）で、「自身の勤務収入が減った（離職を除く）」（23.3％）が続く。「勤務先ではやりたい仕事ができなくなった」も20.7％に上る。このような、コロナ禍で自身や家族の仕事がなくなったり、収入が減ったりして、必要に迫られて開業を決意した人を「プッシュ型」としてまとめる。

　一方で、「新たな事業機会が生まれた」との回答も23.0％と3番目に多い。「時間にゆとりができた」（10.7％）、「周りから声をかけられた」（8.4％）というように、コロナ禍が開業のチャンスにつながった人は少なからずいる。このような前向きなきっかけを挙げる人を、「プル型」とする。やや広義になるが、コロナ関連開業に占めるプル型の割合は24.9％と、「新たな事業機会が生まれた」の回答割合との差がわずかであることを考えると、プル型の大半がコロナ禍に商機を見いだして開業した人であるといえる。

　なお、きっかけの具体的な内容は複数回答で尋ねているため、プル型とプッシュ型両方の選択肢を回答した場合は、どちらにも含まない。

③　**分類別の回答数**

　ここまでに示した分析対象と分類の基準、それぞれの回答数を図2-2にまとめた。感染症の流行を機に開業した人が少なからずいることが、改めてみてとれる。コロナ関連開業313社のうちプル型は77社で、プッシュ型

（141社）の方が多い。以下では、コロナ関連開業と一般開業を比較するとともに、コロナ関連開業をプル型とプッシュ型に分解しながら、コロナ禍をきっかけにした開業の実態を掘り下げる。

3　コロナ禍をきっかけに開業した人の特徴

　コロナ禍にはどのような人がどのような事業を開業したのだろうか。属性、キャリア、開業動機、開業業種をみていく。

⑴　属　性

　性別をみると、コロナ関連開業では男性が70.0％と大半であるが、女性の割合が30.0％と一般開業（21.9％）に比べて高い。プル型とプッシュ型に分けてみると、女性はプル型の方がやや高い（順に32.5％、29.1％）。

　前掲図2－1に示した、コロナ関連開業の具体的なきっかけを性別に集計すると、プル型の項目では、女性は「新たな事業機会が生まれた」（女性23.9％、男性22.6％）、「借り入れしやすくなった」（同4.3％、3.7％）、「適当な物件を入手しやすくなった（賃借を含む）」（同3.3％、2.8％）の割合が男性よりやや高い（表2－1）。女性の開業は、資金や知識・ノウハウ、人的ネットワークの不足がハードルになりやすい（桑本、2023）。コロナ禍でさまざまな支援策が打ち出されたことや、既存店の廃業などにより手頃な空き物件が増えたことなどが、女性の開業を後押しする結果になったのだと考えられる。

　プッシュ型の項目についてもみると、「適当な勤め先がなくなった（離職を除く）」（同8.7％、5.1％）、「家族が離職した」（同2.2％、0.9％）、「勤務先ではテレワークができなかった」（同3.3％、2.8％）との回答割合が女性で比較的高い。子どもがいる女性は特に、保育園や学校の感染症

表2-1　コロナ禍がもたらした開業のきっかけ（性別、複数回答）

（単位：％）

		男　性 （n=217）	女　性 （n=92）
プッシュ型	自身が離職した	30.4	22.8
	自身の勤務収入が減った（離職を除く）	24.0	21.7
	勤務先ではやりたい仕事ができなくなった	23.5	14.1
	適当な勤め先がなくなった（離職を除く）	5.1	8.7
	勤務先ではテレワークができなかった	2.8	3.3
	家族の収入が減った（離職を除く）	2.8	2.2
	地方に転居する	1.8	1.1
	家族が離職した	0.9	2.2
プル型	新たな事業機会が生まれた	22.6	23.9
	時間にゆとりができた	10.6	10.9
	周りから声をかけられた	8.3	8.7
	一緒に事業をする人材を集められた	7.4	2.2
	借り入れしやすくなった	3.7	4.3
	補助金を利用しやすくなった	3.2	3.3
	勤務先で副業をしやすくなった	3.2	2.2
	適当な物件を入手しやすくなった（賃借を含む）	2.8	3.3
	廃業した企業から事業を引き継ぐことになった	2.3	2.2
その他		12.0	15.2

流行を受けた休園・休校や、オンライン授業への切り替えの影響で、育児と勤務の両立が難しくなった。勤め先を辞めた人は未成年子のいる女性で特に多い（周、2020）。家庭と両立しながら少しでも収入を得ようとして開業した女性もいたのだろう。

　開業時の年齢についてみると、「30歳代」（30.0％）や「40歳代」（39.9％）が多い点は、一般開業と変わらない（図2-3）。「60歳以上」は3.5％と一般開業（6.9％）の半分程度にとどまり、特にプッシュ型（2.8％）で割合が低い。シニア層は、若年や中年層に比べて子育てが一段落していたり、ある程度の貯蓄をもっていたりすることから、コロナ禍で世帯収入が減ったとしても開業する必要に迫られた人は少なかったのかもしれない。あるいは、いつ感染するかもわからない環境下で、開業のリスクをとることをためらった可能性もある。コロナ禍となった初期の就業形態とその後の就

図2-3　開業時の年齢

（単位：％）

	29歳以下	30歳代	40歳代	50歳代	60歳以上
コロナ関連開業（n=313）	7.3	30.0	39.9	19.2	3.5
プル型（n=77）	7.8	36.4	39.0	11.7	5.2
プッシュ型（n=141）	9.2	22.0	44.0	22.0	2.8
一般開業（n=1,482）	6.4	31.0	36.8	18.9	6.9

（注）構成比は小数第2位を四捨五入して表示しているため、合計は100％にならない場合がある（以下同じ）。

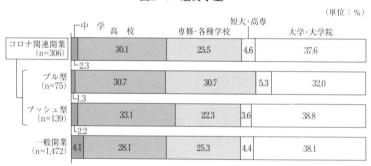

図2-4　最終学歴

（単位：％）

	中学	高校	専修・各種学校	短大・高専	大学・大学院
コロナ関連開業（n=306）	2.3	30.1	25.5	4.6	37.6
プル型（n=75）	1.3	30.7	30.7	5.3	32.0
プッシュ型（n=139）	2.2	33.1	22.3	3.6	38.8
一般開業（n=1,472）	4.1	28.1	25.3	4.4	38.1

労意欲について年齢別に調べた渡邊・多和田（2023）は、コロナ禍が高齢者の完全引退の契機になったことを示唆している。

⑵　キャリア

　感染症流行を機に開業したコロナ関連開業は、一般開業に比べて開業に必要な経験は足りていたのだろうか。学歴と職歴の観点からみてみたい。

　最終学歴はどの層でも「大学・大学院」が最も多く、コロナ関連開業で37.6％、一般開業で38.1％と、割合に違いはない（図2-4）。ただ、コロナ関連開業のうちプル型では、32.0％と特に低い（プッシュ型では38.8％）。

表2-2　勤務キャリア

（単位：％、年）

	コロナ関連開業			一般開業
		プル型	プッシュ型	
勤務経験が「ある」	98.4 (19.7)	97.3 (18.9)	99.3 (20.1)	98.0 (20.6)
斯業経験が「ある」	82.6 (14.8)	80.8 (13.5)	84.3 (15.8)	84.1 (15.3)
管理職経験が「ある」	60.3 (10.1)	61.3 (8.7)	62.1 (10.9)	65.9 (11.0)

(注) 1　斯業経験は現在の事業に関連する仕事の経験。管理職経験は3人以上の部下をもつ課もし
　　　　くは部などの長またはリーダーの経験。
　　　2　（　）内は、経験がある人の経験年数の平均。
　　　3　nは記載を省略。

プル型で代わりに割合が高いのは、「専修・各種学校」（30.7％）である。感染症流行を機に、「専修・各種学校」で習得した特定分野のスキルを生かして独立することを決意した人もいたものと考えられる。

　勤務経験は、コロナ関連開業の98.4％が「ある」と回答しており、一般開業（98.0％）と変わらない（表2-2）。プル型、プッシュ型もほぼ全員が「ある」と回答している。経験年数も約20年と、類型間で大きな差はない。斯業経験（現在の事業に関連する仕事の経験）が「ある」割合とその経験年数も、コロナ関連開業（順に82.6％、14.8年）は一般開業（同84.1％、15.3年）とほとんど変わらない。管理職（3人以上の部下をもつ課もしくは部などの長またはリーダー）の経験については、コロナ関連開業は60.3％と、一般開業（65.9％）をやや下回る。

　全体的に目立った違いはないが、コロナ関連開業のうちプル型は、プッシュ型や一般開業に比べて勤務、斯業、管理職の経験が「ある」割合がやや低く、経験年数が短い。プッシュ型は、勤務先の都合で離職し開業した人が多いので、勤務に関する経験をもつ人が多いのだろう。一方のプル型は、経験がほかより少ない分、開業時に直面した問題が多かったかもしれない。開業前後に苦労したことについては、後ほど詳しく触れたい。

表2-3　開業動機（三つまでの複数回答）

（単位：％）

	コロナ関連開業 (n=312)	プル型 (n=77)	プッシュ型 (n=141)	一般開業 (n=1,461)
自由に仕事がしたかった	53.5	45.5	58.2	58.9
仕事の経験・知識や資格を生かしたかった	44.9	45.5	42.6	44.9
収入を増やしたかった	42.9	39.0	45.4	48.1
自分の技術やアイデアを事業化したかった	36.5	42.9	31.9	28.6
事業経営という仕事に興味があった	34.3	35.1	34.8	36.2
社会の役に立つ仕事がしたかった	24.7	27.3	17.7	28.1
時間や気持ちにゆとりが欲しかった	23.4	22.1	24.8	22.5
年齢や性別に関係なく仕事がしたかった	13.8	15.6	17.7	11.3
趣味や特技を生かしたかった	12.5	15.6	11.3	7.6
適当な勤め先がなかった	7.1	1.3	12.8	4.9
その他	4.2	6.5	1.4	5.1

(3) 開業動機

　開業の動機を三つまでの複数回答で尋ねると、「自由に仕事がしたかっ
た」との回答がどの類型でも最も多いが、コロナ関連開業は53.5％と、一
般開業（58.9％）に比べて割合がやや低い（表2-3）。プル型で45.5％と特
に低く、コロナ関連開業全体の割合を押し下げている。コロナ禍で生じた
勤務先での問題をきっかけにして開業しているプッシュ型に比べると、
プル型は自由を求めて開業した人が少ないということなのだろう。

　コロナ関連開業で一般開業に比べて割合が高いのは、「自分の技術やア
イデアを事業化したかった」（順に36.5％、28.6％）、「趣味や特技を生か
したかった」（同12.5％、7.6％）などである。これらの回答割合はいずれ
も、プル型で特に高い。資金や立地の面でハードルが下がり、やりたかっ
たことを開業で実現する人が増えたのだと考えられる。このほか、プル型
はプッシュ型に比べて「社会の役に立つ仕事がしたかった」（順に27.3％、
17.7％）との回答割合が高い。コロナ禍で生じた社会課題に対応しようと
して開業した人が一定数いることがわかる。

表2-4　開業業種

（単位：％）

	コロナ関連開業 (n=313)	プル型 (n=77)	プッシュ型 (n=141)	一般開業 (n=1,482)
建設業	5.8	2.6	7.8	11.2
製造業	2.9	3.9	2.1	3.4
情報通信業	3.2	5.2	1.4	3.0
運輸業	3.8	0.0	4.3	2.8
卸売業	5.4	1.3	7.1	4.7
小売業	17.3	19.5	16.3	11.5
飲食店・宿泊業	17.6	15.6	18.4	8.4
医療・福祉	10.5	10.4	12.1	16.9
教育・学習支援業	2.9	2.6	2.8	3.2
サービス業	25.2	32.5	22.7	29.1
不動産業	4.5	5.2	5.0	4.4
その他	1.0	1.3	0.0	1.2

（注）「持ち帰り・配達飲食サービス業」は、「小売業」に含む。

　反対にプッシュ型で多いのは「収入を増やしたかった」（45.4％）で、回答割合は「自由に仕事がしたかった」に次いで2番目に高い。また、「適当な勤め先がなかった」との回答割合が12.8％と、ほかの類型に比べて特に高い（プル型では1.3％）。開業動機からも、プッシュ型がコロナ禍で毀損した家計を補おうと開業した様子がうかがえる。

(4)　開業業種

　開業業種は、コロナ関連開業も一般開業も、「サービス業」（順に25.2％、29.1％）が最も多い（表2-4）。その内訳を細かくみると、どちらも「美容業」が2割超と突出して多い。コロナ関連開業で2番目に多いのは「経営コンサルタント業」と「エステティック業」で、ともに11.4％であった。プル型とプッシュ型とでは、特にプル型で「サービス業」の割合が32.5％と高く、そのうち40.0％が「美容業」である。プル型の最終学歴に「専修・各種学校」が多かったことと符合する。コロナ禍で開業の機会

を得て、独立開業した人が多かったのだろう。一方、プッシュ型では「サービス業」の割合は22.7％にとどまり、細分類業種では「経営コンサルタント業」が18.8％と最も多くを占めている。自身の離職をきっかけに開業した人が多かったことから、勤務経験を生かしてコンサルティングの仕事を始めたのかもしれない。なお、「美容業」は「他に分類されない専門サービス業」とともに15.6％で2番目に並んでいる。

　コロナ関連開業で2番目に多い大分類業種は、「飲食店・宿泊業」（17.6％）である。感染症が流行する直前に開業した企業を2年間追跡調査した深沼・西山・山田（2022）によれば、想定していた月商を達成できた「飲食店・宿泊業」が3割程度にとどまるなど、コロナ禍によるマイナスの影響を特に大きく受けていた。そのためか、一般開業では「飲食店・宿泊業」の割合は8.4％と低い。コロナ関連開業の場合、特にプッシュ型で18.4％と割合が高いことから、もともと飲食店や旅館などに勤めていた人が、営業自粛により勤務を続けられなくなり、自ら店をもつに至ったのだと想像される。プル型も「飲食店・宿泊業」の割合は15.6％に上る。コロナ禍で閉業する飲食店が増えたことで空き店舗を獲得しやすくなり、開業を決意した人が少なからずいたのではないか。

　3番目に多いのは「小売業」である。コロナ関連開業で17.3％と、一般開業（11.5％）を上回る。プル型が19.5％、プッシュ型が16.3％であった。細分類業種で特に多いのは、プル型、プッシュ型ともに「料理品小売業」である。外出制限下で広がったテイクアウト需要に対応したものだろう。

4　コロナ禍における開業準備

　感染症が流行し始めてから開業を決意したコロナ関連開業は、準備を十分にできたのだろうか。コロナ関連開業の準備状況をみていく。

(1)　事業計画への影響

　開業に向けて具体的な準備を始めてから開業するまでの期間は、コロナ関連開業で6.8カ月と、一般開業（6.5カ月）と同程度である。ただ、プル型が8.3カ月かけているのに対して、プッシュ型は5.3カ月と比較的短期間で開業している。少しでも早く事業収入を確保するために、準備に時間をかける余裕がなかったのかもしれない。もしくは、斯業経験が「ある」割合がプル型より高かったことから（前掲表2-2）、準備期間をそれほど必要としなかった可能性も考えられる。

　感染症の流行が開業の準備に影響したか尋ねると、「影響があった」というコロナ関連開業の割合は66.2％と、一般開業（30.9％）の2倍以上となった。プル型（56.6％）よりプッシュ型（68.3％）で回答割合が高い。感染症の流行が始まった後も、緊急事態宣言が何度も発出されるなど、不安定な状況が複数年にわたり続いた。時期によって変わる規制や支援に対応しようとして、開業計画を変更した人が少なくなかったのだろう。

　そこで、「影響があった」開業者が、感染症流行を考慮して開業計画をどのように変更したかを表2-5にまとめた。開業時期は、一般開業では「早めた」という人が8.9％と、「遅らせた」割合（42.2％）を大きく下回っているのに対して、コロナ関連開業では「早めた」人が29.9％と、「遅らせた」人（32.8％）と同じぐらいいる。プル型はプッシュ型に比べて「早めた」（順に25.6％、20.7％）割合が高い。コロナ禍にビジネスチャンスをみつけた後、状況が変わるなかでタイミングを逃すまいと思ったのかもしれない。ただし、前述のとおり、プル型の開業準備期間はほかの類型より長かったことから、必ずしも性急に開業したというわけではなさそうだ。

　立地は、コロナ関連開業のなかでも、特にプル型で当初計画より「好立地」に開業したという人の割合が高い（プル型20.9％、プッシュ型12.2％）。

表2-5　新型コロナウイルス感染症の流行を考慮して、当初の計画から変えた要素

(単位：％)

		コロナ関連開業			一般開業
			プル型	プッシュ型	
開業時期	早めた	29.9	25.6	20.7	8.9
	計画どおり	37.3	37.2	37.0	48.9
	遅らせた	32.8	37.2	42.4	42.2
立　地	好立地	16.2	20.9	12.2	8.3
	計画どおり	73.2	60.5	78.9	81.8
	悪　化	10.6	18.6	8.9	9.9
開業費用	増やした	33.2	32.6	31.9	32.2
	計画どおり	50.3	53.5	54.9	51.9
	減らした	16.6	14.0	13.2	15.9
売り上げ計画	拡　大	7.6	4.7	6.7	4.9
	計画どおり	45.5	51.2	42.2	46.3
	縮　小	47.0	44.2	51.1	48.8

（注）　1　開業の準備に当たり、新型コロナウイルス感染症流行の「影響があった」と回答した人に
　　　　　尋ねたもの。
　　　　2　nは記載を省略。

　感染症流行下には、都心部の飲食店を中心に空き店舗が急増した。日本経
済新聞社の調べでは、2020年6月時点の飲食店用貸店舗の新規募集数は、
渋谷区では前年同月の約2倍、新宿区や港区では5割以上増加している（日
本経済新聞電子版2020年8月16日付）。また、三鬼商事㈱の公表データに
よれば、千代田区、中央区、港区、新宿区、渋谷区のオフィスの平均空室
率は、2020年末時点で4.49％と前年同期の1.55％を大きく上回り、平均
賃料も2万1,999円と同2万2,206円から低下した。平時には入居が難しかった
優良物件も借りやすくなり、空きが出たタイミングに合わせて開業を早め
たり、場所を当初予定から変更したりした人が少なからずいたのだろう。
　開業費用は、コロナ関連開業も一般開業も「増やした」という人が3割
超で、「減らした」人は15％程度と半分以下である。深沼・西山（2022）
の調べでは、開業間もなくコロナ禍となった開業者の半分は、空気清浄機
やパーテーションなどの設備や備品を導入しており、その費用は平均で

44.6万円に上った。マスクや消毒用アルコールなど、消耗品の負担も無視できない。感染が広がり始めてから開業した人も、収束の兆しがみえないなかで、開業費用を減らすことは難しかったのではないか。加えて、国の緊急経済対策によって資金を調達しやすくなったことも、開業費用を増やした要因になっていると考えられる。

　ただ、売り上げ計画は、「縮小」との回答がどの類型も5割前後と多く、「拡大」は1割に満たない。新型コロナウイルス感染症の5類移行までに3年以上かかった。当初想定していたよりも自粛期間が長く続き、売り上げの見込みを減らさざるを得なかった開業者が多かったのだろう。

⑵　コロナ禍に開業して良かったこと

　物件の確保や資金調達など、コロナ禍に開業の準備を始めたことで良かったことも少なからずあったようである。そこで改めて、コロナ禍となってから開業して良かったことを尋ねた結果が表2−6である。どの類型も「特にない」との回答割合が最も高いが、コロナ関連開業は51.8％と、一般開業（75.1％）に比べると低い。そのほかの項目をみると、コロナ関連開業では「支援機関からの創業のサポート（融資を除く）を十分に受けられるようになった」の割合が12.6％と最も高く、なかでもプッシュ型で13.1％と高かった（プル型では9.2％）。このほか、プッシュ型では「資金調達が容易になった」（12.4％）の割合も、プル型（7.9％）に比べて高い。一方のプル型ではプッシュ型と比較して、「好立地の空き物件を手に入れられた（賃借を含む）」（順に17.1％、8.0％）や「オンラインで遠隔地への営業活動をしやすくなった」（同15.8％、5.1％）、「販売先・顧客を十分に確保できた」（同7.9％、2.9％）などの割合が高い。プッシュ型は開業に当たりサポートを得やすくなったことを、プル型は事業機会が広がったことを、コロナ禍に開業したメリットとして感じた人が多かったようである。

表2-6　コロナ禍となってから開業したことで良かったこと（複数回答）

（単位：%）

	コロナ関連開業 (n=301)	プル型 (n=76)	プッシュ型 (n=137)	一般開業 (n=1,420)
支援機関からの創業のサポート（融資を除く）を十分に受けられるようになった	12.6	9.2	13.1	6.5
好立地の空き物件を手に入れられた（賃借を含む）	12.0	17.1	8.0	4.5
資金調達が容易になった	12.0	7.9	12.4	7.2
オンラインで遠隔地への営業活動をしやすくなった	10.6	15.8	5.1	6.6
同業者・競合店が少なかった	7.6	9.2	7.3	2.5
販売先・顧客を十分に確保できた	5.0	7.9	2.9	1.9
開業費用を抑えられた	4.7	3.9	3.6	2.0
人手を確保できた	4.3	3.9	5.1	1.6
原材料・商品を手に入れやすくなった	1.3	2.6	1.5	0.3
その他	1.3	3.9	0.0	1.1
特にない	51.8	44.7	59.1	75.1

　ただ、プル型が国や自治体の支援を受けていなかったわけではない。持続化給付金や休業・営業自粛に対する補助金、実質無利子・無担保融資などの支援を「受けた」プル型の開業者は34.2％で、プッシュ型（35.8％）と割合はほとんど変わらない。なお、コロナ関連開業全体では38.8％で、一般開業では26.9％と比較的少なかった。行政の支援が、プル型、プッシュ型にかかわらず、コロナ関連開業を支えたことは間違いない。

5　コロナ関連開業のパフォーマンス

　感染症拡大によるメリットは、事業のパフォーマンスにもプラスに働いたのだろうか。

表2-7　開業時・調査時点で苦労したこと（三つまでの複数回答）

（単位：％）

	開業時				調査時点			
	コロナ関連開業 （n=308）	プル型 （n=76）	プッシュ型 （n=140）	一般開業 （n=1,469）	コロナ関連開業 （n=309）	プル型 （n=76）	プッシュ型 （n=140）	一般開業 （n=1,462）
資金繰り、 資金調達	58.8	60.5	54.3	58.8	46.0	51.3	44.3	36.4
顧客・販路の 開拓	51.3	48.7	51.4	49.2	51.5	48.7	51.4	49.0
財務・税務・法務に 関する知識の不足	37.0	43.4	32.1	36.6	35.6	36.8	34.3	30.8
商品・サービス の企画・開発	23.4	21.1	28.6	12.9	21.4	23.7	23.6	14.0
仕入先・外注先 の確保	21.4	18.4	23.6	21.0	9.7	6.6	12.9	9.9
経営の相談ができる 相手がいないこと	14.0	11.8	19.3	12.9	10.4	7.9	15.0	12.4
従業員の確保	10.4	13.2	9.3	16.7	17.2	21.1	19.3	27.6
業界に関する 知識の不足	10.1	7.9	12.9	10.1	4.5	2.6	4.3	6.8
従業員教育、 人材育成	9.1	14.5	5.7	9.5	14.6	15.8	11.4	18.0
家事や育児、 介護等との両立	8.4	10.5	7.1	7.6	12.0	9.2	7.9	10.8
商品・サービスに 関する知識の不足	8.1	2.6	7.1	6.8	4.2	2.6	4.3	4.4
その他	1.0	1.3	1.4	1.1	2.6	1.3	3.6	1.2
特にない	3.6	2.6	3.6	5.2	5.2	6.6	4.3	8.0

（注）調査時点の業歴は平均16.8カ月。

(1)　苦労したこと

　まず、苦労したこと（三つまでの複数回答）をみてみると、上位3項目は開業時・調査時点ともに変わらない（表2-7）。ただし、回答割合をみると、類型によって傾向はやや異なる。

　開業時に最も苦労したことは、いずれも「資金繰り、資金調達」で、コロナ関連開業と一般開業の回答割合は、ともに58.8％である。コロナ禍に開業したことで資金調達が容易になったという声は聞かれたが（前掲表2-6）、それでも資金繰りの苦労を解消するまでには至らなかったようであ

る。続く「顧客・販路の開拓」（順に51.3％、49.2％）、「財務・税務・法務に関する知識の不足」（同37.0％、36.6％）も割合に差はない。

　ただ、プル型とプッシュ型を比べると、プル型では特に「財務・税務・法務に関する知識の不足」（43.4％）が、プッシュ型（32.1％）に比べて高い。プル型の方が斯業経験をもつ人の割合が低かったことが（前掲表2－2）、経営に関する知識の不足とそれに伴う開業時の苦労につながっているのかもしれない。また、コロナ関連開業は、開業時に「商品・サービスの企画・開発」に苦労した割合（23.4％）が、一般開業（12.9％）を10ポイント以上上回っており、特にプッシュ型（28.6％）で高い。前述のとおり、プッシュ型は開業の準備期間が短かったことから、企画・開発に充てる時間を十分にもてなかったと感じているのではないか。

　開業時に最も苦労していた「資金繰り・資金調達」は、調査時点ではコロナ関連開業（46.0％）、一般開業（36.4％）ともに2番目に後退しているが、コロナ関連開業の方が低下幅は小さい。結果、開業時にはなかった回答割合の差が10ポイント近く開いている。コロナ関連開業の方が、長く資金繰りに苦労しているようである。

　代わって調査時点で最多となった「顧客・販路の開拓」（コロナ関連開業51.5％、一般開業49.0％）や3番目に多い「財務・税務・法務に関する知識の不足」（同35.6％、30.8％）の回答割合は、コロナ関連開業、一般開業ともに開業時からあまり変化していない。ただし、「財務・税務・法務に関する知識の不足」は、プル型の割合が開業時より下がったことで、11.3ポイントあったプル型とプッシュ型の差が、2.5ポイントに縮小している。

　また、調査時点に苦労していたことのうち「従業員の確保」は、コロナ関連開業で17.2％と、一般開業（27.6％）を10ポイント以上下回る。「従業員教育、人材育成」（順に14.6％、18.0％）もコロナ関連開業の方が回

答割合が低いことから、一般開業に比べて少ない人手で足りる規模の事業を運営している様子がうかがえる。

⑵　事業の規模

　続いて、コロナ関連開業の事業の規模を、開業費用、従業者数、月商の三つのデータから測りたい。

　開業費用の平均は、コロナ関連開業が788.8万円で、一般開業の922.7万円を100万円以上下回る。プル型は757.0万円と特に少額で、プッシュ型は830.6万円であった。コロナ禍に開業して良かったこととして、プル型は好立地の物件を確保できたことを最も多く挙げていたことから（前掲表2−6）、開業費用に占める土地・建物の購入費用や賃料が少なくなっているのだと考えられる。

　開業時の平均従業者数は、コロナ関連開業は2.2人と、一般開業（2.8人）より少ない。プル型は2.5人、プッシュ型は2.1人であった。調査時点の平均従業者数は、順に3.0人、4.0人、3.1人、2.7人で、それぞれ開業時よりも増えており、特に一般開業で増加幅が大きい。

　月商（1カ月の売上高）は、コロナ関連開業は207.8万円と、一般開業の407.2万円の半分程度にとどまる。プル型は255.8万円で、プッシュ型が187.6万円と特に少ない。

　総じてコロナ関連開業の事業規模は一般開業に比べて小さく、従業者数と月商はプッシュ型がプル型より少なかった。ただ、こうした差は、開業者の属性や業種、開業からの経過年数などに起因する可能性も考えられる。そこで、開業者の性別と開業時の年齢、開業年、開業業種をコントロールしたうえで、月商を被説明変数にして、最小二乗法によりコロナ禍をきっかけに開業したことによる影響を抽出してみたい。

　結果は表2−8のとおりである。説明変数に、コロナ関連開業を1、一般

表2-8　月商に関する推定（最小二乗法）

(1)　コロナ関連開業と一般開業

| 被説明変数 | 月商（百万円） |
サンプル	全　体
コロナ関連開業ダミー	−2.111***
	(0.572)
男性ダミー	1.254**
	(0.613)
開業時の年齢	0.011
	(0.034)
開業年	−2.074***
	(0.718)
疑似決定係数	0.044
観測数	1,718

(2)　プル型とプッシュ型

| 被説明変数 | 月商（百万円） |
サンプル	コロナ関連開業
プル型ダミー	−1.085
	(0.722)
男性ダミー	1.051**
	(0.483)
開業時の年齢	−0.020
	(0.020)
開業年	−1.581**
	(0.780)
疑似決定係数	0.284
観測数	206

（注）　1　***、**、*はそれぞれ1％、5％、10％水準で有意であることを示す。
　　　　2　上段は係数、（　　）内は頑健標準誤差。
　　　　3　このほか、業種もコントロール変数に加えている。

開業を0としたダミー変数を用いた推計(1)では、コロナ関連開業で月商が1％水準で有意に低いという結果となった。他方、プル型を1、プッシュ型を0としたダミー変数を用いた推計(2)では、有意な差がみられなかった。つまり、コロナ禍をきっかけに開業した場合、同年に開業したほかの開業者より月商が低くなるが、きっかけの内容は月商の多寡に影響しない。

(3)　事業の状況

　コロナ関連開業の月商規模は比較的小さかったが、採算はとれているのだろうか。「黒字基調」か「赤字基調」かを尋ねると、コロナ関連開業は「黒字基調」の割合が61.1％と一般開業（66.9％）より低い（図2-5）。プル型は62.7％で、プッシュ型で58.2％と特に低い。

　売り上げ状況についても尋ねると、「増加傾向」との回答はコロナ関連開業で55.6％と、一般開業（59.2％）をやや下回り、プッシュ型で50.0％と特に低い結果となった（図2-6）。

　両指標でみる限り、コロナ関連開業の事業のパフォーマンスは一般開業

図2-5　調査時点の採算状況

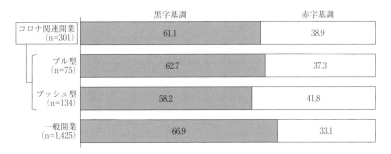

（単位：％）

図2-6　調査時点の売り上げ状況

（単位：％）

より悪く、なかでもプッシュ型で悪い。ただ、前掲表2-8と同様に、開業者の性別と開業時の年齢、開業年、開業業種をコントロールして、採算と売り上げ状況に対する推計（ロジットモデル）を試みたところ、プル型とプッシュ型の間だけではなく、コロナ関連開業と一般開業の間でも有意な差は認められなかった。コロナ関連開業は、規模は小さいものの、事業や家計の維持に必要な売り上げを確保できているといえる。

⑷　満足度

　このことは、開業の総合的な満足度にも表れている。「満足」との回答割合は、コロナ関連開業で73.4％、一般開業で73.2％と差がなく、プル型

表2-9 開業に対する満足度

(単位:%)

		コロナ関連開業	プル型	プッシュ型	一般開業
開業の総合的な満足度	満　足	73.4	72.0	70.0	73.2
	どちらともいえない	18.8	22.7	19.3	20.2
	不　満	7.8	5.3	10.7	6.7
事業からの収入	満　足	24.4	20.0	24.3	25.9
	どちらともいえない	21.4	25.3	16.4	27.8
	不　満	54.2	54.7	59.3	46.2
仕事のやりがい	満　足	83.4	80.0	82.1	82.9
	どちらともいえない	12.3	17.3	10.7	13.1
	不　満	4.2	2.7	7.1	4.0
ワークライフバランス	満　足	53.2	50.7	53.6	51.8
	どちらともいえない	24.4	24.0	26.4	26.2
	不　満	22.4	25.3	20.0	22.0

(注) 1 「満足」は「かなり満足」「やや満足」の合計、「不満」は「かなり不満」「やや不満」の合計。
　　 2 nは記載を省略。

（72.0％）、プッシュ型（70.0％）ともに同程度である（表2-9）。

　事業からの収入では、全体的に「不満」の割合が高く、コロナ関連開業（54.2％）が一般開業（46.2％）を8.0ポイント上回る。特にプッシュ型（59.3％）で「不満」を感じている人の割合が高い。一方で、仕事のやりがいとワークライフバランスでは、「満足」の割合が高く、コロナ関連開業と一般開業、プル型とプッシュ型で目立った差はない。特に、仕事のやりがいはどの類型も8割以上が「満足」している。経済ショック下にあっても、多くの人が開業によりやりがいを得て、満足感を高めたことがわかる。

6　おわりに

　本章では、コロナ禍をきっかけにしたコロナ関連開業の実態を明らかにするために、同時期に開業したその他の一般開業と比較しながら分析し

た。さらに、コロナ関連開業をそのきっかけの内容でプル型とプッシュ型に分けて、開業の準備やパフォーマンスなどにどのような違いがあったかを調査した。

　コロナ関連開業にはプッシュ型の方が多くみられたが、新たな事業機会を発見して開業したプル型も2割超と少なからず存在していた。多くのマイナスの影響をもたらした感染症だが、好立地の空き物件が増えたり、資金面を含めたサポートを受けやすくなったりしたことで、開業を後押しした側面があったようだ。実際、女性の開業は一般開業より多くみられた。また、女性の場合は、学校の休校やオンライン授業が増えるなかで勤務と子育ての両立が難しくなり、開業したケースもあったようだ。当初から望んだものではなかったかもしれないが、コロナ禍の閉塞状態から脱する代わりの道がみつかったことは、せめてもの救いといえよう。

　コロナ関連開業は、一般開業より長く資金繰りに苦労している様子がみられ、斯業経験や管理職経験がほかより少なかったプル型で、特にその傾向が顕著であった。また、プッシュ型は開業の準備期間が短くなる傾向がみられた。コロナ関連開業の月商は、一般開業に比べて統計的にみても少なかったが、黒字基調の割合に関しては、有意な差は確認されなかった。プル型とプッシュ型については、月商と採算のどちらにも統計的な差は認められない。さらに、事業の満足度をみると、コロナ関連開業と一般開業、プル型とプッシュ型とで違いはなく、いずれも7割以上が開業したことに総合的に「満足」していた。感染症流行がもたらしたチャンスも生かしながら、自身が想定する範囲では事業展開を果たせているのだろう。

　感染症流行が一服したこれからは、コロナ禍をきっかけに開業した人が、完全に事業を軌道に乗せるまで支える体制が求められる。調査時点でも苦労していた資金繰りや顧客・販路の開拓、知識・ノウハウの蓄積を補えるよう、ソフト面でのサポートを継続していく必要があるだろう。経済

ショック下で生まれた開業の芽を摘んでしまうことのないよう、開業の土壌を耕し続けていくことが、今後も起きるであろう予測不能な経済ショックに立ち向かうための武器になるはずである。

＜参考文献＞

桑本香梨（2023）「女性と開業」日本政策金融公庫総合研究所編『2023年版新規開業白書』佐伯コミュニケーションズ、pp.1－16

周燕飛（2020）「コロナショックの被害は女性に集中―働き方改革でピンチをチャンスに―」労働政策研究・研修機構『JILPT リサーチアイ』第38回

深沼光・西山聡志（2022）「新規開業実態調査にみるコロナ禍の影響」日本政策金融公庫総合研究所編『2022年版新規開業白書』佐伯コミュニケーションズ、pp.37－65

深沼光・西山聡志・山田佳美（2022）「コロナ禍における『新規開業追跡調査』結果の概要」日本政策金融公庫総合研究所編『2022年版新規開業白書』佐伯コミュニケーションズ、pp.67－106

渡邊木綿子・多和田知実（2023）「コロナ禍に伴う働き方や意識の変化」樋口美雄、労働政策研究・研修機構編『検証・コロナ期日本の働き方―意識・行動変化と雇用政策の課題―』慶應義塾大学出版会、pp.65－89

安田武彦（2010）「起業選択と起業後のパフォーマンス」経済産業研究所『RIETI Discussion Paper Series』10－J－020

Amit, Raphael and Eitan Muller（1995）""Push" and "Pull" Entrepreneurship." *Journal of Small Business & Entrepreneurship*, Vol.12（4）, pp.64－80.

Andersson, Martin and Steven Klepper（2013）"Characteristics and Performance of New Firms and Spinoffs in Sweden." *Industrial and Corporate Change*, Vol.22（1）, pp.245－280.

Rocha, Vera, Anabela Carneiro, and Celeste Varum（2015）"Where Do Spin-offs Come from?: Start-up Conditions and the Survival of Pushed and Pulled Spin-offs." in Baptista, Rui and João Leitão（Eds.）, *Entrepreneurship, Human Capital, and Regional Development: Labor Networks, Knowledge Flows, and Industry Growth*, Springer, pp.93－122.

第3章

「2023年度起業と起業意識に関する調査」
結果の概要

日本政策金融公庫総合研究所

研究員　青木　遥

　第1、2章で結果を紹介した当研究所「新規開業実態調査」は、日本政策金融公庫国民生活事業から起業前後に借り入れした人を対象にしている。一方、本章および次章で用いる当研究所「起業と起業意識に関する調査」はインターネットアンケートであり、対象には起業前後に融資を受けなかった人や、まだ起業していない人も含まれる。起業の実態にさらに迫ろうというねらいで、2013年度から実施している。本章では、2023年度の調査結果をもとに、小規模な起業の動向や起業に対する関心について足元の動向を観察する。

1　「起業と起業意識に関する調査」の枠組み

　まず、「2023年度起業と起業意識に関する調査」（以下、本調査）の実施要領をもとに、調査の分析対象やその抽出方法を紹介したい。

⑴　調査の概要

　本調査の対象は「起業家」「パートタイム起業家」「起業関心層」「起業無関心層」の四つである。調査時点から5年以内に自分で事業を始め、経営している人のうち、事業に充てる時間が1週間当たり35時間以上である場合を「起業家」、同35時間未満の場合を「パートタイム起業家」とし、事業経営者ではない人のうち、起業に関心がある人を「起業関心層」、関心がない人を「起業無関心層」とする。起業した人のなかには、フルタイムで事業に従事する人だけではなく、副業起業やフリーランスとして、勤務や家事の合間に商売をする人もいる。多様な起業のかたちを把握しやすいように、起業している人を事業に充てる時間で分けているのである。35時間での線引きは、総務省「労働力調査」で週35時間未満を短時間勤務と規定している点に倣った。

「2023年度起業と起業意識に関する調査」の実施要領

調査時点　2023年11月
調査対象　全国の18歳から69歳までの人
調査方法　インターネットによるアンケート（事前調査と詳細調査の2段階）
　　　　　インターネット調査会社から登録モニターに電子メールで回答を依
　　　　　頼し、ウェブサイト上の調査画面に回答者自身が回答を入力
回 収 数　①事前調査　3万2,075人（A群2万人、B群1万2,075人）
　　　　　②詳細調査　　2,575人

　また、起業家とパートタイム起業家には、起業した意識をもっていない
ものの実態は事業経営者である「意識せざる起業家」を含む。昨今ではフー
ドデリバリーのほか、自身のスキルを生かして、ウェブデザインや記事の
執筆などの仕事を単発で引き受けて収入を得る人が増えているが、なかに
は自営していると認識していない人が少なくない。彼らも対象に加えるこ
とで、多様化する起業のかたちを細部までとらえようとするものである。

　意識せざる起業家の要件は、①現在の職業が事業経営者以外であり、過
去1年間に勤務収入以外に年間20万円[1]以上の収入（年金や仕送り、不動産
賃貸、太陽光発電などによる収入や、金融や不動産などの投資収入、自身
が使用していた既製品の販売による収入を除く）があること、②今後も継
続してその収入を得ていく予定であること、③その仕事を始めてから5年以
内であることのすべてを満たした人である。分析に当たっては、事業に充て
る時間に応じて起業家とパートタイム起業家のいずれかに組み入れている。

　本調査は2段階に分かれており、まず事前調査で「起業家」「パートタイ
ム起業家」「起業関心層」「起業無関心層」の四つのカテゴリーを抽出し、
それらに対して詳細調査を実施する。事前調査のサンプルはA群とB群か

1　20万円の水準は、給与所得のほかに所得がある場合に確定申告が必要となる金額（20万
　円超）を参考にしている。

ら成る。A群は性別、年齢層、居住する地域（47都道府県）が日本の18～69歳の人口構成に準拠するように回収数を設定している。ただ、事業経営者の数は少ないため、起業家やパートタイム起業家の回答を十分集めるためには、膨大なサンプルが必要になる。そこで、起業家やパートタイム起業家の出現率が高いとみられる属性をもつ人[2]を対象にしたB群を別途設定している。詳細調査の集計時には、A群で算出した性別・年齢別のカテゴリーごとのウエイトをかけ合わせることで、結果を全国の縮図に近づけている。2023年度調査では、事前調査を3万2,075人（A群2万人、B群1万2,075人）に、詳細調査を2,575人に実施した。

　表3－1に分析対象とする各カテゴリーの抽出方法とそれぞれの構成比を示した。起業家は0.9％と事前調査A群に占める割合は非常に低く、パートタイム起業家は5.1％である。起業関心層は11.7％、起業無関心層は61.3％であり、起業に関心のない人の割合がかなり高い。

⑵　意識せざる起業家の分布

　表3－1では、意識せざる起業家が全体の5.1％であった。起業家が0.9％、パートタイム起業家が5.1％であるから、起業した人の多くを意識せざる起業家が占めているといえる。そこで、意識せざる起業家の分布をみると、起業家とパートタイム起業家の合計に占める割合は、84.8％と高い（図3－1）。カテゴリー別でみると、起業家の41.8％、パートタイム起業家の92.5％と、大部分を意識せざる起業家が占めている。

　意識せざる起業家の事業内容[3]をみると、最も割合が高いのは「データ入力」（18.4％）であり、「運輸、輸送、配送サービス」が12.7％、「営業・

2　例えば「経営者・役員」「自営業」「自由業」など。
3　労働政策研究・研修機構（2019）による独立自営業者の仕事の内容を参考に想定される事業内容を選択肢とした。

表3-1　調査対象の抽出方法と各カテゴリーの分布（事前調査 A群）

						回収数（件）	構成比（％）	＜詳細調査の対象＞
全国の18歳から69歳までの人	事業経営者	自分が起業した事業か	自分が起業した事業である	起業年	2019～2023年	事業に充てる時間 35時間以上/週	106	0.5	起業家
						35時間未満/週	76	0.4	パートタイム起業家
					2018年以前		707	3.5	調査対象外
			自分が起業した事業ではない				352	1.8	調査対象外
	事業経営者以外	勤務収入以外の収入の有無	あり ＝事業経営者	起業年	2019～2023年	事業に充てる時間 35時間以上/週	76	0.4	起業家
						35時間未満/週	941	4.7	パートタイム起業家
					2018年以前		954	4.8	調査対象外
			なし	起業への関心の有無	起業に関心あり		2,346	11.7	起業関心層
					以前も今も起業に関心なし		12,252	61.3	起業無関心層
					以前は起業に関心があった（新型コロナウイルス感染症の影響により関心がなくなった）		513	2.6	調査対象外
					以前は起業に関心があった		1,677	8.4	調査対象外
合　　計							20,000	100.0	

（右側に「意識せざる起業家」のくくり）

資料：日本政策金融公庫総合研究所「2023年度起業と起業意識に関する調査」（以下同じ）
（注）1　事前調査A群の結果（図3-1～2も同じ）。
　　　2　「勤務収入以外の収入がある」とは、過去1年間に年間20万円以上の収入（年金や仕送りからの収入、不動産賃貸による収入、太陽光発電による収入、金融や不動産などの投資収入、自身が使用していた既製品の販売による収入は除く）があり、今後も継続してその収入を得ていく場合のことをいう。
　　　3　構成比は小数第2位を四捨五入して表示しているため、合計が100％にならない場合がある（以下同じ）。

図3-1　意識せざる起業家の分布（事前調査 A群）

（単位：％）

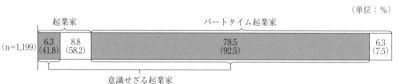

（注）1　nは回答数（以下同じ）。
　　　2　（　）内の数値は、起業家、パートタイム起業家をそれぞれ100％とした場合の内訳。

販売代行」が7.9％と続く（図3-2）。大きな分類でみると、「建設・運輸関連」（22.9％）や「事務関連」（21.5％）、接客サービスや家事代行など

図3-2　意識せざる起業家の事業の内容（事前調査 A群）

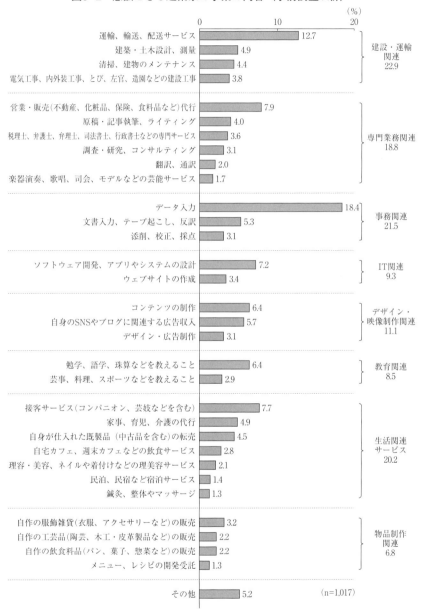

(n=1,017)

の「生活関連サービス」（20.2％）で2割を超え、さまざまな分野で意識せ
ざる起業家が活動している。

2　カテゴリー別の属性

　本項では、本調査の詳細調査の結果をもとに起業家、パートタイム起業
家、起業関心層、起業無関心層の属性を概観し、それぞれの特徴をまとめ
たい。

　性別をみると、「男性」の割合は、起業家で78.6％、パートタイム起業
家で61.3％、起業関心層で54.4％、起業無関心層で43.4％となっている
（表3－2）。年齢(起業家とパートタイム起業家は起業時の年齢)をみると、
「29歳以下」の割合はパートタイム起業家（38.4％）や起業家（36.0％）
で高い。一方、「40歳代」の割合は、起業関心層で26.9％と相対的に
高い。「50歳代」と「60歳代」の割合は、起業無関心層でそれぞれ22.0％、
21.4％と、ほかのカテゴリーに比べて特に高い。

　「主たる家計維持者である」割合は、起業家で71.4％と特に高く、パー
トタイム起業家（60.4％）と起業関心層（61.7％）では同程度、起業無関
心層で47.6％と低い。

　世帯収入をみると、「300万円未満」の割合は、起業家（30.9％）とパー
トタイム起業家（31.1％）で比較的高い。一方、「500万～1,000万円未満」
と「1,000万円以上」の回答割合は、起業関心層（それぞれ45.7％、12.2％）
で最も高くなっている。世帯収入の種類では、「配偶者の収入」があ
る割合は、起業無関心層で45.2％と最も高い。「自分の勤務収入」を回答した
割合は、起業関心層で74.5％と、起業無関心層（66.0％）に比べて高い。
パートタイム起業家でも50.4％と、半数が勤務収入を得ている。

　育児に「携わっている」割合は、起業関心層（32.4％）やパートタイム起

表3-2 属性と家庭環境

(単位：%)

		起業家	パートタイム起業家	起業関心層	起業無関心層
性　別	男　性	78.6	61.3	54.4	43.4
	女　性	21.4	38.7	45.6	56.6
年　齢	29歳以下	36.0	38.4	26.1	16.2
	30歳代	19.5	22.5	23.2	17.1
	40歳代	19.8	18.6	26.9	23.3
	50歳代	15.4	11.3	15.9	22.0
	60歳代	9.3	9.2	7.8	21.4
世帯年収	300万円未満	30.9	31.1	21.7	25.0
	300万～500万円未満	25.3	20.2	20.4	25.7
	500万～1,000万円未満	32.0	38.5	45.7	37.7
	1,000万円以上	11.8	10.3	12.2	11.5
世帯収入の種類（複数回答）	自分の事業収入	100.0	100.0	0.0	0.0
	自分の勤務収入	15.5	50.4	74.5	66.0
	配偶者の収入	26.1	32.8	41.8	45.2
	配偶者以外の家族の収入	18.6	21.0	23.7	19.9
	年金や仕送り	10.9	13.8	10.4	12.8
	不動産賃貸による収入	7.4	6.2	4.0	1.4
	その他	12.7	16.0	17.7	9.1

（注）1　数値は詳細調査によるデータに事前調査A群で算出したウエイト値で重みづけを行ったもの（以下同じ）。
　　　2　設問ごとにnが異なるため、記載を省略（以下、nの記載のない表はすべて同じ）。
　　　3　起業家、パートタイム起業家の年齢は起業時のもの。
　　　4　世帯年収は「わからない」「答えたくない」と回答した人を除いて集計。
　　　5　世帯収入の「その他」には、「太陽光発電による収入」「金融や不動産などの投資収入（利子や売買益）」「勤務収入や事業収入以外の年間20万円未満の収入」を含む。
　　　6　世帯収入の種類は、分類上「自分の事業収入」は起業家およびパートタイム起業家では100％、起業関心層および起業無関心層では0％となる。

業家（28.1％）で相対的に高く、起業無関心層で26.0％、起業家で21.2％である。介護に「携わっている」割合は、パートタイム起業家で12.1％、起業家で10.4％と、起業関心層（7.7％）や起業無関心層（4.5％）に比べ若干高い。
　現在の職業が「勤務者（正社員）」である割合は、起業関心層で54.2％と、起業無関心層（39.3％）に比べてかなり高い（表3-3）。パートタイム起業家では37.7％、起業家でも14.1％に上っており、一定数が起業後も勤務とかけもちしているようだ。「勤務者（非正社員）」や「主婦・主夫」

表3-3　調査時点の職業（複数回答）

（単位：%）

	起業家 （n=566）	パートタイム 起業家 （n=942）	起業関心層 （n=526）	起業無関心層 （n=541）
事業経営者	100.0	100.0	0.0	0.0
勤務者（役員）	0.7	1.1	1.4	1.3
勤務者（正社員）	14.1	37.7	54.2	39.3
勤務者（非正社員）	1.1	11.9	19.3	26.1
学　生	2.6	6.8	7.8	3.3
主婦・主夫	0.0	2.5	10.0	16.5
現役は引退した	0.0	0.3	0.6	3.1
無　職	0.0	0.0	7.3	11.5

（注）1　nは原数値を示す（以下同じ）。
　　　2　分類上、「事業経営者」の割合は、起業家およびパートタイム起業家では100％、起業関心
　　　　　層および起業無関心層では0％となり、「無職」の割合は起業家およびパートタイム起業家
　　　　　では0％となる。

は、起業無関心層（それぞれ26.1％、16.5％）で、ほかのカテゴリーより
割合が高くなっている。

　勤務者（役員、正社員、非正社員）としての1週間当たりの就業時間を
みると、「35時間以上」である割合は、起業関心層で57.2％と最も高く、
起業無関心層で45.7％、パートタイム起業家で30.5％となっている（図3-
3）。起業家の84.5％は勤務していない。パートタイム起業家は約半数が勤
務しているが、起業関心層や無関心層に比べると割合は低い。

　仕事において最も重視することをみると、「収入」と回答した割合は起
業関心層で43.7％と高く、起業家では34.2％と相対的に低い（表3-4）。
「仕事のやりがい」の割合は起業家で31.8％と最も高く、最も低い起業無
関心層（14.9％）の2倍以上である。「私生活との両立」は起業無関心層で
44.7％と特に高い。起業家（34.0％）やパートタイム起業家（37.0％）、
起業関心層（35.4％）では3割台と同程度である。

　ここまで起業家、パートタイム起業家、起業関心層、起業無関心層の属
性や働き方について比較してみてきた。それぞれの特徴をまとめると、起

図3-3　勤務者（役員、正社員、非正社員）としての1週間当たりの就業時間

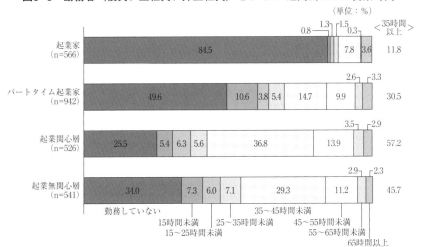

（注）1　起業家、パートタイム起業家については、事業に充てる時間は含まない。
　　　2　起業家の「55〜65時間未満」は0.0％。

表3-4　仕事において最も重視すること

（単位：％）

	起業家 (n=566)	パートタイム 起業家 (n=942)	起業関心層 (n=526)	起業無関心層 (n=541)
収　入	34.2	39.0	43.7	40.5
仕事のやりがい	31.8	23.9	20.9	14.9
私生活との両立	34.0	37.0	35.4	44.7

業家は男性や若年層、主たる家計維持者である人の割合が高く、勤務せず
に事業で生計を立てており、仕事をするうえでやりがいを重視する人が比
較的多い。パートタイム起業家も若年層が多い点は同じだが、女性や育児
に携わっている人の割合が高く、勤務している人は半分程度にとどまるこ
とから、配偶者の収入に加えて家計を補填しようと家事や勤務の合間に事
業に従事しているようだ。起業関心層は40歳代や正社員が中心で、収入を
重視する人が多いことから、起業を収入を増やす機会ととらえているのか
もしれない。起業無関心層は女性や非正社員、主婦・主夫の割合が高く、

表3-5　業　種

(単位：%)

	起業家 (n=565)	パートタイム起業家 (n=932)
建設業	8.0	7.4
製造業	5.7	5.7
情報通信業	10.7	10.1
運輸業	7.6	6.6
卸売業	1.9	2.4
小売業	10.6	9.0
飲食店・宿泊業	4.7	4.2
医療・福祉	2.4	4.7
教育・学習支援業	3.1	10.3
個人向けサービス業	21.1	21.9
事業所向けサービス業	16.5	12.4
不動産業、物品賃貸業	2.6	1.5
その他	5.2	3.9

(注) 1　事業の内容に最も近いと思う業種を尋ねたもの。
　　 2　起業家、パートタイム起業家に尋ねたもの（表3－10まで同じ）。
　　 3　複数の事業を経営している場合は、最も売上高が大きいものについて尋ねた（以下同じ）。
　　 4　「持ち帰り・配達飲食サービス業」は「小売業」に含む。

私生活との両立を重視している人が多かったことから、家庭での時間を削ってまで起業する必要性を感じにくいのだろう。

3　起業家、パートタイム起業家の実態

　本項では、起業家とパートタイム起業家について、両者を比較しながら事業の内容や規模、起業動機、業績などをみていく。

(1)　事業の概要

　業種は起業家、パートタイム起業家ともに「個人向けサービス業」（順に21.1％、21.9％）の割合が最も高く、2番目は「事業所向けサービス業」（同16.5％、12.4％）と、サービス業が3割以上を占める（表3－5）。3番目は起業家では「情報通信業」（10.7％）、パートタイム起業家では「教育・

図3-4　調査時点の従業者数

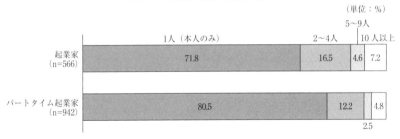

（注）従業者数には経営者本人を含む。

図3-5　仕事の場所と通勤時間

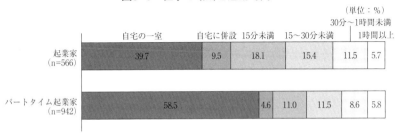

学習支援業」（10.3％）であった。

　組織形態は「個人企業」の割合が起業家で91.5％、パートタイム起業家で96.8％と、大部分を占める。「法人企業」はそれぞれ8.5％、3.2％であった。

　調査時点の従業者数が「1人（本人のみ）」である割合は、起業家で71.8％、パートタイム起業家で80.5％を占め、両者とも小さな規模で事業を経営している（図3-4）。

　仕事をする場所が「自宅の一室」である割合は、パートタイム起業家で58.5％と、起業家（39.7％）を20ポイント近く上回る（図3-5）。「自宅に併設」している割合を合わせると、起業家でも半数近くに上り、自宅や自宅のそばで事業を運営している人が多い。

　主な販売先・顧客が「一般消費者」である割合は、起業家（56.6％）よりパートタイム起業家（64.5％）の方が高い。「事業所」の割合は、起業

表3-6　起業動機（三つまでの複数回答）

（単位：％）

	起業家 （n=566）	パートタイム 起業家 （n=942）
自由に仕事がしたかった	41.9	33.9
収入を増やしたかった	35.4	48.1
仕事の経験・知識や資格を生かしたかった	17.9	12.7
自分が自由に使える収入が欲しかった	14.6	22.5
自分の技術やアイデアを試したかった	13.6	9.5
事業経営という仕事に興味があった	10.7	6.3
時間や気持ちにゆとりが欲しかった	10.6	8.9
趣味や特技を生かしたかった	9.4	12.8
個人の生活を優先したかった	8.6	7.0
適当な勤め先がなかった	6.5	2.9
自分や家族の健康上の問題	4.8	3.5
同じ趣味や経験をもつ仲間を増やしたかった	4.8	3.1
社会の役に立つ仕事がしたかった	4.7	4.3
年齢や性別に関係なく仕事がしたかった	4.1	2.3
家事と両立できる仕事がしたかった	3.5	5.5
人や社会とかかわりをもちたかった	3.4	4.5
空いている時間を活用したかった	2.2	8.9
転勤がない	2.0	0.7
その他	1.6	1.5
特にない	8.2	4.9

家で43.4％、パートタイム起業家で35.5％である。

　起業家、パートタイム起業家ともにサービス業の割合が高く、多くが自宅やその近くで従業員を雇わずに事業を運営しているが、その傾向はパートタイム起業家でより強く表れている。

⑵　起業動機

　起業動機に両者で違いはあるのだろうか。三つまでの複数回答で尋ねると、起業家では「自由に仕事がしたかった」（41.9％）の割合が最も高くなっている（表3-6）。パートタイム起業家では「収入を増やしたかった」（48.1％）の割合が最も高く、起業家（35.4％）との差は10ポイント以上

表3-7 事業を始めて良かったこと（複数回答）

(単位：%)

	起業家 (n=566)	パートタイム 起業家 (n=942)
自由に仕事ができた	48.6	44.0
仕事の経験・知識や資格を生かせた	23.0	18.8
自分の技術やアイデアを試せた	22.8	19.4
事業経営を経験できた	22.4	10.8
時間や気持ちにゆとりができた	21.5	15.7
個人の生活を優先できた	17.5	15.6
自分が自由に使える収入を得られた	16.8	25.5
自分の趣味や特技を生かせた	16.0	16.4
収入が予想どおり増えた	15.3	22.7
空いている時間を活用できた	11.7	21.3
人や社会とかかわりをもてた	11.7	13.5
年齢や性別に関係なく仕事ができた	10.4	8.7
同じ趣味や経験をもつ仲間が増えた	9.9	8.4
転勤がない	8.7	6.8
社会の役に立つ仕事ができた	8.6	8.4
収入が予想以上に増えた	8.2	9.0
家事と仕事を両立できた	8.0	8.2
自分や家族の健康に配慮できた	6.6	8.0
その他	0.5	0.7
特にない	17.1	15.7

である。起業家は「仕事の経験・知識や資格を生かしたかった」（起業家17.9％、パートタイム起業家12.7％）や「事業経営という仕事に興味があった」（同10.7％、6.3％）などでパートタイム起業家を上回っている。起業家は事業経営を通して希望する働き方の実現や能力の発揮といった自己実現をしたいと考える人が多いようである。パートタイム起業家は起業家に比べて「自分が自由に使える収入が欲しかった」（同14.6％、22.5％）や「空いている時間を活用したかった」（同2.2％、8.9％）などの割合が高く、勤務や家事をしながら、収入を補填しようと事業を始めた人が多いようである。

では実際に起業してみて、どのようなことを実現できたのか。表3-7で

事業を始めて良かったことをみると、起業家、パートタイム起業家ともに「自由に仕事ができた」（順に48.6％、44.0％）の割合が最も高い。起業家では2番目が「仕事の経験・知識や資格を生かせた」（23.0％）、3番目が「自分の技術やアイデアを試せた」（22.8％）となっており、自身の能力を発揮できたと考えている人が多い。パートタイム起業家では2番目が「自分が自由に使える収入を得られた」（25.5％）、3番目が「収入が予想どおり増えた」（22.7％）と、収入に関するものが多く、収入を増やしたいという起業動機を実現できている人は少なくないようだ。起業家、パートタイム起業家で差が大きい項目をみると、「事業経営を経験できた」（順に22.4％、10.8％）は起業家で、「空いている時間を活用できた」（同11.7％、21.3％）はパートタイム起業家で、高い割合となっている。いずれも起業動機に近く、起業家、パートタイム起業家ともに起業の動機をかなえることができているようだ。

(3) 起業時の勤務状況

　近年、民間企業を中心に副業の解禁が進んでいる。調査時点では、起業家の8割以上が勤務していなかったが（前掲図3−3）、事業が軌道に乗るまでは勤務を続けていた人もいるのではないか。起業時点での勤務状況をみると、起業家では「勤務を辞めてから事業を始めた」（58.2％）の割合が最も高い（図3−6）。「勤務しながら事業を始めたが、現在は勤務を辞め、事業だけを行っている」割合は15.0％であった。なかには、パートタイム起業家から起業家に移行した人も含まれるだろう。パートタイム起業家では、「現在も勤務しながら事業を行っている」（36.9％）の割合が最も高い。「勤務しながら事業を始めたが、現在は勤務を辞め、事業だけを行っている」（9.0％）も合わせた「勤務しながら起業した」割合は45.9％と半数近くに上る。ただし、「勤務を辞めてから事業を始めた」の割合も32.2％と

図3-6　起業時の勤務状況

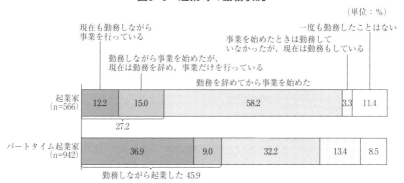

（単位：％）

低くはない。パートタイム起業家は女性や育児をしている人が多かったことから、結婚や出産等を機に勤務を辞め、家事育児の合間を縫って事業を経営しているのかもしれない。なお、「一度も勤務したことはない」は起業家（11.4％）、パートタイム起業家（8.5％）ともに1割前後であり、大半の人が勤務経験を有している。

　「勤務を辞めてから事業を始めた」と回答した人に、勤務先の離職理由を尋ねると、起業家、パートタイム起業家ともに「自らの意思による退職」（順に77.9％、81.2％）が大半を占める。「事業部門の縮小・撤退に伴う離職」「勤務先の廃業による離職」「勤務先の倒産による離職」「解雇」を合わせた「勤務先都合による退職」は、起業家が13.5％、パートタイム起業家が10.0％と、ほとんど差はない。そのほか、「定年退職」は順に7.2％、7.0％、「その他」は同1.3％、1.8％であった。

⑷　起業費用

　起業家、パートタイム起業家ともに自宅で1人で事業を経営している人が多かった。事業が小規模な分、起業にかけた費用も少なく抑えられていると考えられる。起業に際して、「費用はかからなかった」とする割合は

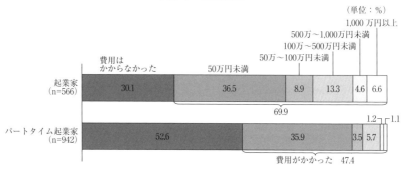

図3-7　起業費用

図3-8　起業費用に占める自己資金割合

（注）図3-7で起業に費用がかかった人に尋ねたもの。

起業家で30.1％に上り、パートタイム起業家では52.6％とさらに高い（図3-7）。「50万円未満」の割合も、起業家で36.5％、パートタイム起業家で35.9％と比較的高い。ともに少額で起業しているが、パートタイム起業家の方が相対的に費用を抑えて事業を始めている。

　起業に費用がかかった人に、起業費用に占める自己資金の割合を尋ねると、「100％（自己資金だけで起業）」の人が起業家（71.9％）、パートタイム起業家（73.7％）ともに7割超と高い（図3-8）。金融機関から借り入れをしたという起業家は16.9％、パートタイム起業家は10.9％にとどまる。

　起業費用は少額で、自己資金だけで賄ったという人が多いが、資金が十分に集められない結果だったとすれば事業運営に支障が出てしまうだろう。

そこで、起業のために調達した金額に対する満足度を尋ねると、「希望どおり調達できた」とする割合は、起業家で75.6%、パートタイム起業家で76.7%を占め、「少し不足した」の割合は順に19.4%、16.1%であった。「かなり不足した」は同5.1%、7.2%と1割を下回っており、起業家、パートタイム起業家ともに多くの人が予定していた資金を調達できている。

⑸　事業の進め方とパフォーマンス

　パートタイム起業家は事業に従事する時間が短い分、起業家に比べて事業規模はさらに小さかった。事業の進め方やパフォーマンスに両者で違いはあるのだろうか。

　表3-8で受注経路をみると、起業家は「取引先の紹介」（25.3%）の割合が最も高く、パートタイム起業家（12.6%）の2倍以上である。パートタイム起業家では「自身のSNSやブログを通じて」（25.1%）が最も高い。2番目は両者とも「友人・知人の紹介」（起業家24.4%、パートタイム起業家21.3%）である。起業家は「前職での知り合いの紹介」（同19.6%、11.7%）や「訪問や電話などによる直接の営業活動」（同14.2%、8.7%）などでパートタイム起業家の割合を上回る。パートタイム起業家は「クラウドソーシング業者を通じて」（11.2%）の割合などが起業家（7.2%）に比べて高い。前述のとおり、主な販売先として起業家は「事業所」、パートタイム起業家は「一般消費者」の割合が比較的高く、起業家は取引先や前職での人脈を、パートタイム起業家はSNSなどインターネットを通じて集客している人が多いのだと考えられる。

　仕事の裁量についてみると、仕事をする場所や時間を「通常は自分の意向で決められる」とする割合は、起業家でそれぞれ66.1%、64.7%、パートタイム起業家でそれぞれ66.2%、66.8%と、両者とも過半数に上る（表3-9）。受注を「断れる」割合は起業家（45.8%）がパートタイム起業家

表3-8　受注経路（複数回答）

（単位：％）

	起業家 (n=566)	パートタイム 起業家 (n=942)
取引先の紹介	25.3	12.6
友人・知人の紹介	24.4	21.3
自身のSNSやブログを通じて	20.8	25.1
前職での知り合いの紹介	19.6	11.7
ホームページの作成やチラシ等の配布などの、宣伝広告活動	19.2	18.2
訪問や電話などによる直接の営業活動	14.2	8.7
仲介会社を通じて	11.7	9.3
家族・親戚の紹介	11.6	7.9
クラウドソーシング業者を通じて	7.2	11.2
公開されている求人誌等の募集広告に応募して	6.1	7.1
コンペや入札に応募して	2.8	3.8
その他	2.7	1.7
特にない	21.4	30.9

表3-9　仕事や作業の裁量

（単位：％）

		起業家 (n=566)	パートタイム 起業家 (n=942)
場所の裁量	通常は自分の意向で決められる	66.1	66.2
	発注者や仕事の内容によって異なる	16.9	16.7
	通常は発注者の意向に従う	17.1	17.1
時間の裁量	通常は自分の意向で決められる	64.7	66.8
	発注者や仕事の内容によって異なる	17.9	18.0
	通常は発注者の意向に従う	17.4	15.2
受注を断れるか	断れる	45.8	49.9
	発注者や受注条件によって断れる	42.2	42.7
	断れない	12.0	7.5

（49.9％）を下回り、「断れない」割合は起業家（12.0％）の方が高い。

起業家の場合、「固定客がほとんどである」割合が40.0％とパートタイム

起業家（31.8％）に比べて高い[4]ことや、人脈を通じて仕事を受注してい

4　残りの選択肢は「固定客が半分くらいである」（起業家33.4％、パートタイム起業家31.8％）、「固定客はほとんどいない」（同26.6％、36.5％）である。

図3-9　調査時点の月商

（注）「わからない」「答えたくない」と回答した人を除いて集計。

図3-10　売り上げ状況

　る割合が比較的高いこともあり（前掲表3-8）、仕事を断りにくいのかも
しれない。
　調査時点の月商をみると、「50万円未満」である割合はパートタイム起
業家が92.8％とかなり高く、起業家は67.9％である（図3-9）。売り上げ
状況は、起業家、パートタイム起業家ともに「横ばい」（順に55.3％、
61.5％）の割合が最も高く、「増加傾向」の割合は起業家（29.9％）がパー
トタイム起業家（22.0％）を上回る（図3-10）。反対に、採算状況につい
ては「黒字基調」の割合が起業家（69.5％）をパートタイム起業家（75.2％）
が上回っている。「赤字基調」はそれぞれ30.5％、24.8％であった。パー
トタイム起業家は事業に充てる時間が短く、勤務収入がある人が少なくな
いことから、赤字を出してまで受注を得ようという考えにはならないのか

表3-10　今後の方針

(単位：%)

		起業家	パートタイム起業家
売上高	増やす	67.4	54.9
	どちらでもかまわない	29.0	39.1
	減らす	3.6	5.9
従業員数	増やす	22.3	17.6
	どちらでもかまわない	70.8	75.3
	減らす	6.9	7.2
事業を専業にするか	事業を専業にする	56.1	22.1
	勤務と事業の両立を続ける	39.8	55.8
	勤務だけに専念する	4.1	22.0

(注) 事業を専業にするかは、調査時点の職業を「勤務者」（役員、正社員、パート・アルバイトなどの非正社員のいずれか）と回答した人に尋ねたもの。

もしれない。

　今後の売上高に関する方針にもその傾向が表れており、売上高を「増やす」とする割合は、起業家で67.4％と、パートタイム起業家（54.9％）を上回る（表3-10）。従業員数は「どちらでも構わない」と回答する割合がともに7割超と最も高いが、「増やす」の割合をみると、起業家（22.3％）でパートタイム起業家（17.6％）より高い。調査時点の職業が「勤務者」（役員、正社員、パート・アルバイトなどの非正社員のいずれか）である人に事業を専業とするつもりかを尋ねると、起業家の56.1％が専業にする意向であるが、パートタイム起業家では「勤務と事業の両立を続ける」（55.8％）との回答割合が最も高く、現状の働き方を維持しようという人が多いようだ。

4　起業関心層、起業無関心層の実態

　本項では起業関心層と起業無関心層に関する調査結果を概観し、起業に関心をもつ人を増やし、起業を促進していくためのヒントを得たい。

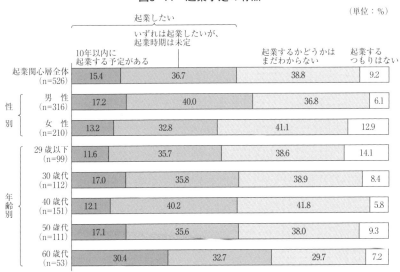

図3-11　起業予定の有無

（注）起業関心層に尋ねたもの（表3-12まで同じ）。

(1) 起業関心層の起業予定

　起業に関心があるといっても、起業計画に基づいてすでに準備を進めている人もいれば、将来起業したいと思っている人もいるなど、起業意欲には強弱があるだろう。そこで、起業関心層に起業の予定を尋ねると、「いずれは起業したいが、起業時期は未定」（36.7％）と「10年以内に起業する予定がある」（15.4％）を合わせた「起業したい」人は52.0％となった（図3-11）。「起業するかどうかはまだわからない」（38.8％）との回答割合も高い。性別でみると、「起業したい」人の割合（男性57.1％、女性46.0％）は男性の方が高い。年齢別で「起業したい」人の割合をみると、29歳以下で47.3％と最も低く、30歳代、40歳代、50歳代はいずれも50％台とほぼ同じ水準であり、60歳代が63.1％と最も高い。起業関心層は若年層に比べて高齢層が少なかったものの（前掲表3-2）、高齢の起業関心層は

表3-11　まだ起業していない理由（複数回答）

（単位：%）

		(n=526)
経営資源	自己資金が不足している	48.8
	外部資金（借り入れ等）の調達が難しそう	13.1
	従業員の確保が難しそう	9.0
立地・取引先	仕入先・外注先の確保が難しそう	6.8
	販売先の確保が難しそう	6.7
	希望の立地（店舗、事務所など）が見つからない	5.3
知識・アイデア・資格	ビジネスのアイデアが思いつかない	31.0
	財務・税務・法務など事業の運営に関する知識・ノウハウが不足している	20.0
	仕入れ・流通・宣伝など商品等の供給に関する知識・ノウハウが不足している	17.6
	製品・商品・サービスに関する知識や技術が不足している	15.1
	起業に必要な資格や許認可などを取得できていない	12.6
周囲との関係	起業について相談できる相手がいない	9.6
	勤務先を辞めることができない	8.9
	家族から反対されている	3.3
その他の不安	失敗したときのリスクが大きい	32.1
	十分な収入が得られそうにない	22.6
	健康・体調面に不安がある	7.1
	家事・育児・介護等の時間が取れなくなりそう	6.3
	その他	0.3
すでに起業の準備中である		1.5
特に理由はない		8.6

起業に対する意欲が高く、数は少ないながらも起業を促進するうえで無視できない存在といえる。

(2)　起業に踏み切れない理由と支援策

　起業関心層の半数以上は起業したいと考えているが、まだ起業していないのはなぜだろうか。理由を尋ねると、「自己資金が不足している」の割合が48.8％と特に高い（表3-11）。2番目は「失敗したときのリスクが大きい」（32.1％）、3番目は「ビジネスのアイデアが思いつかない」（31.0％）である。「失敗したときのリスクが大きい」と回答した人に具体的なリスクの内容を尋ねると、「安定した収入を失うこと」（63.7％）、「借金や個人保

表3-12　起業する際にあったらよいと思う支援策（複数回答）

(単位：%)

		(n=526)
経営資源・スキル	税務・法律関連の相談制度の充実	53.8
	技術やスキルなどを向上させる機会の充実	39.8
	同業者と交流できるネットワーク等の整備	27.8
	発注者や仕事の仲介会社、クラウドソーシング業者に対するルールや規制の明確化	18.6
	シェアオフィス・コワーキングスペースなどの充実	16.6
資金	事業資金の調達に対する支援	39.9
	事業資金の融資制度の充実	28.7
補償	けがや病気などで働けないときの所得補償制度の充実	29.6
	納期遅延や情報漏えいなどの賠償リスクに対する保険制度の創設	17.1
私生活	健康診断・人間ドックの受診に対する補助	26.3
	育児・保育制度を使いやすくする	21.0
その他		0.3
特にない		11.5

　証を抱えること」（61.1％）、「事業に投下した資金を失うこと」（59.4％）
といった資金面の問題を挙げる人が多い[5]。起業関心層の7割以上が勤務収入
を得ており（前掲表3-2）、起業によりその収入がなくなってしまうこと
に不安を感じているのだろう。

　では起業に際してどのような支援を求めているのか。「税務・法律関連
の相談制度の充実」の割合が53.8％と最も高く、「事業資金の調達に対する
支援」（39.9％）、「技術やスキルなどを向上させる機会の充実」（39.8％）
が続く（表3-12）。1番目と3番目の項目は経営能力に関するものであり、
実務上のスキルを高めるための支援を求める人が多いようである。まだ
起業していない理由では自己資金の不足を挙げる人が多かったが（前掲
表3-11）、求める支援の2番目には事業資金の調達が挙がっており、外部

5　残りの選択肢は「家族に迷惑をかけること」（54.8％）、「再就職が困難であること」
　（32.1％）、「信用を失うこと」（21.3％）、「再起業が困難であること」（19.8％）、「事業
　がうまくいかずやめたくなった場合でも、なかなかやめられないこと」（18.4％）、「関係
　者（従業員や取引先など）に迷惑をかけること」（18.3％）、「地位や肩書きを失うこと」
　（9.2％）、「その他」（0.0％）である。

表3-13　起業に関心がない理由（複数回答）

(単位：％)

	(n=541)
起業を選択肢として考えたことがない	58.4
事業経営にはリスクがあると思う	29.8
起業についてイメージできない	25.6
今の生活スタイルを維持したい	20.2
新しいことを始めるのに抵抗がある	19.6
体力面・体調面に不安がある	16.2
今の仕事を続けたい	15.4
事業を経営する時間的余裕がない	10.6
その他	1.2

（注）起業無関心層に尋ねたもの。

からの資金調達を考えていないわけではないようだ。起業を増やす目的で、国や自治体が各種補助金や制度融資を打ち出している。選択肢が増えるなかで、自身に最適な支援を漏れなく活用したいと、専門家のアドバイスを求めているのかもしれない。

⑶　起業に関心がない理由

起業無関心層についてもみておきたい。前掲表3－1でみたように、わが国の人口に占める起業無関心層の割合は61.3％と、起業関心層（11.7％）と比べてかなり高い。なぜ起業に関心がないのか。

理由として「起業を選択肢として考えたことがない」とする割合が58.4％と、ほかの項目に比べてかなり高く、「起業についてイメージできない」の割合も25.6％に上る（表3－13）。起業無関心層は非正社員や主婦・主夫、主たる家計維持者ではない人が多く、私生活との両立をより重視する傾向にあったことから、起業した人がその動機として挙げていた、自由に仕事をしたい、収入を増やしたいという思いを抱きにくいのかもしれない。また、「事業経営にはリスクがあると思う」の割合も29.8％と高い。成長志向の起業家から、勤務や家事の合間にリスクを最小限に商いをするパート

表3-14　満足度

（単位：％）

		起業家	パートタイム起業家	起業関心層	起業無関心層
収　入	満　足	31.7	31.2	20.7	24.3
	どちらともいえない	33.4	32.4	26.1	37.2
	不　満	34.9	36.3	53.2	38.5
仕事の やりがい	満　足	58.7	51.8	29.1	40.0
	どちらともいえない	31.6	34.1	34.9	39.5
	不　満	9.8	14.1	36.0	20.5
ワークライフ バランス	満　足	53.0	53.6	39.4	39.9
	どちらともいえない	30.8	32.6	32.8	42.2
	不　満	16.2	13.8	27.8	17.8
総　合	満　足	54.4	50.1	30.7	41.5
	どちらともいえない	31.9	34.1	37.1	39.7
	不　満	13.7	15.7	32.2	18.8

（注）1　選択肢の「かなり満足」「やや満足」を合わせて「満足」、「かなり不満」「やや不満」を合わせて「不満」とした。
　　　2　仕事のやりがいの起業関心層と起業無関心層は、現在の職業が勤務者である人を集計。

タイム起業家まで、さまざまな起業のかたちを知ってもらうことが、具体的な起業のイメージをもち、起業に関心をもつ第一歩になるのではないか。

5　各カテゴリーの満足度

　最後に、起業家、パートタイム起業家、起業関心層、起業無関心層それぞれの満足度をみていく。項目別にみると、収入に「満足」している割合は、起業家（31.7％）、パートタイム起業家（31.2％）で高く、起業関心層では「不満」（53.2％）の割合が半数超と、特に高い（表3－14）。仕事のやりがいに「満足」している割合は、起業家で58.7％と最も高く、パートタイム起業家で51.8％と続く。起業家やパートタイム起業家では「不満」の割合は1割前後だが、起業関心層では36.0％と20ポイント以上高い。ワークライフバランスに「満足」している割合も、起業家（53.0％）とパートタイム起業家（53.6％）では比較的高い水準である。起業関心層と無関心層では「満足」

の割合が4割程度と変わらないが、「不満」の割合は起業関心層で高くなっている。三つの項目すべてで起業関心層では「不満」の割合が高く、現状の仕事や生活を変える一手として起業を視野に入れているのかもしれない。

　総合的な満足度をみると、「満足」の割合は起業家で54.4％と最も高い。起業家は仕事のやりがいを重視する割合が比較的高く（前掲表3−4）、実際に仕事のやりがいに「満足」している割合も高かったことから、総合的な満足度の高さにつながっているのだろう。パートタイム起業家も「満足」の割合は50.1％と、起業無関心層（41.5％）や起業関心層（30.7％）より高く、起業した人はそうでない人に比べて、仕事を通じて満足感を得ている。

◆　　　◆　　　◆

　ここまで「2023年度起業と起業意識に関する調査」の結果をみてきた。起業家の多くは男性であるが、パートタイム起業家に占める女性の割合は低くなかった。また、フルタイムで事業を経営する起業家であっても、3割は勤務をしながら事業を立ち上げており、必ずしも当初から事業一本でやっている人ばかりではなかった。起業関心層、無関心層ともに起業をリスクと考える人が多かったが、起業か勤務か、起業か家事か、などと二者択一にするのではなく、柔軟にやりくりすることが、起業のリスクを軽減することにつながるだろう。また、起業予備軍ともいえる起業関心層には若年層が多かったものの、シニア層も意欲の強さでは負けていなかった。起業の世界に入ってくる層が広がれば、起業のかたちはますます多様化していく。きめ細かな支援が一層求められるであろう。

<参考文献>
労働政策研究・研修機構（2019）「『独立自営業者』の就業実態」JILPT 調査シリーズ No.187

第4章

コロナ禍が起業意識に与えた影響
―「2023年度起業と起業意識に関する調査」
結果より―

日本政策金融公庫総合研究所

主席研究員　桑本　香梨

主任研究員　尾形　苑子

研究員　青木　遥

第4章

1　はじめに

2020年以降のコロナ禍には、感染症の拡大を抑えるべく消費行動が制限され、多くの事業所がその影響を受けた。休業や営業自粛を余儀なくされ、なかには店を畳まざるを得なかった経営者もいた。こうした様子を身の回りや日々の報道などで目の当たりにして、経営の難しさを改めて実感した人は多かったのではないか。自営によるやりがいよりも勤務による安定に魅力を感じ、起業への関心をなくした人もいたかもしれない。

一方で、三密を避けるために、在宅勤務やオンライン営業など、場所に縛られない働き方が急速に広がった。空いた時間を活用して、商売を始めたいと思った人もいただろう。また、宅配需要の広がりなど、コロナ禍にビジネスチャンスをとらえ、起業に関心をもった人もいたのではないか。

長らく低迷しているわが国の起業活動を活発化させるためには、まず、起業に関心をもつ人を増やすことが欠かせない。序章でみたとおり、コロナ禍に開業率が下がることはなかったが、将来の開業率を左右する起業への関心や起業に対するイメージには、変化はなかっただろうか。本章では、第3章に引き続き、当研究所「2023年度起業と起業意識に関する調査」[1]（以下、本調査）の結果を中心に、コロナ禍が起業意識に与えた影響をみていく。

分析に先立ち、新型コロナウイルス感染症の流行と起業意欲の関係に関する先行研究を確認しておきたい。Lopes, *et al.*（2021）は、ポルトガルの大学生を対象にした、2017〜2019年の調査と2020年の調査の結果を比較分析することにより、コロナ禍における起業意欲の変化をとらえようとし

1　調査の実施要領や類型の要件については、第3章を参照されたい。

た。その結果、高等教育課程にある学生の間では、コロナ禍前に比べて、自身の能力やスキルに自信をもち、雇われるよりも起業することに関心をもつ人が増えていたという。一方で、スペインの大学生に対する調査結果をコロナ禍前とコロナ禍中で比較した Ruiz-Rosa, Gutiérrez-Taño, and García-Rodríguez（2020）は、社会起業に対する意欲は、経済危機下の不確実性の高まりに伴い弱まると報告している。ベトナムの大学生に調査をした Loan, et al.（2021）も、感染症に対する恐怖や不安が起業意欲を後退させることを示しているが、コロナ禍において事業機会を認識していることと起業意欲には、強い正の相関があることも明らかにしている。また、Hernández-Sánchez, Cardella, and Sánchez-García（2020）は、ラテンアメリカの大学生を対象にした調査の結果として、個人の資質のうち楽観性と積極性が、コロナ禍の起業意欲に対するマイナスの影響を緩和すると述べている。

　先行研究の多くは海外の学生を対象にしたものだが、感染症の流行が起業意欲に対して負の方向にだけ働いていたわけではないことがわかる。本章では、日本の18～69歳を対象に、そもそも他国に比べて低いわが国の起業への関心がコロナ禍を経てどうなったのかを明らかにしたい。

2　誰が関心をなくし、誰が関心をもったか

⑴　コロナ禍で起業への関心をなくした人

　図4−1は、わが国人口の縮図である事前調査A群に占める、起業関心層と無関心層の割合の推移を示したものである。比較可能な2019年度以降[2]、

2　「起業と起業意識に関する調査」は2013年度から毎年実施しているが、2019年度から調査対象に「意識せざる起業家」を加えているため、2018年度までとデータが連続しない。意識せざる起業家の定義は第3章を参照されたい。

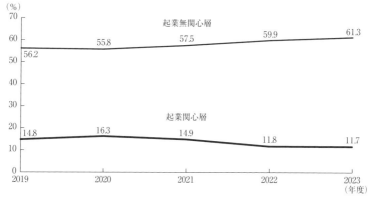

図4-1　起業関心層と起業無関心層の割合（事前調査 A 群）

資料：日本政策金融公庫総合研究所「起業と起業意識に関する調査」
（注）事前調査A群の結果（表4−2まで同じ）。

　起業無関心層が6割前後を占めているのに対して、起業関心層は2割に満た
ない。また、2021年度から3年連続で起業無関心層の割合は上昇している
一方、起業関心層では低下している。コロナ禍を境に、起業への関心はま
すます低くなったようにみえる。

　ただ、起業無関心層は、「以前も今も起業に関心がない」と答えた人で
ある。つまり、コロナ禍をきっかけに起業関心層ではなくなった人は、起
業無関心層には含まれない。そこで、本調査における起業関心層と無関心
層を抽出するための事前調査の設問を用いて、起業への関心に対するほか
の回答の分布もみてみたい。

　具体的には、起業家、パートタイム起業家、その他の事業経営者を除く
人に対して、起業への関心の有無を四つの選択肢で尋ねている。選択肢と
事前調査A群による回答の分布は図4−2のとおりである。起業無関心層が
73.0％、起業関心層が14.0％を占め、残る13.0％が「以前は関心があった
が今はない」という人である。そもそも起業に関心をもつ人が少ないため、
割合は低い。

図4-2　起業への関心の分布（事前調査Ａ群）

（単位：％）

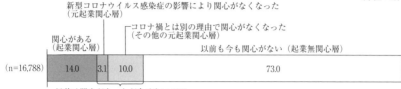

資料：日本政策金融公庫総合研究所「2023年度起業と起業意識に関する調査」（以下断りのない限り同じ）
（注）　1　起業家、パートタイム起業家、その他の事業経営者を除く人に尋ねたもの。
　　　　2　nは回答数（以下同じ）。
　　　　3　構成比は小数第2位を四捨五入して表示しているため、合計は100％にならない場合がある（以下同じ）。

　「以前は関心があったが今はない」人の23.4％が「新型コロナウイルス感染症の影響により関心がなくなった」と答えており、全体に占めるその割合は3.1％と低い。感染症の流行が起業関心層であった人に与えた影響は限定的なようである。ここからは、コロナ禍の影響で起業に対する関心がなくなった人を「元起業関心層」、別の理由で関心がなくなった人を「その他の元起業関心層」と呼んで、その特徴をみていきたい。

　元起業関心層の性別は、「男性」が61.6％、「女性」が38.4％である（表4-1）。そのほかの類型をみると、起業無関心層で「男性」の割合（43.4％）が特に低い。起業関心層は、「男性」（54.4％）が「女性」（45.6％）をやや上回っている。年齢は、元起業関心層では「29歳以下」の割合が27.5％と高く、起業関心層における割合（26.1％）に近い。一方、起業関心層には少ない「60歳代」の割合も、14.6％を占める。

　「勤務者（役員、正社員）」である人の割合は、元起業関心層で60.2％と高く、起業無関心層やその他の元起業関心層（順に42.4％、49.3％）を10ポイント以上上回っている。他方、「勤務者（非正社員）」（18.1％）や「主婦・主夫」（8.0％）の割合は、元起業関心層ではほかに比べて低い。水準自体は低いものの、「学生」は元起業関心層で5.8％と起業無関心層や

表4-1　起業関心層、元起業関心層、その他の元起業関心層、起業無関心層の属性
　　　　（事前調査 A群）

(単位：%)

		起業関心層 (n=2,346)	元起業関心層 (n=513)	その他の 元起業関心層 (n=1,677)	起業無関心層 (n=12,252)
性　別	男　性	54.4	61.6	58.4	43.4
	女　性	45.6	38.4	41.6	56.6
年　齢	29歳以下	26.1	27.5	16.3	16.2
	30歳代	23.2	19.5	15.3	17.1
	40歳代	26.9	22.0	19.5	23.3
	50歳代	15.9	16.4	22.1	22.0
	60歳代	7.8	14.6	26.8	21.4
現在の 職業	勤務者（役員、正社員）	54.9	60.2	49.3	42.4
	勤務者（非正社員）	20.6	18.1	21.8	22.9
	学　生	7.8	5.8	3.6	3.5
	主婦・主夫	10.5	8.0	12.3	17.3

（注）1　元起業関心層は、新型コロナウイルス感染症の影響により起業への関心がなくなった人。
　　　　その他の元起業関心層は、コロナ禍とは別の理由で関心がなくなった人（以下同じ）。
　　　2　現在の職業は複数回答で尋ねており、選択肢にはほかに「現役は引退した」「無職」など
　　　　がある（以下同じ）。

その他の元起業関心層に比べると高い。

　男性や若年層、正社員として勤務している人が多いといった元起業関心層の特徴は、起業無関心層よりも、第3章で紹介した起業家やパートタイム起業家の特徴に近い[3]。このことから、感染症の流行が始まる前には、起業についてある程度検討していた人が多かったと考えられる。事業計画が具体化していた分、コロナ禍で計画を実行することに不安を感じ、関心を失ってしまったのだろう。

　元起業関心層に、感染症の流行によって起業への関心をなくした具体的な理由を尋ねると、「事業経営は収入が不安定だと思うようになった」との回答割合が48.3％と最も高い（図4-3）。「事業経営は社会保障等のセー

────────────────────

3　「男性」の割合は起業家が78.6％、パートタイム起業家が61.3％、起業時の年齢が「29歳以下」の割合は順に36.0％、38.4％、「勤務者（役員）」は同0.7％、1.1％、「勤務者（正社員）」は同14.1％、37.7％であった。

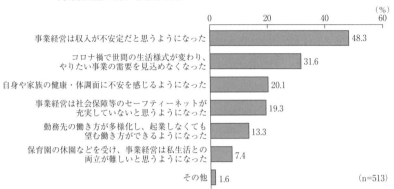

図4-3　新型コロナウイルス感染症の流行により起業への関心をなくした理由
（事前調査 A群、複数回答）

（注）元起業関心層に尋ねたもの（表4-2も同じ）。

フティーネットが充実していないと思うようになった」との回答も19.3％に上る。消費活動が低迷するなかで売り上げの確保に苦労する経営者の様子をみて、起業に対するリスクを強く感じるようになったのだろう。2番目に高い理由は、「コロナ禍で世間の生活様式が変わり、やりたい事業の需要を見込めなくなった」（31.6％）である。具体的に事業の構想を描いていたからこその理由ではないだろうか。「自身や家族の健康・体調面に不安を感じるようになった」も20.1％である。元起業関心層は「60歳代」の割合が起業関心層の2倍近い水準だったことと考え併せると（前掲表4-1）、体力が落ち感染のリスクが高まるなかで、起業することを諦めたシニア層が一定数いたのだと思われる。

　実際、図4-3を年齢別にみると、「自身や家族の健康・体調面に不安を感じるようになった」の割合は、60歳代で30.7％とほかの年齢層よりも高い（表4-2）。50歳代が28.6％で続き、年齢が高くなるほど回答割合が高くなる傾向がみられる。また、そのほかの項目のうち、回答割合の差が年齢層間で開いているものをみると、「事業経営は収入が不安定だと思うよ

表4-2　元起業関心層の属性別にみた新型コロナウイルス感染症の流行により
　　　　起業への関心をなくした理由（事前調査 A群、複数回答）

（単位：％）

		事業経営は収入が不安定だと思うようになった	コロナ禍で世間の生活様式が変わり、やりたい事業の需要を見込めなくなった	自身や家族の健康・体調面に不安を感じるようになった	事業経営は社会保障等のセーフティーネットが充実していないと思うようになった	勤務先の働き方が多様化し、起業しなくても望む働き方ができるようになった	保育園の休園などを受け、事業経営は私生活との両立が難しいと思うようになった	その他
性　別	男　性 （n=316）	52.8	31.6	18.7	21.2	13.6	6.0	1.3
	女　性 （n=197）	41.1	31.5	22.3	16.2	12.7	9.6	2.0
年　齢	29歳以下 （n=141）	46.1	30.5	12.1	27.7	15.6	7.8	0.7
	30歳代 （n=100）	49.0	30.0	17.0	16.0	16.0	15.0	1.0
	40歳代 （n=113）	60.2	25.7	19.5	19.5	11.5	4.4	0.9
	50歳代 （n=84）	47.6	39.3	28.6	15.5	7.1	6.0	4.8
	60歳代 （n=75）	34.7	36.0	30.7	12.0	14.7	2.7	1.3

うになった」は40歳代で60.2％と特に高い。40歳代は、勤務者であれば管理職など一定の地位に就いている可能性が高い年頃であり、子どもの教育費や住宅ローンなど生活費の負担が大きくなる時期であろう。家計を維持するためにも、勤務により安定した収入を得ている方がよいと考えるようになったのかもしれない。「事業経営は社会保障等のセーフティーネットが充実していないと思うようになった」の割合は、29歳以下で27.7％とほかの年齢層より高かった。新卒として就職活動をしている若者が含まれる層であり、コロナ禍による経済ショックを経験し、雇用が安定していて福利厚生も充実している大企業への勤務を志望する傾向が強まった可能性が考えられる。

　性別では、「事業経営は収入が不安定だと思うようになった」（男性52.8％、女性41.1％）の割合が男女ともに最も高く、特に男性で顕著である。一方、女性は「自身や家族の健康・体調面に不安を感じるようになった」（22.3％）が、男性（18.7％）より高い。男性は家計を、女性は家庭

図4-4　起業への関心に対する新型コロナウイルス感染症の流行による影響

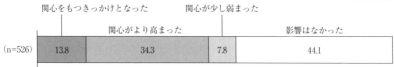

（単位：％）

（注）1　起業関心層に尋ねたもの（図4-5を除いて表4-5まで同じ）。
　　　2　数値は詳細調査によるデータに事前調査A群で算出したウエイト値で重みづけを行ったもの。ただし、nは原数値を示す（表4-6まで同じ）。

を支えるという考え方が数字に表れているようである。

　コロナ禍を機に起業への関心を失った人たちには、起業を具体的に計画している人が比較的多いようであり、関心をなくした理由には収入面や体力面での不安がみられた。危機時であっても、起業のスタートラインの近くにいる人たちが安心して起業の計画を進められるよう、起業前のごく早い段階から相談に乗り、不安を解消できるようにサポートを一層充実させていくことが求められるだろう。

⑵　コロナ禍で起業に関心をもった人

　元起業関心層とは反対に、コロナ禍を機に起業に関心をもった人もいる。本調査の詳細調査で起業関心層に尋ねた結果では、新型コロナウイルス感染症の流行が起業に「関心をもつきっかけとなった」（以下、「きっかけとなった」）人は13.8％で、「関心がより高まった」（以下、「高まった」）は34.3％であった（図4-4）。ただ、起業への関心に「影響はなかった」（以下、「影響なし」）人の割合が44.1％と最も高く、「関心が少し弱まった」（以下、「弱まった」）という人も7.8％いる。

　「きっかけとなった」人や「高まった」人にはどのような人が多いのだろうか。属性をみると、女性の割合は順に45.9％、51.2％で、「弱まった」（33.7％）に比べて高い（表4-3）。コロナ禍で保育園の休園や学校の休

表4-3　影響の類型別にみた属性の構成比

（単位：％）

		関心をもつ きっかけと なった （n=70）	関心がより 高まった （n=177）	関心が少し 弱まった （n=42）	影響は なかった （n=237）
性　別	男　性	54.1	48.8	66.3	56.8
	女　性	45.9	51.2	33.7	43.2
年　齢	29歳以下	28.8	28.5	35.0	21.8
	30歳代	26.6	21.7	17.0	24.5
	40歳代	28.2	27.9	14.4	28.0
	50歳代	8.6	14.7	24.0	17.7
	60歳代	7.7	7.2	9.6	8.1
現在の 職業	勤務者（役員、正社員）	46.6	57.9	46.0	58.0
	勤務者（非正社員）	19.2	18.0	17.1	20.7
	学　生	9.6	8.9	13.7	5.3
	主婦・主夫	14.3	8.6	11.6	9.5

校が増えるなか、育児と両立しやすい在宅での起業に関心をもつ女性が
増えたのかもしれない。年齢構成をみると、30歳代、40歳代の割合は、
「弱まった」に比べて「きっかけとなった」や「高まった」で高くなって
いる。一方、50歳代、60歳代の割合は、「弱まった」で相対的に高い。
年齢が高くなるほど勤務先での地位が安定していたり、感染した場合の
重症化リスクが大きくなったりして、起業に対するインセンティブが弱
まったのではないか。29歳以下の割合は、「影響なし」で最も低い。現
在の職業のうち、学生の割合をみても同様の傾向があることから、卒業
後の進路を考える時期がコロナ禍と重なり、特に影響を受けやすかった
のだと考えられる。29歳以下や学生の割合は「弱まった」で最も高く
なっているが、「きっかけとなった」や「高まった」との回答もあり、
コロナ禍を機に起業を選択肢として考えるようになった若者も一定数い
たようである。そのほか、勤務者（役員、正社員）や勤務者（非正社員）
の割合は「影響なし」で最も高く、勤務者（役員、正社員）は「高まっ
た」でも相対的に高くなっている。民間企業を中心に副業の解禁が進む

図4-5　新型コロナウイルス感染症の流行により起業への関心をもった、あるいは関心が高まった理由（複数回答）

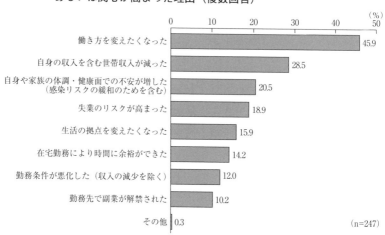

（注）図4-4で、「関心をもつきっかけとなった」または「関心がより高まった」と回答した人に尋ねたもの。

なかでコロナ禍となり、在宅勤務や時差出勤をしやすくなった。まとまった空き時間を確保しやすくなり、副業としての起業への関心が高まったのかもしれない。

　「きっかけとなった」または「高まった」という人にその理由を尋ねると、「働き方を変えたくなった」との回答割合が45.9％と最も高くなった（図4-5）。コロナ禍には、在宅勤務やワーケーションなど場所を選ばない働き方が一気に浸透したが、医療や介護、物流、小売りなどの業界で働くいわゆるエッセンシャルワーカーは特に、現場に出ることを余儀なくされた。自身や家族への感染を恐れて、あるいは周囲で広がる自由な働き方に魅力を感じて、起業に関心をもった人がいたのではないか。「自身や家族の体調・健康面での不安が増した（感染リスクの緩和のためを含む）」との回答も20.5％と3番目に高く、「生活の拠点を変えたくなった」も15.9％に上る。2020年以降、密になりにくい地方への移住に関心が高まっ

たが、移住先に適当な勤め先があるとは限らない。移住後に収入を確保する手段として、起業を考えたのかもしれない。

　「自身の収入を含む世帯収入が減った」（28.5％）は2番目に高く、「失業のリスクが高まった」は18.9％、「勤務条件が悪化した（収入の減少を除く）」は12.0％であった。相次ぐ緊急事態宣言を受けた勤務先の営業自粛や営業時間の短縮、休廃業により、収入が減った世帯は少なくない。実際、コロナ禍の影響で世帯収入が「減った」[4]という人は、詳細調査回答者の28.5％に及び、特に「きっかけとなった」人では56.7％と高い。家計を補填する手段として、起業に関心をもった人が少なからずいたことがうかがえる。

　一方、「在宅勤務により時間に余裕ができた」（14.2％）、「勤務先で副業が解禁された」（10.2％）との回答も1割超となっている。働き方改革の推進は以前から叫ばれていたが、コロナ禍はこの取り組みを一気に前進させることとなった。空いた時間を活用して収入を増やしたり、趣味や特技を発信したりしたいと、起業に興味をもった人もいたようである。

　起業に関心をもった理由（三つまでの複数回答）についても尋ねると、「きっかけとなった」人や「高まった」人で、「収入を増やしたい」（順に59.2％、62.1％）が最も高く、「自分が自由に使える収入が欲しい」（同24.4％、22.1％）が3番目となるなど、収入に関する理由を挙げる人が目立つ（表4-4）。ただ、「弱まった」（順に60.2％、28.2％）や「影響なし」（同58.2％、22.2％）でも回答割合は同程度であり、コロナ禍にかかわらず、収入面での動機が強いことがわかる。

　2番目に割合が高かった回答は「自由に仕事がしたい」で、「きっかけとなった」「高まった」ともに約4割に上る。前掲図4-5でコロナ禍に起業に

4　「大きく減った」「やや減った」の合計。残りの選択肢は「減っていない」。

102

表4-4　起業に関心をもった理由（三つまでの複数回答）

(単位：%)

	関心をもつきっかけとなった (n=70)	関心がより高まった (n=177)	関心が少し弱まった (n=42)	影響はなかった (n=237)
収入を増やしたい	59.2	62.1	60.2	58.2
自由に仕事がしたい	39.2	40.9	62.1	48.3
自分が自由に使える収入が欲しい	24.4	22.1	28.2	22.2
時間や気持ちにゆとりが欲しい	15.6	19.3	0.0	16.3
仕事の経験・知識や資格を生かしたい	14.7	15.2	4.0	14.6
自分の技術やアイデアを試したい	13.3	8.7	11.4	12.7
事業経営という仕事に興味がある	13.1	10.3	9.8	9.2
個人の生活を優先したい	11.9	6.6	1.8	7.1
趣味や特技を生かしたい	11.5	10.0	11.0	10.8
年齢や性別に関係なく仕事がしたい	8.6	9.2	10.4	8.5
社会の役に立つ仕事がしたい	8.1	8.8	13.7	5.0
空いた時間を活用したい	7.5	9.8	13.5	5.6
適当な勤め先がない	4.6	1.5	1.8	4.8
人や社会とかかわりをもちたい	4.5	4.8	9.8	4.0
自分や家族の健康に配慮したい	3.4	3.9	2.1	1.5
家事（育児・介護を含む）と両立できる仕事をしたい	3.0	7.6	3.7	7.4
同じ趣味や経験をもつ仲間を増やしたい	1.2	2.2	4.1	1.8
転勤がない	0.0	3.9	1.8	0.4
その他	0.0	0.8	3.0	0.0
特にない	1.1	0.0	2.2	3.0

関心をもった、または高めた理由として「働き方を変えたくなった」の割合が最も高かったことと符合する。ただ、「弱まった」では、「自由に仕事

がしたい」との回答割合が62.1％と突出して高い。「影響なし」でも48.3％
に上る。自由な働き方を起業家像に重ねていた人にとって、さまざまな行
動制限が敷かれたコロナ禍は、起業への関心を高めるよりも低める方に、
より強く作用したようである。

　「きっかけとなった」や「高まった」で「弱まった」より回答割合が高
い項目は、「時間や気持ちにゆとりが欲しい」（順に15.6％、19.3％、
0.0％）、「仕事の経験・知識や資格を生かしたい」（同14.7％、15.2％、
4.0％）、「個人の生活を優先したい」（同11.9％、6.6％、1.8％）などであ
る。世界的な経済ショックを経験したことで働き方について改めて考え、
仕事の時間や場所の融通が利きやすい起業をキャリアの選択肢に入れるよ
うになったのかもしれない。

　コロナ禍をきっかけに起業に関心をもったり関心を高めたりした理由は
さまざまだが、彼らはなぜ、感染症の流行が落ち着きつつある今も起業し
ていないのだろうか。まだ起業していない理由として最も割合が高かった
のは、「自己資金が不足している」（「きっかけとなった」57.2％、「高まっ
た」51.6％）である（表4−5）。「弱まった」（57.9％）、「影響なし」（42.3％）
でも最も高い。コロナ禍のような経済ショックは、またいつ訪れるかわか
らない。余裕をもって事業を始めるためにも、自己資金は十分確保してお
きたいと考える人が多いのかもしれない。

　「きっかけとなった」で2番目に高い「ビジネスのアイデアが思いつか
ない」（30.5％）は、「高まった」（29.4％）や「影響なし」（33.2％）でも
約3割に上るが、「弱まった」では26.2％とやや低い。反対に、「失敗した
ときのリスクが大きい」との回答割合は、「きっかけとなった」（27.6％）、
「高まった」（31.8％）、「影響なし」（31.9％）に比べて、「弱まった」
（42.1％）だけ10ポイント以上高い。「弱まった」人は、ビジネスのアイ
デアをある程度思い描いている分、コロナ禍に失敗のリスクを懸念する

表4-5　まだ起業していない理由（複数回答）

（単位：％）

	関心をもつ きっかけと なった （n=70）	関心がより 高まった （n=177）	関心が少し 弱まった （n=42）	影響は なかった （n=237）
自己資金が不足している	57.2	51.6	57.9	42.3
ビジネスのアイデアが思いつかない	30.5	29.4	26.2	33.2
失敗したときのリスクが大きい	27.6	31.8	42.1	31.9
仕入れ・流通・宣伝など商品等の供給に 関する知識・ノウハウが不足している	26.9	22.0	12.1	12.3
財務・税務・法務など事業の運営に関する 知識・ノウハウが不足している	24.0	23.2	11.0	17.7
外部資金（借り入れ等）の調達が難しそう	19.1	15.3	13.2	9.5
製品・商品・サービスに関する知識や 技術が不足している	16.8	23.6	1.8	10.3
起業について相談できる相手がいない	16.6	6.7	11.9	9.3
十分な収入が得られそうにない	15.4	24.9	26.6	22.4
起業に必要な資格や許認可などを 取得できていない	14.1	16.8	5.7	10.2
希望の立地（店舗、事務所など）が 見つからない	9.5	5.8	13.2	2.3
販売先の確保が難しそう	9.1	8.9	3.0	4.9
従業員の確保が難しそう	6.7	12.7	12.0	6.3
健康・体調面に不安がある	6.6	10.1	3.5	5.6
勤務先を辞めることができない	6.2	8.4	3.8	11.0
仕入先・外注先の確保が難しそう	5.7	9.8	7.1	4.8
家事・育児・介護等の時間が 取れなくなりそう	3.4	5.4	9.7	7.4
家族から反対されている	1.5	3.7	6.0	3.1
その他	0.0	0.0	0.0	0.7
すでに起業の準備中である	0.0	2.2	0.0	1.6
特に理由はない	5.4	5.9	12.5	11.1

ケースが多かったのかもしれない。前述のとおり、コロナ禍で起業に対する関心を失った元起業関心層には起業をより具体的に計画している人が多いようであったが、「弱まった」人も同様に、もともとは起業関心層のなかでもより起業に近い層だったのではないか。

　「きっかけとなった」と「高まった」人で回答割合が比較的高いのは、「仕入れ・流通・宣伝など商品等の供給に関する知識・ノウハウが不足している」（順に26.9％、22.0％）や「財務・税務・法務など事業の運営に関する知識・ノウハウが不足している」（同24.0％、23.2％）、「製品・商品・サービスに関する知識や技術が不足している」（同16.8％、23.6％）などである。気持ちは高まったとはいえ、ビジネスの具体的なアイデアが固まっていないだけではなく、ノウハウや知識も足りないと感じており、乗り越えるべきハードルは多そうだ。

　コロナ禍をきっかけに生まれ、高まった起業への関心を、具体的な起業活動につなげていくためには、起業を具体的にイメージし、適当な資源を知ることが必要だといえる。税務や法務に関するセミナーに参加してみたり、起業家との接触を増やしたりすることがその一歩になるだろう。起業に対するイメージをより明確にすることは、起業に対して過度な不安をもち、場合によっては起業への関心を弱めたり失ったりすることも減らせるはずである。起業関心層、無関心層が起業に対してもつイメージについては、第3節で詳しくみていきたい。

⑶　コロナ禍が起業の計画に与えた影響

　コロナ禍をきっかけに起業への関心をなくしたり弱めたりした人は、起業関心層のなかでも将来の起業について具体的に考えている人が多いようであった。このように、起業関心層には将来起業するつもりの人もいれば、起業するかどうかまだわからないという人もいる。ここでは、起業関

図4-6　起業関心層の起業計画に対する新型コロナウイルス感染症の流行の影響

（単位：％）

	あった	なかった
(n=85)	29.7	70.3

（注）10年以内に起業する予定がある起業関心層に尋ねたもの。

心層のなかでも「10年以内に起業する予定がある」[5]という人について、起業予定へのコロナ禍の影響をみていく。

　10年以内に起業予定である起業関心層のうち、起業を計画するに当たり、感染症流行の影響が「あった」とする割合は29.7％、「なかった」が70.3％であった（図4−6）。起業予定時期が早いほど、影響を受ける人が多かったのかもしれない。そこで、起業予定時期別に影響が「あった」割合をみると、「1年以内に起業予定」では26.6％、「1年超3年以内に起業する」では33.0％、「3年超5年以内に起業する」では29.5％、「5年超10年以内に起業する」では29.2％と差はほとんどみられない。起業予定時期と影響の有無には関連はなさそうだ。

　では、コロナ禍は、起業計画にどのような影響を与えたのだろうか。影響が「あった」と回答した起業関心層のサンプルは26人と限られるので参考値にとどまるが、以下では起業時期、店舗や事務所などの立地、売り上げ計画、起業費用の四つの項目別に変更状況をみておきたい。

　いずれの項目でも「当初計画のとおり」とする割合が6割弱から7割強と、大半は影響を受けていない（図4−7①〜④）。この割合は、4項目のなかでも店舗や事務所の立地で71.7％と最も高い。起業の場所は、時期や売り上

5　起業関心層のうち「10年以内に起業する予定がある」は15.0％、「いずれは起業したいが、起業時期は未定」は36.6％、「起業するかどうかはまだわからない」は40.4％、「起業するつもりはない」は8.1％であった（事前調査A群における割合）。

図4-7　起業計画の変更内容

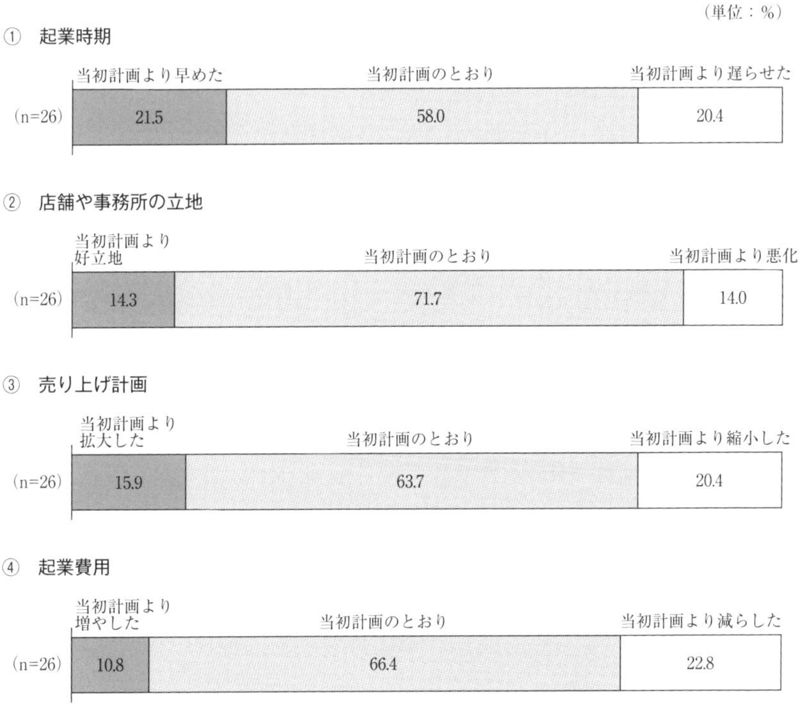

(単位：％)

① 起業時期

(n=26)

当初計画より早めた	当初計画のとおり	当初計画より遅らせた
21.5	58.0	20.4

② 店舗や事務所の立地

(n=26)

当初計画より好立地	当初計画のとおり	当初計画より悪化
14.3	71.7	14.0

③ 売り上げ計画

(n=26)

当初計画より拡大した	当初計画のとおり	当初計画より縮小した
15.9	63.7	20.4

④ 起業費用

(n=26)

当初計画より増やした	当初計画のとおり	当初計画より減らした
10.8	66.4	22.8

(注) 図4-6で起業計画に新型コロナウイルス感染症の流行の影響が「あった」と回答した起業関心層に尋ねたもの。

げ計画などに比べて、簡単には変更できないのだろう。

　計画を変更した人の割合を項目別にみていくと、起業時期は、「当初計画より早めた」（21.5％）と、「当初計画より遅らせた」（20.4％）が同程度となっている。オンラインを使ったビジネスや、小規模なサロンや美容室といった密になりにくい個人向けのサービス業など、コロナ禍の方が展開しやすい事業は、計画を早める方向に働いたのだろう。一方で、感染状況が落ち着いた方が客足の伸びる飲食店や宿泊業などの事業を計画していた人は、起業時期を遅らせた可能性がある。

　店舗や事務所の立地も、「当初計画より好立地」（14.3％）と「当初計画

より悪化」（14.0％）で差はほとんどない。コロナ禍には条件の良い空きテナントが増えた。その恩恵を受けた人がいる一方で、人の流れが変わり、起業予定地の集客環境が悪化してしまった人がいたのかもしれない。

　売り上げ計画は、「当初計画より縮小した」とする割合（20.4％）が、「当初計画より拡大した」とする割合（15.9％）を上回っている。予定していた売り上げの達成が難しいと計画を改めた人がいたことがわかる。

　また、起業費用を「当初計画より減らした」とする割合は22.8％と、「当初計画より増やした」とする割合（10.8％）の2倍以上である。コロナ禍の影響で売り上げのめどが立ちにくいなか、起業費用を抑えて事業を始めようと考えた人が少なくないのだろう。

　起業を計画している起業関心層にとって、コロナ禍は痛手にも追い風にもなっていたことがわかる。ただ、安易な計画の変更は、起業後の商品やサービスの質の低下や、事業機会の逸失につながりかねない。起業関心層が、環境の変化を的確にとらえ、事業の規模や内容に応じた起業計画を十分に検討できるように、コロナ禍のような未曾有の状況においては平時以上に、誰もが経営について相談しやすい環境が求められるだろう。

3　起業に対するイメージに変化はあったか

　起業への関心や意欲は、起業に対するイメージにも左右される。安田（2015）は、わが国の起業活動が低迷している要因の一つに、社会による起業に対する過剰な期待や、「起業家とは善良な市民ではできないこともする人」という認識を挙げ、起業をありふれたものにする必要性を説く。では、人々は起業をどのようにイメージしているのだろうか。そしてそのイメージは、コロナ禍を経験したことにより変わったのだろうか。コロナ禍前である10年前や国際調査の結果と比較しながらみていきたい。

表4-6　勤務者と比較した起業家のイメージ

（単位：％）

	2013年度		2023年度	
	起業関心層 (n=415)	起業無関心層 (n=426)	起業関心層 (n=526)	起業無関心層 (n=541)
① 高い収入が得られる	74.2	65.3	76.0	67.8
② 収入が安定している	20.0	20.4	25.6	17.0
③ 自由度が高い	76.9	69.0	87.3	74.5
④ 能力を発揮しやすい	89.6	80.5	90.0	78.0
⑤ 社会的ステータスが高い	70.6	63.8	60.5	55.1

資料：図4-1に同じ
（注）1　選択肢は、「そう思う」「どちらかといえばそう思う」「そう思わない」「どちらかといえば
そう思わない」の四つ。「そう思う」「どちらかといえばそう思う」を合わせて「思う」と
し、「思う」人の割合を示した。
　　　2　2013年度は重みづけの処理をしていない。

⑴　10年前との比較

　本調査では起業家のイメージについて尋ねており、10年前の2013年度に
も同様の質問をしている。起業家が勤務者に比べて、①高い収入が得られ
る、②収入が安定している、③自由度が高い（好きな仕事を選べる、好き
な時間帯に働ける）、④能力を発揮しやすい、⑤社会的ステータスが高い
と「思う」と回答した人の割合を、それぞれ算出した[6]。

　起業関心層、無関心層ともに、能力を発揮しやすいと「思う」人の割合
が、2013年度、2023年度いずれでも最も高い（表4-6）。次いで自由度が
高い、高い収入が得られるの二つの項目で「思う」との回答割合が高くなっ
ている。起業に、時間や場所の融通が利きやすく、自分の思いどおりに仕
事ができるというイメージをもつ人が多いようである。起業に関心をもっ
た理由として「収入を増やしたい」や「自由に仕事がしたい」との回答が
多く挙がっていたこととも符合する（前掲表4-4）。社会的ステータスが
高いと「思う」人は上位三つに比べるとやや少なく、収入が安定している

6　「そう思う」「どちらかといえばそう思う」を合わせて「思う」としている。残りの選
　択肢は「どちらかといえばそう思わない」「そう思わない」である。

と「思う」人は非常に少ない。高収入を得る場合もあるが、勤務のように安定的な収入を得られる保証はないと考える人が多く、このことが起業に対する特に大きな壁になっていることがうかがえる。

　回答割合を起業関心層と無関心層で比較すると、2013年度の収入の安定を除くすべての項目で、10年前も現在も起業無関心層の方が起業関心層より低い。起業関心層の方が、起業に対して好意的な印象をもっていることがわかる。

　10年前との比較では、収入の高さや能力の発揮については、起業関心層、無関心層ともに「思う」割合はほぼ横ばいである。自由度の高さはともに上昇し、社会的ステータスの高さはともに低下している。収入の安定は、起業関心層で上昇し、起業無関心層で低下したため、双方の割合の差が大きくなっている。10年の間に、副業起業やフリーランスなど、個人によるごく小規模な起業が認識されるようになり、コロナ禍には在宅勤務で空いた時間に小さく商いをする人や、宅配の請負サービスを始める人が多くみられた。こうしたなかで、起業の働き方の自由な側面がより注目されるようになったのだろう。一方で、副業起業家やフリーランスは請負で仕事をしている人が多く、実質的な雇用者として保護を求める活動が広がっている。コロナ禍には、仕事を打ち切られて苦労している経営者もいた。そのため、収入の安定や社会的ステータスの高さというようなイメージには一層結びつきにくくなったのだろう。

　前述のとおり、元起業関心層が感染症の流行によって起業への関心をなくした具体的な理由では、「事業経営は収入が不安定だと思うようになった」との回答割合が最も高かった（前掲図4－3）。また、「事業経営は社会保障等のセーフティーネットが充実していないと思うようになった」との理由から起業への関心をなくした人の割合が、若年層で特に高かった（前掲表4－2）。コロナ禍を経てますます安定志向が強まるなか、事業規模の

大小にかかわらず、起業家に対するサポートを十分に行っていくことが引き続き重要になるだろう。

⑵　海外との比較

　わが国では大半が起業に無関心であるが、諸外国ではどうなのだろうか。また、起業に対するイメージやコロナ禍の影響は、各国で異なるのだろうか。二つの国際調査を用いてみていきたい。

①　Global Entrepreneurship Monitorによる比較

　まず、米バブソン大学と英ロンドン大学が1999年に開始した「Global Entrepreneurship Monitor」（以下、GEM）の一般成人調査（Adult Population Survey）のデータを使い、日本における起業に対するイメージを、欧米諸国（米国、英国、フランス、ドイツ）のほか、アジアの近隣諸国（中国、韓国、台湾）と比較しながらみていく。一般成人調査は、各国で18〜64歳、2,000人以上のサンプルを確保している。毎年実施され、参加国数は年によって異なるが、2022年調査には49カ国が参加した。以下では2022年の調査結果[7]について、感染症の流行前である2019年（フランスは実施されなかったため2018年）と比較しながら動向をみていきたい。

　起業のイメージに関する結果をみる前に、GEMの代表的な指標である総合起業活動指数（Total Early-Stage Entrepreneurial Activity、以下、TEA）を確認しておく。TEAは、起業活動をしている人が18〜64歳の人口100人中何人いるかを示したものである。起業活動をしている人とは、「誕生期の起業家」（Nascent Entrepreneur）と「乳幼児期の起業家」（Owner-Manager of a New Business）を指す（図4-8）。誕生期の起業家は、①独立または社内ベンチャーとして新たな事業を始めようとしてい

7　執筆時点で2023年調査結果が公開されているが、日本が不参加のため本稿では2022年調査を使う。

図4-8　総合起業活動指数（TEA）の対象と起業のプロセス

起業活動をしている人

資料：Global Entrepreneurship Monitor（表4－11まで同じ）
　(注)「乳幼児期の起業家」は起業から3.5年未満、「成人期の起業家」は3.5年以上。

る、②過去1年以内にそのための具体的な活動を行っている、③その事業
の少なくとも一部を所有する予定である、④3カ月の間にその事業から収
入を得ていない、という要件をすべて満たす人である。乳幼児期の起業家
は、①現在、自営業者、会社のオーナーまたは共同経営者として経営に関
与している、②その事業の少なくとも一部を所有している、③3カ月以上
その事業から収入を得ている、④その事業による収入を得始めてから3.5年
未満である、という要件をすべて満たす人である。なお、そのほかの類型
である「起業家予備軍」（Potential Entrepreneur）は、起業機会の認識や
起業家の知り合い、起業に必要な知識の有無によって定義される[8]。また、
「成人期の起業家」（Owner-Manager of an Established Business)は、起業
して3.5年以上経つ人である。

　2022年調査のTEAをみると、日本は6.4％と、コロナ禍前の2019年
（5.4％）をわずかではあるが上回っている（表4－7）。米国、英国、フラン
ス、ドイツといった欧米諸国でも同様の動きがみられる。そこで、起業活動
をしている人のうち、感染予防商品の販売やオンライン上でのレッスンな
ど、コロナ禍により新たな機会を得た人の割合をみると、日本は28.2％

8　具体的には、①今後6カ月以内に居住地に起業に有利なチャンスが訪れると思う、②過
　去2年以内に起業した人を個人的に知っている、③起業するために必要な知識、能力、経
　験をもっていると思う、のいずれかに当てはまる人。

表4-7　TEA（総合起業活動指数）

（単位：％）

	2002年	2012年	2019年	2022年
日　本	1.7	4.0	5.4	6.4
米　国	10.6	12.8	17.4	19.2
英　国	5.4	9.0	9.3	12.9
フランス	3.1	5.2	6.1	9.2
ドイツ	5.2	5.3	7.6	9.1
中　国	12.1	12.8	8.7	6.0
韓　国	14.5	6.6	14.9	11.9
台　湾	4.3	7.5	8.4	5.6

（注）フランスは2019年に調査を実施していないため、2018年の結果（表4-11まで同じ）。

に上る。ただ、割合は英国（57.0％）や米国（50.4％）、ドイツ（45.5％）、台湾（41.9％）、フランス（39.7％）を大きく下回っており、コロナ禍による押し上げ効果は小さかったといえる[9]。そもそも、コロナ禍前より上がっているとはいえ、日本のTEAは米国（19.2％）や英国（12.9％）の半分以下であり、調査に参加した49カ国中43位という低さである。諸外国と比べて起業活動は依然低調である。

　また、男性のTEAを1としたときの女性のTEAは、コロナ禍前後で低下している国が5カ国と多いなか、日本は0.39と、2019年の0.37より若干上昇している（表4-8）。それでも、米国（0.89）の半分以下の水準にとどまり、49カ国中最下位であることから、女性の参加は起業活動を促進するうえでの課題であることに違いはない。

　起業活動はコロナ禍前後で大きな変化がみられず、諸外国に比べて非常に停滞していることがわかるが、コロナ禍を経た起業のイメージに変化はあったのだろうか。

　自国における起業への評価に関して、「自国では多くの人が起業を望ま

9　中国は31.3％、韓国は10.5％である。

表4-8　TEAの男女比

	2002年	2012年	2019年	2022年
日　本	0.18	0.35	0.37	0.39
米　国	0.64	0.69	0.91	0.89
英　国	0.42	0.54	0.60	0.71
フランス	0.50	0.63	0.75	0.65
ドイツ	0.49	0.50	0.60	0.65
中　国	0.76	0.75	0.84	0.72
韓　国	0.42	0.21	0.62	0.56
台　湾	0.64	0.67	0.67	0.62

（注）値は男性の TEA を1とした場合の女性の TEA。

表4-9　自国での起業のイメージ

（単位：％）

	①「自国では多くの人が起業を望ましい職業の選択であると考えている」と思う割合		②「自国では起業して成功した人は高い地位と尊敬をもつようになる」と思う割合	
	2019年	2022年	2019年	2022年
日　本	24.6	23.8	62.7	60.4
米　国	67.9	75.9	79.7	79.9
英　国	56.4	71.7	76.7	82.5
フランス	58.2	67.8	71.5	55.4
ドイツ	53.6	61.2	80.7	79.8
中　国	79.3	72.1	92.4	84.4
韓　国	54.3	58.9	86.0	90.1
台　湾	50.5	48.3	61.1	58.0

しい職業の選択であると考えている」と思う割合は、日本は23.8％と、2019年（24.6％）から若干低下している（表4-9①）。欧米4カ国は大きく上昇しており、コロナ禍を経て日本との差はさらに広がった。米国（75.9％）や英国（71.7％）では7割を超え、コロナ禍でも起業を肯定的にとらえている人が多い。中国と台湾では割合が低下したが、中国は72.1％と水準が非常に高く、8カ国のなかでは日本に次いで割合が低い台湾でも、48.3％と日本の2倍以上の水準である。日本では、そもそも起業を望ましいキャリアと考える人が少ないため、コロナ禍の影響も小さかったのではないか。

　「自国では起業して成功した人は高い地位と尊敬をもつようになる」と

表4-10　起業のチャンスと失敗へのおそれ

（単位：％）

	①「今後6カ月以内に居住地に起業に有利なチャンスが訪れる」と思う割合		②①のうち「失敗することにおそれがあり、起業を躊躇している」割合	
	2019年	2022年	2019年	2022年
日　本	10.6	12.7	43.5	50.9
米　国	67.2	46.0	35.1	43.1
英　国	43.8	44.4	44.5	52.9
フランス	35.0	52.4	37.1	41.0
ド イ ツ	52.2	39.5	29.7	44.3
中　国	74.9	56.5	44.7	56.7
韓　国	42.9	41.0	7.1	18.3
台　湾	41.2	46.8	31.0	42.9

（注）「失敗することにおそれがあり、起業を躊躇している」割合は、「今後6カ月以内に居住地に起業に有利なチャンスが訪れる」と思う人に尋ねたもの。

思う人の割合は60.4％と、2019年の62.7％より若干低下している（表4-9②）。職業の選択肢としての評価と同様に、起業家に抱く印象はコロナ禍を経てもあまり変わっていない。英国や韓国など、割合が上昇している国がある一方、米国やドイツ、台湾はほぼ横ばいで、フランスと中国では大きく低下している。それでも日本の割合は8カ国中6番目と下位にとどまっている。

　「今後6カ月以内に居住地に起業に有利なチャンスが訪れる」と思う人の割合は、12.7％と2019年（10.6％）から若干上昇したが、水準は低い（表4-10①）。米国（46.0％）や中国（56.5％）ではコロナ禍前から20ポイントほど低下しているものの、日本よりかなり高い。日本だけ事業機会が少ないとは考えにくく、この辺りからもわが国の起業に対する消極的な態度がうかがえる。

　さらに、「今後6カ月以内に居住地に起業に有利なチャンスが訪れる」と回答した人のうち、日本では50.9％が「失敗することにおそれがあり、起業を躊躇している」（表4-10②）。割合はコロナ禍前の43.5％を上回っており、ほかの7カ国も2022年の方が躊躇している割合は高い。コロナ禍には、世界中で多くの経営者が困難に直面していたことから、事業運営にリ

表4-11　「起業のために必要な知識、能力、経験をもっている」と思う割合

(単位：％)

	2019年	2022年
日　　本	14.0	14.9
米　　国	65.5	66.8
英　　国	55.2	53.5
フランス	37.5	49.8
ド イ ツ	45.8	36.2
中　　国	67.4	54.4
韓　　国	51.7	54.8
台　　湾	42.0	39.9

スクを感じる人が各国で増えたのではないか。

　日本が他国より起業に消極的な理由には、起業家に求められる能力として想定するレベルが高く、自身の能力では不十分と感じてしまっていることも考えられる。そこで、「起業のために必要な知識、能力、経験をもっている」と思う割合をみると、日本は14.9％と2019年の14.0％よりわずかに増加しているが、ほとんど変わらない（表4-11）。中国（54.4％）やドイツ（36.2％）ではコロナ禍前より割合が低下しているが、それでも日本より20ポイント以上高い。日本は49カ国中最下位であり、48位のイスラエル（35.4％）と比べても半分以下と差が大きい。日本でだけ、起業に必要な能力を高めるようなキャリアを形成できないわけではないだろう。過大な起業家像をもち、必要な能力が具体的に何なのかがわからなかったり、自身の能力に自信をもてなかったりする人が多いのだと考えられる。

　ここまで、GEMの調査結果をもとに、わが国のコロナ禍前後の起業に対するイメージを他国と比較しながらみてきた。起業活動者の割合を示すTEAは、コロナ禍を経ても下がっていないが、その水準は他国に比べて非常に低い。起業へのイメージも諸外国に比べて消極的で、日本では起業を望ましい職業の選択肢と考える人の割合も、起業に有利なチャンスを認識する人の割合も、起業に十分なスキルをもっていると思う人の割合も低

かった。いずれも、起業に対する過大なイメージや自己評価の低さが要因と考えられる。小さな規模で事業を始める選択肢もあることを、広く知ってもらう必要があるだろう。事業で失敗しても再度チャレンジしやすくするなど、失敗を許容する環境をすぐに形成できるものではないが、小規模な起業は失敗のリスクを抑えるうえでも有効であるといえる。

② **Global University Entrepreneurial Spirit Students' Survey による比較**

　大学時代に将来のキャリアを具体的に考える人は少なくないだろう。そこで、大学・大学院生の起業意識について国際比較ができる「Global University Entrepreneurial Spirit Students' Survey」（以下、GUESSS）を用いて、コロナ禍前後で日本の学生の起業に対する考え方にどのような変化があったのかをみていきたい。

　GUESSSはスイスのサンガレン大学中小企業・起業家活動研究所が事務局となり、2、3年に1度のペースで世界約50カ国の大学、大学院で実施されている。直近に行われた2021年の調査には58カ国が参加し[10]、計26万7,366人から回答を得ている。以下では2021年調査での日本の結果を中心に、コロナ禍直前の調査である2018年の結果や参加国平均と比較しながら、学生の起業意識についてみていく。

　大学・大学院生に卒業直後の進路として希望するものを尋ねたところ、「従業員250人以上の大企業で働く」との回答割合が最も高く、36.8％であった（図4－9）。コロナ禍前の2018年調査では36.6％とほとんど変わらない。参加国平均ではそれぞれ20.6％、22.6％であった。日本では大企業での勤務を希望する学生の割合が他国より高く、安定志向が強いことがうかがえる。ただ、その傾向がコロナ禍で強まった様子はみられない。一方、「創業者として自分の会社を経営する」との回答割合は、日本では

10　GEMで日本の比較対象とした7カ国のなかでは、米国、ドイツ、韓国がGUESSSの2021年調査に参加している。

図4-9 大学生・大学院生が希望する卒業直後のキャリア

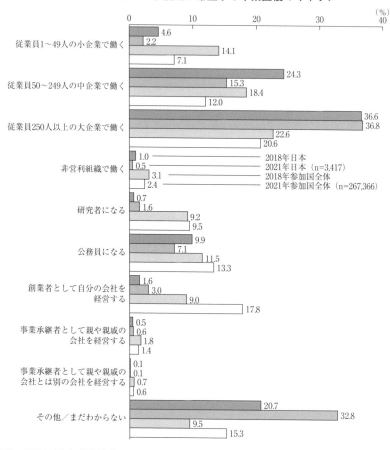

資料：GUESSS日本事務局「GUESSS 2018 Japanese National Report（日本語版）」「GUESSS 2021
　　　Japanese National Report（日本語版）」
（注）2018年のn値は示されていない。

3.0％と低い。それでも2018年（1.6％）より上昇している。参加国の平均
もコロナ禍前後で9.0％から17.8％へと上昇している。この調査結果をみ
る限りでは、日本を含め諸外国の学生たちの起業意欲は、コロナ禍にあっ
ても削がれることなく、むしろ高まっている。

　なお、卒業から5年後の進路について同様に尋ねた結果では、「創業者と

して自分の会社を経営する」と回答した割合は日本で9.0％と、参加国平均（32.3％）との差は卒業直後に比べてさらに広がっている。先進国は割合が低い傾向にあるが、そのなかでも日本では起業を志向する大学生が特に少ない[11]。

　GUESSSに参加した学生のうち、すでに起業準備中である人は、日本では5.1％と少なく、参加国平均では28.4％であった[12]。そのうち、コロナ禍をきっかけに起業を計画した人は、日本では50.4％と比較可能な54カ国中3位に入っている。参加国平均では22.1％と、日本の半分以下の水準である。前述のとおり、GEMでは、日本は起業活動中の人のなかでコロナ禍に事業機会をみつけたという人の割合は低い水準であったが、学生に限ると必ずしもそうではないようである。若年層は新しい技術やアイデアを受容しやすいなど、比較的柔軟性が高く、さらにインターネットやデジタルツールが身近にある環境で育った人が多い。こうしたことから、コロナ禍により生じたデジタル化の広がりや、働き方や暮らしの変化に対応して起業を考えた人が少なくなかったのかもしれない。

　ここまで、コロナ禍前後の起業イメージについて、国際比較をしながら日本の特徴をみてきた。コロナ禍を経ても起業活動者の割合が落ち込むことはなく、起業準備中の学生のなかには感染症の流行をきっかけに起業計画を立てた人が多くいるなど、コロナ禍により起業活動が促進されている様子も観察された。ただ、そもそも卒業後に起業したいと考える学生はわ

11　例えば、米国（卒業直後16.7％、卒業から5年後40.0％）やオーストラリア（同16.1％、36.9％）、オランダ（同11.1％、33.1％）では卒業から5年後の値が参加国平均（同17.8％、32.3％）を上回るものの、ベルギー（同10.9％、31.1％）、イタリア（同12.3％、29.2％）、スウェーデン（同3.6％、24.2％）、スペイン（同13.0％、23.1％）、オーストリア（同6.6％、21.6％）、ドイツ（同5.3％、17.6％）、スイス（同4.2％、16.1％）、韓国（同7.2％、11.7％）などでは卒業直後、卒業から5年後の割合とも参加国平均を下回る。
12　学生時代に起業し、卒業前に事業経営から退いて卒業後は企業に就職するという回答者がいる可能性を排除しないため、回答者を図4-9で「創業者として自分の会社を経営する」と回答した人に限定していない。

ずかであり、成人全体でみても起業活動をしている人の割合は、日本は諸外国に比べて非常に低かった。その背景には、起業に必要な能力が自分には備わっていないと考えたり、失敗をおそれたりする日本人の傾向があった。今後、わが国で起業活動を一層活発にしていくためには、起業家教育やロールモデルとの出会いの場づくりなど、多くの人が起業を具体的にイメージし、身近なものと考えられるような取り組みが必要だろう。副業起業などの小規模な起業のかたちを知ってもらうことも有用である。人との接触が制限されていたコロナ禍がほぼ収束し、オンラインを使った交流も広がった。環境が整ってきた今こそ取り組みを進めるときである。

4　おわりに

　わが国の起業活動は他国と比べても非常に停滞しており、起業に無関心だという人が大半を占める状況が長く続いている。こうした状況下で発生した新型コロナウイルス感染症の流行は、起業への意識にどのように影響したのか。本章では、当研究所「起業と起業意識に関する調査」および、米バブソン大学と英ロンドン大学が開始した「Global　Entrepreneurship Monitor」、スイスのサンガレン大学が中心となり行う「Global University Entrepreneurial Spirit Students' Survey」を用いて、コロナ禍前後や各国での比較を行った。

　感染症の流行を機に起業への関心を失った人や、関心を弱めた人は、コロナ禍前には起業をある程度具体的に思い描いていた人に多いようであった。関心を失った人のなかには、コロナ禍による環境変化で計画していた事業の需要が見込めなくなった人もいた。また、関心を失った人の半数近くが、事業経営は収入が不安定だと感じるようになっていた。そもそもわが国では、起業に勤務より収入が安定しているというイメージをもつ人は

少なく、特に起業無関心層で10年前よりその傾向が強まっている。一方で、日本人は卒業後に大企業に就職することを希望する学生の割合が他国より高いなど、安定志向が強い。コロナ禍に起業の不安定なイメージが増したことで、起業への関心がなくなったり弱まったりしたのだろう。

　一方、コロナ禍に起業への関心をもったり高めたりした人は、勤務先の在宅勤務や副業制度を活用して、コロナ禍で減った勤務収入を補填したいと考えたり、働き方や生活の場所を変えて感染リスクを緩和したいと考えたりしたようである。ただ、自己資金や知識・ノウハウの不足、事業のアイデアがないことが起業のネックになっていた。もともとわが国は他国に比べて、自分が起業に必要な知識、能力、経験をもっていると考える人の割合が極端に低い。有事に生まれた起業への関心をしぼませないようにするためには、平時から起業に対する過大なイメージを払拭し、等身大でとらえられるようにしていく取り組みを続けていくことが求められる。

　コロナ禍は、わが国の起業意識にプラスにもマイナスにも働いた。起業に新たに関心をもったり高めたりした人も、失ったり弱めたりした人もいた。ただ、それぞれの全体に占める数はそこまで多くない。国際調査でも、コロナ禍に起業活動者の割合や起業へのイメージに大きな変動は観察されなかった。これは、そもそもわが国における起業への関心が非常に低いからにほかならない。起業に対してやりたい仕事ができる、自由に働ける、高収入を得られるといったイメージをもつ人は多いが、それらを自分に重ねて考える人は少ない。普段から起業を身近なものとして考える環境を増やしていくことが、コロナ禍のような非常時に起業への関心を失ってしまったり、芽生えた起業への関心を次のステップへと進められなかったりする人を減らすことにつながるのではないか。さらにいえば、起業の魅力を広め、チャレンジ精神を育んでいくことが、わが国の根強い安定志向を打ち破り、停滞する起業活動、ひいては経済を動かす力になるに違いない。

＜参考文献＞

安田武彦（2015）「経済の新陳代謝を阻むもの―『何故、日本で起業家社会は実現しないのか』―」商工総合研究所『商工金融』2015年7月号、pp.5－25

Hernández-Sánchez, Brizeida Raquel, Giuseppina Maria Cardella, and José Carlos Sánchez-García（2020）"Psychological Factors that Lessen the Impact of Covid-19 on the Self-Employment Intention of Business Administration and Economics' Students from Latin America." *International Journal of Environmental Research and Public Health,* Vol.17（5293）.

Loan, Le Thi, Doung Cong Doanh, Ha Ngoc Thang, Ngo Thi Viet Nga, Pham Thanh Van, Phan Thanh Hoa（2021）"Entrepreneurial Behaviour ; The Effects of the Fear and Anxiety of Covid-19 and Business Opportunity Recognition." *Entrepreneurial Business and Economics Review,* Vol.9（3）. pp.7-23

Lopes, João M., Sofia Gomes, Tânia Santos, Márcio Oliveira, and José Oliveira（2021）"Entrepreneurial Intention before and during Covid-19：Case Study on Portuguese University Students." *Education Sciences,* Vol.11（273）.

Ruiz-Rosa, Inés, Desiderio Gutiérrez-Taño, and Francisco J. García-Rodríguez（2020）"Social Entrepreneurial Intention and the Impact of Covid-19 Pandemic： A Structural Model." *Sustainability,* Vol.12（6970）.

事　例　編

　『日本政策金融公庫調査月報』2023年6月号〜2024年5月号に掲載した「未来を拓く起業家たち」を収録した。企業概要や事業内容は原則として掲載時のものである。事例編の最後に、12の事例から得られる示唆をまとめた。

No.	会　社　名	所在地	主な事業内容	従業者数	掲載頁
1	㈲KEiNA	埼玉県	プライベートキャンプ場、カフェ	4人	125
2	Ginpsy㈲	東京都	クラフトジン開発・販売	3人	133
3	㈱OPERe	東京都	病院向けアプリ開発・運用	5人	141
4	㈱Stand up	千葉県	ゲームコーナー運営	47人	149
5	クローバードローン	愛知県	ドローンインストラクター	1人	157
6	Automobile store Anu	福島県	キッチンカー製造・販売	2人	165
7	㈱ブイクック	兵庫県	ヴィーガン料理レシピサイト運営	6人	173
8	㈲HAYAMI	神奈川県	草ストロー輸入販売	3人	181
9	㈱Tao Corporation	埼玉県	がん患者向けケア帽子販売	1人	189
10	㈱薬zaiko	東京都	調剤薬局、医療情報の提供	13人	197
11	女子畑やぎ牧場	広島県	ヤギ販売・貸し出し	1人	205
12	㈱IntegrAI	新潟県	AI搭載カメラ製造・販売	6人	213

秩父の魅力を伝えるプライベートキャンプ場

㈬KEiNA

＜開業者プロフィール＞
今山 実穂（いまやま みほ）
　埼玉県出身。新卒で国家公務員として働き、退職。その後コンサルティング企業、飲食店などで勤務。2022年に、プライベートキャンプ場とカフェから成る施設「KEiNA CHICHIBU」を秩父市田村にオープン。

〈企業概要〉

代　　表	今山 実穂・田口 操
創　　業	2022年
資 本 金	200万円
従業者数	4人
事業内容	プライベートキャンプ場・カフェの運営
所 在 地	埼玉県秩父市田村547-1
電話番号	050（3690）5471
Ｕ Ｒ Ｌ	https://keinachichibu.com

　近年、少子高齢化や東京一極集中が進むなかで、全国各地の地域社会の維持が課題となっている。東京にほど近いエリアも例外ではない。㈬KEiNAの代表である今山実穂さんは、普段は東京に住みながら、過疎化が進む埼玉県秩父市田村で開業した。あえてこの地を選んだ理由は何だろうか。開業までの歩みや、地域への思いをうかがった。

1組限定のキャンプ場

——のどかな場所ですね。

埼玉県西部に位置する秩父市は、東京都心から車で2時間ほどの自然豊かな場所にあり、周辺の横瀬町、皆野町、長瀞町、小鹿野町を合わせた秩父地域には、年間でおよそ900万人の観光客が訪れます。秩父市街から山を越えたところにある田村地区は、田畑のなかに民家が点在する地域です。わたしは、故郷であるこの地で、1日1組限定のプライベートキャンプ場「Nete KEiNA」と、カフェ「Yotte KEiNA」から成る施設「KEiNA CHICHIBU」を運営しています。

KEiNAは、秩父方言の「してけいな」からとっています。「していってね」という意味の、わたしの好きな言葉です。

目の前を走る国道299号線から入ってすぐの所に、コテージとカフェを屋根でつなげた、門のような形の建物があります。駐車場に車を置いて建物をくぐると、およそ2,000平方メートルの原っぱが視界に飛び込んできます。原っぱはキャンプサイトとして使っており、季節の草花の色によって表情が変わります。その先には森があり、鳥や虫の声がよく聞こえます。

建物や森で外からの視線を遮り、プライバシーを確保しています。夜は国道を走る車も少なく、静かにくつろぐことができます。

——営業は週末だけだそうですね。

原則土日のみの営業で、夏休みなどのハイシーズンは平日も営業します。わたしは普段、都内で会社員の夫、小学生の娘と一緒に暮らしています。平日は自宅で予約対応や経理事務をし、金曜日に家族そろって秩父に来て、日曜日か月曜日に東京に戻る二拠点生活をしています。

11時半から15時はカフェ営業です。店内は10席で、天候次第で屋外にもテーブルを出します。キャンプを利用される方のほか、周辺を訪れる観光

シンプルな外観のコテージとカフェ

客や近隣住民の皆さんが来店されます。客数でみると、市外の方と市内の方が半々です。近隣に飲食店がほとんどないなか、ここが住民の方々にとっても憩いの場になっているのであれば幸いです。

　15時から翌日10時はキャンプ営業です。カップルでの利用もありますが、多くは東京や千葉、埼玉から訪れる10人前後のグループです。親子3世代、あるいは友人家族でご利用いただいています。

　宿泊方法は、4人まで泊まれるコテージと、テントを組み合わせることができます。必要な道具はすべて用意してあり、手ぶらで来ても楽しめます。もちろん、普段使っている道具を持ち込むことも可能です。

　料金は、夫婦と子どもの4人家族がテントに泊まる場合、朝夕2食と道具のレンタルつきで7〜8万円です。食事は、採れたての野菜を使ったバーベキューやサラダを用意しています。

——プライベートキャンプにしたのはなぜでしょうか。

　理由は二つあります。一つは、快適に利用してもらうためです。ほかのキャンプ場で働いていたときに、騒音トラブルを目撃することがありました。お互いが気をつけていても、若者と家族連れのように生活リズムが違うグループが隣同士になると、何げない音が気になってしまいます。1組

限定なら、そのような心配はありません。

　もう一つの理由は、効率性です。チェックインの作業や応対が1組分で済むため、少ない人数で運営できます。また、貸し切りで快適な環境を提供する分、価格を高く設定でき、少ない客数でも収益を確保しやすくなります。

　1組限定の着想には、個人的な経験も生きています。わたし自身旅行が趣味で、ホテルのように人がたくさんいるところに泊まるよりも、別荘などを貸し切ってゆったり過ごす方が好きです。だからこそ、自分が宿泊業をやるなら、ほかの人を気にせず過ごせるようにしたいと思ったのです。わたしが知る限り、創業時、近隣にプライベートキャンプ場はなく、差別化できました。

秩父を満喫してもらう

——施設のコンセプトは何ですか。

　秩父らしい体験ができる場です。秩父らしさの一つが、食材です。キャンプを利用する方は、サイトの脇にある畑で野菜の収穫を、近くの山で山菜採りを、それぞれ体験できます。収穫したものは、自分で調理して味わえます。

　カフェでは、地元の食材を積極的に取り入れています。飲み物には、隣の小鹿野町に湧く名水、毘沙門水を使っています。看板メニューのハンバーガーセットには、秩父産の野菜をふんだんに使ったサラダを添えています。

　さらに、秩父の自然のなかで思う存分遊べる環境を用意しています。キャンプサイトはもともと畑だったため石がほとんど落ちておらず、はだしで走り回ることができます。夜は真っ暗闇で満天の星を楽しめますし、敷地内には、子どもでも安心して入れる穏やかな沢もあります。

　細部にも秩父らしさを取り入れようと考え、ロゴや看板の製作は地元のデザイナーにお願いしました。

大人数でも利用できるキャンプサイト

──カフェを併設したねらいは何ですか。

　もともと料理とコーヒーが好きで、自分がつくったものを提供したいと思ったからです。

　広告塔としての役割にも期待していました。新しくできたキャンプ場を知ってもらうのは簡単ではありません。インターネットでの情報発信にも限界があります。そこで、カフェをきっかけにできないかと考えました。実際にオープンしてみると、たまたまカフェを訪れて目の前の原っぱに魅力を感じ、その場でキャンプの予約をしていく方が何人もいて、手応えを感じています。

　キャンプの満足度向上にも貢献しています。雨が降ったときの過ごし方に困るのがキャンプの弱点ですが、KEiNAでは天候が崩れてもカフェのなかでゆったり過ごすことができると喜ばれています。

地域を盛り上げたい

──起業までの経緯を教えてください。

　大学院で都市計画を学んだ後、国家公務員になり、結婚、出産しました。転機が訪れたのは、2017年のことです。娘を保育園に入れられず、多

忙な職場と家庭の両立が難しくなったため、悩んだ末に退職し、その後は
パートタイムでコンサルタントや秘書として働いてきました。

　起業を考えるきっかけになったのは、2020年から始まったコロナ禍で
す。それまでは頻繁に秩父に帰っていたのですが、両親を感染させるので
はないかという不安や周囲の目があり、帰省できない時期が1年ほど続き
ました。地元を遠く感じる日々を過ごすうちに、秩父が自分にとって大切
な場所であることを再認識しました。

　折しも、世間でリモートワークが普及し、移住が注目されていました。
都心から離れて働いてもよいのではないか、ビジネスチャンスもあるので
はないかと思い、大好きな秩父での起業を考えるようになりました。まず
は創業塾に参加して経営に必要なことを学びながら、ビジネスプランを検
討しました。

――事業の具体的な内容はどのように考えていきましたか。

　せっかく起業するなら、地域にとって意味のある事業をやろうと考えま
した。田村地区では高齢化と過疎化が進んでおり、2021年時点の人口は
270人弱と、ここ50年で半減しています。地域の存続が危ぶまれる現状を
みて、この地の特色を生かした活性化ができないだろうかと考えました。

　田村はもともと農業が盛んな地区でしたが、近年は担い手不足に伴い休
耕地が増えています。そこで、これらの土地を活用することを考えまし
た。秩父市や隣接する長瀞町には豊富な自然と土地を生かしたキャンプ場
が30軒以上ありますが、わたしが調べた限りでは、そのなかに野菜の収穫
体験や地産地消をアピールする施設はありませんでした。

　農業を身近に感じられるキャンプ場をやれば、田村地区らしく、独自性
のあるビジネスになるのではないか。2020年末には、コンセプトが固まり
ました。その後は、カフェやキャンプ場で働いてノウハウを学びました。
どの勤務先も、起業準備のために短期間だけ働くことを理解したうえで温

かく迎えてくれました。勤務先の方からは事業に関する助言まで頂き、とても感謝しています。

開業時は、県の起業支援金を利用しました。創業塾や補助金の申請、税務処理などの相談に当たっては、創業・ベンチャー支援センター埼玉にお世話になりました。

――起業に対する家族の反応はいかがでしたか。

両親も夫も、全面的に応援してくれました。KEiNAがある場所はもともと父が所有する休耕地で、それをキャンプサイトにつくり替えました。収穫体験用の畑の手入れは、母がしてくれています。KEiNAの外にも母が無農薬栽培をしている畑があり、収穫した野菜はカフェの食材として使っています。

父はわたしとともに代表となり、キャンプサイトの整備を引き受けてくれています。長く秩父に住み、神社の総代などを務めた経歴から地元での人脈が広く、近隣住民の皆さんと円滑な関係を築けるようサポートしてくれています。建築士である夫には、建物の設計で力を借りました。こうした家族のサポートのおかげで、約1年と短い準備期間で開業を果たすことができました。

――コロナ下の起業で、苦労はありませんでしたか。

特にありませんでした。1組限定で不特定多数の人と接触しないことや、アウトドアであり感染リスクを抑えられる点が、影響を和らげた面もあるのかもしれません。

ホームページやSNSでの発信、カフェからの流入などの効果が表れ、客数は着実に伸びています。開業から1年ほど経って、キャンプの予約枠は8割ほどが埋まるようになりました。カフェについては、オープン当初は売り上げを期待していなかったのですが、多い日には約40組に利用いただけるまでになりました。

──今後の展望についてお聞かせください。

　KEiNAを拠点に、田村地区を盛り上げていきたいです。具体的な活動の一例が、移住促進です。これまでに何度か、移住に関心のある方向けのイベントの会場として、KEiNAを提供したことがあります。今後もこうした活動をサポートし、移住者の増加に貢献したいと思います。

　それ以外のかたちでも地域との関係を深めていきたいです。以前、地元の祭りに出店する機会があり、近隣住民の皆さんと触れ合いながら子ども時代のにぎやかな様子を思い出しました。今は秩父で事業を始めたばかりで難しいと思いますが、ゆくゆくは住民の皆さんが集まるイベントを開催してもよいかもしれません。KEiNAが、秩父内外から人が集まる場になればと考えています。

聞き手から

　コロナ禍を機に故郷が大切な場所であると再認識し、秩父での起業を選んだ今山さん。二拠点生活を送ることで、地元にかかわりたいという自身の思いのみならず、夫の仕事や娘の学校、両親の生活も尊重する生き方を実現している。そして、秩父の資源を活用して地域を盛り上げようとする姿勢が、ほかのキャンプ場にはないKEiNAの独自性につながっている。

　周囲のサポートを得ながら、自分にも、身近な人にも、地域社会にも望ましい事業のかたちをつくりあげた今山さんの姿は、移住や地域活性化に関心をもつ人にとって、一つのロールモデルになるだろう。KEiNAがきっかけとなって、地方を盛り上げる起業家が増えていくかもしれない。

（星田　佳祐）

異業種の仲間とつくるクラフトジン

Ginpsy㈲

<開業者プロフィール>
山口 真弘（やまぐち まさひろ）
　1986年生まれ。大学卒業後はシステムエンジニアとしてIT企業に勤務したのち、金融機関に転職。勤務先で副業が解禁されたことを受け、新しいことにチャレンジしたいと起業を決意。ビジネスサロンで知り合った仲間とGinpsy㈲を2022年に設立。

〈企業概要〉
創　　業　2022年
資 本 金　100万円
従業者数　3人
事業内容　クラフトジンの開発、販売
所 在 地　東京都足立区竹の塚1-40-15 庄栄ビル5階
電話番号　03（6823）2372
Ｕ Ｒ Ｌ　https://ginpsy.jp

　コロナ禍で在宅時間が増えた。せっかくの機会だからスキルアップのために勉強しよう。そんな気持ちで参加したオンラインのビジネスサロンでの出会いが、山口真弘さんの人生の転機となった。

　Ginpsy㈲はクラフトジンのレシピ開発とオリジナル商品の販売を行っている。設立に携わったのはそれぞれ異なる分野で活躍する6人のメンバーだ。ビジネスサロンで意気投合し、全員が副業というかたちで会社を立ち上げた。副業だから思い切ってチャレンジできたと語る山口さんに、起業への道のりをうかがった。

各地の蒸留所がつくる地域の味

──事業内容を教えてください。

　国産の素材を使ったクラフトジンのレシピ開発と、完成したオリジナル商品の販売を行っています。クラフトジンと聞いても、どういうお酒かすぐには思い浮かばない人が多いと思います。まずは、そこから説明しましょう。

　そもそもジンとは、大麦などの穀物からつくられたアルコールに、果実の皮や植物などの素材を使って香りをつけた蒸留酒です。ジンと認められる条件は、アルコール度数が37.5パーセント以上であること、ジュニパーベリーという果物を素材として使用していることの二つだけです。ウイスキーのように熟成が条件に入っていないので、アレンジしやすいのが特徴です。

　クラフトジンに明確な定義はありません。一般的には、素材や蒸留手法に特にこだわった少量生産のジンを指します。欧州を中心に約15年前から流行し始め、日本でも2016年ごろからお酒好きな人たちの間で知られるようになってきました。

　クラフトジンを製造している蒸留所は増えつつありますが、少量生産品が多いため、あまり流通しておらず、一般にはまだなじみがないお酒といえるでしょう。

──製造はしていないのですか。

　していません。自前の蒸留所はもたず、製造はOEMで外部に委託する「幽霊蒸留所（Phantom Distillery）」というコンセプトで運営しています。素材に合わせて最適な設備を選べるようにこの形態にしました。

　当社の目標は、47都道府県それぞれの素材を使ったオリジナル商品をつくることです。素材によって、最適な蒸留温度や生産量は異なります。そ

最初に開発したオリジナル商品2種類

のため、使用する設備も素材に合わせて変える必要があります。

　例えば、一度にたくさん仕入れられず、足が早くためるのも難しい素材であれば、少量生産が可能な設備が必要です。一方で、大量の素材を一気に処理したい場合は、少量生産の設備だと非効率です。また、設備が変われば使い方も変わります。全国のあらゆる素材に適した設備を自前でそろえ、使えるようにするのは、資金的にも技術的にも難しいのが現状です。

　また、面白いことに、同じレシピと設備を使っても、製造する蒸留所によって、味が少し違います。全国の蒸留所が地元の素材を使ってつくるクラフトジンは、ほかではまねができない味になるでしょう。

――オリジナル商品の特徴を教えてください。

　現在当社では、オリジナル商品「Vir-GIN―ヴァージン―」シリーズとして、4種類の味を販売しています。梅・赤紫蘇、塩・本わさび、桃、レモンピールです。今までジンではあまり使われたことがない特産品や、使い道がなく廃棄されていたものを素材として使っています。

　最初に開発した梅・赤紫蘇と塩・本わさびは、静岡県の素材を使用しました。日本人にはなじみの味ですが、ジンの素材としては珍しいです。和の素材をうまくジンに溶け込ませたと評価され、洋酒の品評会で銀賞を受

賞しました。梅は観賞用の木になる廃棄品を使っています。

　次に開発した桃は、山梨県の素材です。お酒の素材としてはポピュラーだと思うかもしれませんが、蒸留酒にはあまり使われていません。桃の香り成分は熱に弱く蒸留過程でそのほとんどが飛んでしまうからです。試行錯誤して独自の製法を編み出し、大量の桃を使用することで商品化に成功しました。使用した桃は品質に問題がないものの、少し傷がついているなどの理由で廃棄されていた規格外品です。

　最近発売したレモンピールは、当社の本社所在地である足立区に由縁のある商品として開発しました。特産品ではありませんが、足立区で有名なレモンサワーが売りのバーとコラボレートした商品です。大量に廃棄されていたレモンの皮を使っています。

それぞれの得意分野を生かす

――もともとお酒にかかわる仕事をしていたのですか。

　経験はまったくありませんでした。わたしは大学卒業後、エンジニアとしてIT企業に勤務し、基幹業務システムの構築やシステム開発のマネジメントなどを経験しました。その後、金融機関に転職し、データ分析などの仕事をしています。実は当社の仕事は副業として行っており、本業は今も金融機関の仕事です。

　起業を考えたのは、2019年に勤務先で副業が解禁されたからです。このときは、新しいことに挑戦したい、起業できたらいいなと漠然と考えていただけでした。

　その後、コロナ禍で家にいる時間が増えたので、スキルアップしようとオンラインのビジネスサロンに参加しました。そこでさまざまな業界の人たちと出会い、起業について話をする機会もたくさんありました。起業したいという思いが高まったのですが、具体的に何をしたいか、何ができる

のか、アイデアは思い浮かびませんでした。

　お酒づくりに興味をもったのは、2021年に当社の役員である永田に出会ったからです。永田は静岡県沼津市で蒸留所を営んでおり、ビジネスサロンに起業の講師という立場で参加していました。そこでクラフトジンの話を聞き、これから成長する市場だと感じました。そして何より、自分好みのお酒をつくるのは楽しそうだと思ったのです。

──すぐに起業を決めたのですか。

　いいえ。最初はプライベートでつくってみようと、ビジネスサロンで仲良くなった5人の仲間と盛り上がっただけでした。そのときは、これが起業の種になるとは思ってもいませんでした。

　起業を意識したきっかけは、クラウドファンディングです。クラウドファンディング事業を運営する企業に勤めるメンバーがいたので、お酒づくりに必要な資金が集まるか試してみようという話になりました。軽い気持ちでサイトに登録したのですが、驚いたことに開始4時間ほどで目標の50万円を達成したのです。最終的に200人以上の方から、約200万円を支援していただきました。

　予想以上の反響に、これはビジネスになりそうだと思い、改めて6人のメンバーの能力を確認しました。わたしはECサイトの構築ができます。ほかのメンバーには、お酒のテイスティングの専門家である酒匠（さかしょう）、蒸留所の経営者、MBAをもつ経営の専門家、デザイナー、マーケティング・営業の専門家がいます。

　それぞれ本業が異なり、事業運営に必要な知識はメンバー内で補えることがわかりました。資金、サポーター、人材と事業化に必要なピースはそろっていたのです。すぐに起業に向けて準備を開始しました。それぞれ本業があり、失敗したときの不安が小さかったのも起業を決意する後押しになりました。

——順調に進みましたか。

　販売開始までは順調でした。クラウドファンディングを開始するまでにレシピの開発や材料の仕入先の確保、蒸留所との打ち合わせは済んでいたからです。また、東京都や区役所が主催する起業相談に参加し、アドバイスをもらったことで、会社設立や酒類小売業免許の取得などの事務手続きもスムーズにできました。

　しかし、ECサイトで販売を開始したところ、思ったよりも売れませんでした。クラウドファンディングでは、たくさんの方が興味をもち支援してくださいました。コロナ禍でインターネット経由での飲食物の販売も伸びています。なぜ売れないのか、クラウドファンディングのときと何が違うのか。全員で何度も話し合い、分析してみえてきたのは、ストーリーの重要性でした。

お酒に込めたストーリー

——ストーリーとは何ですか。

　つくり手が商品に込めた思いや開発の苦労などを、消費者にわかりやすく伝えるために物語化したものがストーリーです。クラウドファンディングでは、商品を購入する際にそうしたストーリーを重視する層がサイトに集まります。加えて、こちらが伝えようと工夫を凝らさなくても、熱心に理解しようとしてくれます。

　しかし、当社のECサイトを訪れるのは、お酒を買いたい人です。当社の商品は200ミリリットルで2,980円、500ミリリットルで6,500円とお酒のなかでは高価格です。例えば、ワインなら3,000円も払えば750ミリリットルのボトル1本が購入できます。

　つまり、何かお酒を買いたいだけの人にとって、当社の商品は購入のハードルが高いのです。高くても買いたいと思ってもらえるように、多くの人にストーリーを知ってもらう工夫が必要でした。

お客さんと盛り上がる山口さん

——どういう工夫をしたのですか。

　大きく二つあります。一つは、SNSでの発信です。当社のストーリーだけでなく、クラフトジンの歴史や各メーカーの特徴など、クラフトジンという世界のストーリーを発信しています。クラフトジンはまだ小さい市場です。クラフトジンのファンが増えれば、当社の商品に興味をもってくれる人も自然と増えると考えました。

　もう一つは、催事に積極的に参加することです。当社のSNSを訪れない層の人たちにも、対面でじっくりストーリーを伝えるためです。創業した2022年はまだコロナ禍で来場者数を制限している催事も多かったため、訪れた人とゆっくり話すことができました。

　クラフトジンを初めて知ったという人ばかりでしたが、たくさんの人が購入してくださいました。また、後日SNSを訪れて、「催事では買わなかったけどやっぱり買うことにしたよ」と言ってくださる方もいてうれしかったです。少しずつリピート客も増え、完売する商品も出てきました。

——順調ですね。御社の事業を本業にしないのですか。

　本業にするつもりはありません。副業だからこそ、失敗を恐れず方針転換したり、新しいことにチャレンジしたりできるからです。また、メン

バーそれぞれが本業で築いた人脈が、事業に生きています。

　今年度、オリジナルのクラフトジンをつくりたいという企業をサポートする事業を始めました。これはメンバーの本業でつながりがある人から声がかかり、始めた事業です。自社の商品を使ってお酒をつくりたい、記念品として配りたいといった企業に対し、レシピの開発から、素材の仕入れ、蒸留所の紹介、ボトルのデザイン、販路の確保までをサポートしています。

　9月にサポート事業で初めて完成した商品「宇宙GIN」の販売が開始されました。宇宙飛行士の生活水の採水や処理、加工をする会社と一緒に開発した商品です。特徴のある水を使っていると話題になり、口コミで評判が広がっています。ほかにもいくつか進行中の案件があり、近いうちに販売開始できそうです。

　これからも副業の強みを生かし、クラフトジンが日本で一般的なお酒になるように頑張っていきます。

聞き手から

　クラフトビールの世界で最近注目されている「幽霊醸造所」。蒸留所ではほとんど見かけないが、47都道府県のクラフトジンをつくるという目標にぴったりだと、この形態を採用した。「各地にはジンの素材としてまだ使えるのに廃棄されている材料がたくさんある。地域の蒸留所と一緒にそうした素材を使ってオリジナルのクラフトジンをつくることで、少しでも地域の課題解決につなげたい」と語る山口さん。

　山口さんは新しい蒸留所ができたと知ると、全国どこでも駆けつけて、見学しながら代表者と交流を深めている。新しく蒸留所を立ち上げた人たちの熱意が、新しいレシピを開発するやる気の源だという。同社が次につくるのはどんなクラフトジンだろうか。47都道府県を制覇するときが楽しみだ。

（尾形　苑子）

医療現場にゆとりを

㈱OPERe
オ ペ リ

<開業者プロフィール>
澤田 優香（さわだ ゆうか）
　看護師としての勤務の後、病院経営コンサルティング会社に転職。2020年に㈱OPEReを創業。

〈企業概要〉

創　　業	2020年
資 本 金	950万円
従業者数	5人
事業内容	病院向けアプリケーションの開発・運用
所 在 地	東京都千代田区大手町1-6-1 大手町ビル Spaces 大手町
電話番号	050（3000）3150
Ｕ　Ｒ　Ｌ	https://www.opere.jp

　新型コロナウイルスの感染拡大の下で、多くの看護師は長時間労働を余儀なくされていた。医療現場の厳しさはコロナ禍にとどまらない。2025年には4人に1人が75歳以上という超高齢化社会になる。医師や看護師が不足するなか、医療を必要とする人が増えれば、対応できないケースが出てくるかもしれない。

　こうしたなか、澤田優香さんは医療機関のオペレーションにデジタルを取り入れて持続可能な病院づくりを支援したいと、㈱OPEReを立ち上げた。

患者との関係づくりを支える

――「ポケさぽ」というサービスを提供しているそうですね。

　ポケさぽは、通院や入院時の患者さんへの案内や定型的な連絡業務を、LINEを経由して自動で行うサービスです。

　例として入院時の流れを挙げると、患者さんにまず、LINEで病院を友達登録してもらいます。すると、入院時の持ち物リストや注意事項が送信されます。入院の日が近づくと、体調の確認や当日に持ってきてもらう書類のリマインド、入院手続きの手順を知らせるメッセージなどが届きます。患者さんからちょっとした疑問を病院にメッセージで送ることもできます。

　LINEを基盤にしているのは、看護師と患者さん双方の利便性を考えてのことです。多くの人が使い慣れているアプリなので、看護師がダウンロード方法や使い方の説明に時間をかけなくて済みます。患者さんも戸惑うことなくメッセージを送受信できます。

　導入している病院では約半数の患者さんが利用しています。患者さんのなかには高齢でスマートフォンを使うのが難しい人もいるので、付き添いの家族も自身のLINEに登録できるようにしています。

　デジタルツールを使うことに抵抗がある人もいますから、対面での案内も継続してもらっています。ただ、トータルでみた説明業務にかける時間は少なくなりますので、病院職員の負担を軽減することにつながっています。

――案内業務時間の短縮以外にどのようなメリットがありますか。

　入院や通院が決まると、患者さんは医師や看護師から治療の方針や入院生活の準備、注意事項などたくさんの情報を伝えられます。しかし、治療の不安で頭がいっぱいになっているときにすべての内容を確実に理解し覚えるのは難しいです。実際、わたしが看護師として働いていたとき、患者

通院前に体調確認やリマインドが届く

さんに口頭で説明して資料を渡しても、入院や検査の当日に忘れ物をしたり、書類に不備があったりする方が少なくありませんでした。

　普段使っている LINE に案内や連絡事項を送れば、患者さんは家に帰って落ち着いてから確認することができますし、家族にも共有しやすいです。タイミングを見計らって通知を送れば読み忘れも防げます。アニメーションやイラストを使って案内するため、わかりやすく伝えられる利点もあります。

　また、予約日時や持ち物のリマインドを送ることで、患者さんの準備をサポートし、検査や手術の日程を再調整するような事態を防ぐことを目指しています。患者さんはメッセージ機能を使えば、病院の担当者につながるまで電話口で長い時間待たされることなく、気軽に問い合わせができます。

　入院や長い通院生活をスムーズに始められるかどうかはその後の治療や看護に影響を与えます。入り口となる案内業務は、とても重要だと考えています。

——どういうことでしょうか。

　例えば、入院する部屋が個室か大部屋か、個室にする場合の追加料金、部屋の備品、貴重品の保管方法などについてしっかり伝えておかないと、

「聞いていた内容と違う」と患者さんとのトラブルの原因になりかねません。一度行き違いが起きてしまうと、病院に対する不信感から治療に協力してもらえなくなったり、看護師に対して厳しい態度をとったりする人もいます。そうならないように、当社では病院と患者さんの間でコミュニケーションを円滑に図るためのツールを提供し、両者の間の良好な関係づくりをサポートしています。

ポケさぽは、病院から初期導入費用と月額費用をもらって提供するサービスで、患者さんは無料で利用できます。2022年1月からサービスを提供し始めて、すでに30を超える病院で導入されています。

コロナ禍に対応したサービス

──2020年6月の創業から稼働まで1年半かかっていますね。

現在、当社のメインの事業はポケさぽですが、もともとは「ちょいリク」という別のサービスで創業しました。ポケさぽは、ちょいリクを運用するなかで開発したものです。

ちょいリクは、LINEを基盤にしている点はポケさぽと同じですが、コロナ患者を対象にした入院中のコミュニケーションに軸足を置いている点で異なります。

具体的には、コロナの患者さんが入院生活での困り事をメッセージで伝えたり、看護師が直接患者さんのところに確認に行かなくても体温や食事の量などを聞きとれたりするものです。

──ちょいリクの開発に至った経緯を教えてください。

ちょいリクも看護師時代の経験が生きています。当時、室温の変更や書類の書き方に関する質問など急ぎではない用事にまでナースコールを使う患者さんが少なくありませんでした。ナースコールが鳴るたびにほかの作業を中断せざるを得ず、どうにかならないものかと頭を悩ませていました。

　ところが、しばらくして患者さんの気持ちが理解できるようになります。コンサルティング会社に転職した後、入院することになったのです。そのときに初めて、自由に動けない患者さんが看護師に連絡をとる方法はナースコールしかないと気づきました。ちょっとした用事ではナースコールを使いにくく、不便を感じている患者さんもいるはず。ちょいリクを思いついた瞬間でした。患者さんは気軽に連絡ができるようになりますし、看護師は内容に応じて、優先順位を見極めることができます。

　同僚だった看護師にアイデアを話すと、ぜひ実現してほしいと応援してくれました。一方、相談に乗ってくれた投資会社やシステム開発会社の方からは、事業として成り立つのかと厳しい指摘もされました。それでも、患者さんと看護師の困り事を解決したいという思いもあり、簡単に引き下がれませんでした。知り合いの経営者に話を聞いてもらいながら、対象とする医療機関やサービスの内容、必要な費用などを整理して、アイデアを具体化していきました。

　そして、2019年に東京都のビジネスコンテストに応募すると、ありがたいことに優秀賞を獲得することができました。コンテストをきっかけに優秀なシステムエンジニアを紹介してもらい、開発に取りかかろうと動き出した矢先でした。大型クルーズ船で新型コロナウイルスの集団感染が発生したというニュースが飛び込んできたのです。

　市中にも感染が広がっていくなか、コロナ患者を受け入れる病院で勤務する知り合いの看護部長から「アプリを使わせてほしい」と連絡を受けました。感染を予防するため、看護師は患者の容体や体温の確認、換気などで部屋に出入りするたびに、防護服を着脱しなくてはいけません。患者数の急増も相まって、現場は過酷な状況にありました。力になりたいとの一心で、急ピッチでちょいリクの開発を進め、2020年6月に㈱OPEReを起業しました。

その後は、病院経営者にオンラインでアプローチしていきました。コロナの患者を多く受け入れている病院を中心に、引き合いは増えていきました。ただ、入院中の一般業務の効率化という観点では、ちょいリクに対するニーズはそこまで高くないと感じました。

サービスの領域を広げる

——それはなぜでしょうか。

　入院病棟では、入院患者数に対する看護師人数に応じて診療報酬が変わります。そのため、すでに人件費に相当な費用が発生しており、どれだけ多忙であってもITツールの導入費用まで工面できないというなかなか難しい現実がありました。

　一方、外来看護師の人数は入院病棟とは違って、診療報酬に大きく影響しません。最近では医療技術の進歩や制度改定により入院日数が短くなるなど、入院医療の外来化が進んでおり、外来は人手が不足しがちです。また、外来の業務は診療の補助のほかにも、検査や入院の案内、生活指導、予約管理など多岐にわたりますから、ITツールを用いることで効率化できる業務が多いと考えられます。

　さらにコロナ禍が落ち着いた後のことを考えると、多くの病院で使ってもらえるサービスが必要だと思い、外来向けのサービスとしてポケさぽを開発し、展開していくことにしました。

——ポケさぽを導入するまでの流れを教えてください。

　病院や診療科ごとに業務の進め方や必要とする機能が違います。それぞれに合ったオリジナルのシステムをつくるために、まずはわたしが看護師から定型的な説明内容、患者さんに特に強調して伝えたい点、業務の支障になっていることなどを細かく聞きとります。そのうえで、デジタル化する説明内容を提案し、シナリオを決めていきます。例えば、病室の様子を

わかりやすく示すために動画を撮影してシステムに組み込むこともあります。

　次に、シナリオをもとにシステムを設定します。開発はちょいリクを開発したときから協力してくれているエンジニアと一緒に取り組んでいます。アニメーションやイラストは基本的に社内でつくっていますが、内容に応じて、フリーランスのイラストレーターなどにも協力をお願いしています。それから、システムを病院関係者と試しながら修正して、完成させます。相談から2カ月ほどで導入できます。

　ポケさぽを導入した病院では、案内にかける時間が減った分、患者さんの疑問や不安の解消に時間を使えるようになって良好な関係を築きやすくなったと喜ばれています。新人の看護師が外来や入院の業務を理解し、患者さんへの案内の流れを学ぶための研修用資料として活用している病院もあります。

──今後について教えてください。

　新たなアプリを開発して利用者の裾野を広げていきたいです。例えば、患者さんに関する情報は現在、紙ベースで収集されることが多いですが、こうした情報の収集や病院内での共有にアプリを活用できないか、模索しています。

　既存のサービスも活用の場を広げていきたいと考えています。もともとちょいリクはコロナ禍の状況に合わせて開発したサービスでしたが、当初想定していなかった訪問看護の事業者から声をかけてもらうことが増えました。

　訪問看護師は患者さん一人ひとりの自宅を回って、看護業務を行います。移動中やほかの家を訪問している間に患者さんやその家族から電話があっても対応できませんが、ちょいリクがあれば体調や訪問のスケジュール、薬や点滴の要望などについて、それぞれ都合のよいタイミングで連絡したり確認したりすることができます。在宅でケアする家族は、日々の困

り事や不安をメッセージで送れることが安心につながるようです。在宅医療の利用者は増えており、ちょいリクはコロナ禍にとどまらないサービスだと感じています。

　これからも医療機関の業務のデジタル化を進めて、患者さんは快適に過ごせ、看護師をはじめ病院職員は十分に能力を発揮できる病院づくりをサポートしていきます。

聞き手から

　ポケさぽを通じて患者から届くメッセージは、依頼ばかりではない。入院中の親身な看護や励ましの言葉への感謝の気持ちをメッセージとして送る人が少なくないそうだ。面と向かって伝えるのは恥ずかしくても、普段使い慣れているメッセージアプリであれば正直な気持ちを表現しやすい。メッセージを受け取った看護師のモチベーションにもつながる。

　入院や検査の一般的な案内をポケさぽに任せれば、看護師は患者一人ひとりの不安を聞いたり疑問に答えたりと、寄り添うための時間を増やせる。デジタル化がもたらすのは業務の効率化だけではない。働きがいや安心といった人の気持ちが温まる機会も生み出せるのだと感じた。

（青木　遥）

日常を彩るゲームコーナー

㈱Stand up

＜開業者プロフィール＞
石井 友之（いしい ともゆき）
　家庭用・業務用ゲーム機器の開発・販売と、ゲームセンターの運営を手がける会社で店舗業務に従事し、エリアマネージャーを経験。業務用ゲーム機器の販売会社勤務を経て、2020年に㈱Stand upを設立。

〈企業概要〉
創　　業　2020年
資 本 金　300万円
従業者数　47人（うちパート・アルバイト40人）
事業内容　ゲームコーナーの運営・業務用ゲーム機器販売
所 在 地　千葉県市川市市川1-4-10 市川ビル10階
電話番号　047（712）6106
Ｕ Ｒ Ｌ　https://standup.bz

　2020年春、新型コロナウイルスの感染が拡大し、さまざまな業種が大きな打撃を受けた。ゲームセンターのような娯楽施設も、その一つである。平時は多くの人でにぎわう店舗から人の姿が消え、繁華街はひっそりと静まり返った。

　石井友之さんが、商業施設などにあるゲームコーナーを運営する㈱Stand upを立ち上げたのは、そうした厳しい状況の真っただ中だった。石井さんはどこに勝機を見いだし、どのようにして事業を育ててきたのだろうか。

子どもたちが楽しく遊べるように

——現在行っている事業の概要を教えてください。

　柱となっているのはゲームコーナーの運営です。ゲーム機を設置する業態を大別すると、繁華街に路面店を構えるものと、商業施設の一角で営業するものがあります。当社が手がけているのは後者です。本社のある千葉県を中心に、東京都、神奈川県、茨城県に出店しています。

　当社のゲームコーナーには、二つのタイプがあります。一つは、スーパーマーケットやショッピングセンターの区画を借りて、「nicomaru」というブランドで運営しているもので、11カ所に出店しています。そのうちスタッフが常駐している有人店舗は1カ所だけで、残りの10カ所は無人店舗です。有人店舗にはゲーム機を約300台置いていますが、無人店舗は数十台から100台と、比較的小規模です。もう一つのタイプは、ブランド名を掲げず、映画館やカラオケ店などの空きスペースに数台の機器を置くものです。これが約20カ所あります。

　業務用ゲーム機器にはさまざまな種類がありますが、当社が力を入れているのは、プライズゲームという、景品の獲得を目指して遊ぶゲーム機です。プライズとは、英語で景品という意味です。例えば、ぬいぐるみなどの景品をロボットアームでつかんで、取り出し口にもっていくゲームや、階段状に重なった動くステージにクレーンですくったお菓子を落とし、押し出されたものを獲得するゲームなどがあります。そのほかにも、小銭を入れてダイヤルを回すとおもちゃの入ったカプセルが出てくるカプセルトイ販売機や、電車や自動車といった乗り物を模した電動遊具などをそろえるようにしています。

——店づくりでは、どのような工夫をしているのですか。

　当社では、親と一緒に立ち寄る小学生以下の子どもたちを、メインの利用客と考えています。プライズゲームやカプセルトイ販売機、電動遊具を

商業施設を彩るゲームコーナー

中心に設置しているのは、複雑な操作を必要としないため、幼い子どもで
も遊びやすいからです。ティーンエージャーや大人を主なターゲットにし
た、サーキットでのレースを楽しんだり、ボタン操作で敵と戦ったりと
いった、複雑な操作が必要なゲーム機は、あまり多くは置いていません。

　プライズゲームの景品や、カプセルトイ販売機から出てくるおもちゃ
も、選び方に工夫を凝らしています。小学生以下の子どもといっても、男
の子と女の子では好きなおもちゃは違いますし、年齢によっても好みが変
わってきます。できる限り多くの子どもが満足できるよう、さまざまな
キャラクターのぬいぐるみや人形、自動車や飛行機の小さな模型、きらき
らした宝石のような指輪など、いろいろなタイプのおもちゃを用意してい
ます。

　また、流行の移り変わりにも敏感でなくてはなりません。そこで、SNS
で情報を集めたり、従業員の子どもが何を欲しがっているかを聞いたりし
ながら、子どもたちが喜んで選んでくれそうな新しい景品を追加するよう
にしています。

　そのほかに気をつけているのが、プライズゲームの景品を取りやすくす
ることです。景品そのものだけではなく、取ったときの喜びも、プライズ

ゲームで遊ぶ醍醐味だからです。そのため、景品の大きさや形に合わせて、幼い子どもでも景品を取ることができるようなセッティングを心がけています。

――無人店舗のメンテナンスや、万一トラブルがあったときの対応は、どうしているのですか。

　機械の点検や清掃、硬貨の回収、景品とカプセルの補充などは、スタッフが各店舗を訪れて、週に2、3回行っています。清潔で、景品切れのない、快適に遊べる環境を維持するためです。

　こうしたメンテナンスを行っているため、トラブルはそれほど多くはありません。ただ、まれに硬貨の詰まりや、景品が引っかかって出てこないといった事態が発生します。店舗には当社の電話番号を掲示しており、連絡が入るとスタッフが駆けつけます。協力が得られているテナントでは、入居先のスタッフに代わりに対応してもらうこともあります。スタッフの到着まで待ってもらえないときは、郵便で景品を送ります。最近では、暗証番号を入れると開く専用のロッカーを、一部の店舗に設置しました。お客さんに番号を伝えて、次の来店時に取り出してもらう仕組みです。

　小まめなメンテナンスや迅速なトラブル対応を可能にするために、店舗の場所は、本社がある千葉県市川市から60キロメートル圏内を目安に選んでいます。地域を限定することで一人のスタッフが複数の店舗を管理でき、人件費の抑制にもつながっています。

コロナ禍のなかでの創業

――創業までの経歴を教えてください。

　わたしは、当社を設立するまで約20年間、一貫してゲーム関連の世界に身を置いてきました。最初に入ったのは、家庭用・業務用ゲーム機器の開発・販売やゲームセンターの運営などを幅広く手がける会社でした。そこ

で店舗業務に従事し、やがてエリアマネージャーとして約30の店を統括するようになりました。

　ただ、その頃には、子どもの数が減少傾向にあったことや、家庭用ゲーム機が高性能になったことなどの影響で、経営不振に陥るゲームセンターが増えていました。そうした事情もあり、業務用ゲーム業界でも事業からの撤退や合併が相次いだのです。勤めていた会社も、事業の再編を行うことになりました。それをきっかけに、2015年に業務用ゲーム機器の販売を専門に手がける、従業員が数人の会社に転職したのです。

　転職後は、その会社を成長させたい一心で仕事に打ち込みました。そこで、ゲーム機器の営業を行う傍ら、ゲームコーナー事業を立ち上げたのです。慣れない店舗スタッフのために、機器の点検、景品の補充、清掃といった日々のオペレーションのマニュアルも整えていきました。さらには、当時はまだ珍しかった無人店舗の運営をスタートしました。人手が限られるなかでも、店舗数を増やせると考えたからです。

――なぜ退社して創業することになったのですか。

　ある事情で、ゲームコーナー事業から撤退した方がよいのではとの議論が社内で起こったのが、大きなきっかけとなりました。2019年の秋のことでした。その後すぐに、新型コロナウイルス感染症の流行が始まり、先行きへの不安が広がったことで、いよいよ撤退の準備を進めることになりました。

　それでも、わたしは自分で育てたゲームコーナー事業を何とか存続させる道がないかを模索しました。そして最終的には、経営陣に対し、ゲームコーナー事業を分社化して買い取ることを提案しました。いわゆるマネジメント・バイ・アウトのようなかたちです。もともと事業から撤退する方針になっていたこともあり、交渉は無事にまとまりました。

　こうして2020年7月、7カ所のゲームコーナーと5人の従業員を引き継ぎ、

当社はスタートしました。コロナ禍のもとで出された1回目の緊急事態宣言が解除されて、間もない時期でした。

ビジネスのリスクを見極める

——コロナ禍のなかで厳しい船出となったのではないですか。

　実は、そうでもありませんでした。なぜ、このタイミングで独立するのかという声もありましたが、わたしは勝算があると考えていました。

　背景には、2020年の初めに目にした状況がありました。都心にある大型のゲームセンターは、コロナ禍により人の流れが少なくなったことで、大きな打撃を受けました。外国人観光客がいなくなったこともそれに拍車をかけました。

　しかし、わたしが当時担当していたような小さなゲームコーナーは、あまり影響を受けていませんでした。なぜなら、入居先のスーパーマーケットやショッピングセンターでは、生活に必要なものを買い求める人々の往来が絶えなかったからです。また、ほかの娯楽施設が休業や営業時間の短縮を行ったり、消費者が人混みのある繁華街に行くのを避けるようになったりしたことで、自宅の近くにある遊び場を求めて、わたしが担当するゲームコーナーにやってくる人はむしろ増えたくらいでした。コロナ禍以前から外国人観光客はほとんど来ていなかったので、その減少の影響もありませんでした。

　創業してからは、コロナ禍で商業施設から撤退する店舗が出て、空いている区画が増えたことも、追い風となりました。その場所を埋めるために、ゲームコーナーを設置したいというスーパーマーケットやショッピングセンターが現れたのです。

　ゲームコーナーは暗い、治安が悪いといった先入観をもたれがちですが、当社のゲームコーナーは、幼い子どもをターゲットにしていることも

小型のクレーンゲームが数多く並ぶ

あって、明るい雰囲気で、親子連れが楽しそうに遊んでいます。nicomaru という看板を掲げた背景には、笑顔があふれるゲームコーナーとして貸主に覚えてもらいたいという意図もありました。

　出店した商業施設から、同じグループの別の店にも空きがあるので入ってもらえないかと打診されるケースも出てきました。いくつもの商業施設から声がかかり、店舗は創業から2年ほどで11カ所まで増えました。需要の減少で賃料が安くなったことも、追い風となりました。全店舗を合わせたゲーム機の設置台数は、創業当初の約500台から、今では約1,000台に倍増しました。従業員も、アルバイトを含めて10人ほどだったのが、50人近くにまで増えました。

　当社では、現在、業務用ゲーム機器の販売とレンタルも手がけています。売り上げは順調に伸びており、多い月には、ゲームコーナーの運営に肩を並べるほどにまで成長しています。

――今後はどのように事業を展開しようと考えていますか。

　ゲームコーナーの運営は、無人のものを中心に、100カ所まで拡大するのが目標です。他方で、将来的には売り上げの半分をゲーム関連事業以外で稼げるようにしたいと考えています。

　その理由は、前々職での東日本大震災の経験にあります。震災後、自粛ムードが広がり、ゲームセンターで遊ぶ人が一気に減りました。さらに打撃となったのが、計画停電です。電気がなければ、ゲーム機器は動きません。暗くなった人けのない店内の光景を、今も鮮明に覚えています。そのとき、ゲーム関連事業が災害にどれほど弱いのかを痛感したのです。

　幸いなことに、コロナ禍では当社は痛手を負わずに済みました。しかし、また新たな災害が発生したときには、どうなるかわかりません。ショックに強い会社にするために、新しい事業の可能性について、現在、検討を進めているところです。

聞き手から

　石井さんが事業を拡大できた要因の一つは、コロナ禍によって大きなダメージを受けたゲームコーナーでも、立地を選べばチャンスがあると冷静に見極めたことにある。創業までの20年間の経験を通して業界を深く理解していたからこそ、それが可能になった。

　もう一つの要因は、出店地域を限定したうえで、ターゲットを幼い子どもに絞り、楽しく遊べる無人店舗を展開したことだ。これが、限られた人員と店舗スペースを最大限に活用することにつながった。石井さんが磨いてきたビジネスモデルはコロナ禍の逆境をも跳ね返し、子どもたちの日常にゲームという彩りを届け続けている。　　　　　　　　　　（星田　佳祐）

公務員経験を生かしてドローンの普及を後押し

クローバードローン

＜開業者プロフィール＞
野澤　成裕（のざわ　なりひろ）
　愛知県出身。岡崎市役所に就職し、商工労政課や市民協働推進課などで、20年間勤務。2017年に、岡崎市内でドローンの利用を広める団体を設立。2021年に市役所を退職し、クローバードローンを創業。同年、まほぴよ行政書士事務所を開所。

〈企業概要〉
創　　業	2021年
従業者数	1人
事業内容	ドローンインストラクター、セミナー講師、行政書士など
所 在 地	愛知県岡崎市桜形町八ツ田17-2
電話番号	090（4117）6929

　近年、ドローンの存在感が増している。主に空中撮影や測量、点検、山林調査、農薬散布などで利用されているが、コロナ禍には消毒液の散布や検査キットの運搬などを非接触で行うツールとしても注目された。以前から実証実験が進んでいるドローンを使った配送業務も、2022年の航空法の改正によって実用化が近づいている。

　ドローンの用途が拡大するなかで、企業や農家、自治体のドローン利用をサポートしているのが、「クローバードローン」の野澤成裕さんである。

ドローンの利用を多角的に支援

──事業概要を教えてください。

　ドローンのインストラクター、パイロット、そして行政書士として活動しています。

　売り上げの約半分を占めるのがインストラクター業務です。愛知県や岐阜県などでドローンスクールを展開する㈱DSAと提携して一般社団法人ドローン操縦士協会公認インストラクターをしています。その一環として、愛知県岡崎市の依頼で操縦体験会も行っています。これまで1,000人以上にドローンの操縦を体験してもらいました。

　ドローンスクールでは基本飛行や旋回、カメラ撮影、農薬散布などの操縦技術を指導しています。これまで60人以上の民間資格の取得を支援してきました。

　わたし自身もドローンパイロットとして、空中撮影を行っています。企業のPR動画や小学校の創立記念行事の動画などです。花火大会やジャズコンサートを生中継したこともあります。撮影以外ですと、ドローンを使って田畑に農薬を散布する仕事が増えてきています。

　行政書士としては、ドローンの飛行に関する各種手続きの代行やリーガルチェックが得意です。操縦体験付きのセミナーを行ったり、企業のドローンの導入についてサポートしたりしています。

　個人事業主として今年で3年目を迎えました。一つ一つの事業は大きくありませんが、昨年の年商が公務員時代の給与収入に並びました。岡崎市を中心にドローンの普及に向けて、日々奮闘しています。

──まずはドローンについて教えていただけますか。

　ドローンとは、遠隔操縦や自動操縦ができる、操縦者が乗らない無人航空機です。複数のプロペラがあるマルチコプターが一般的で、ヘリコプ

ドローンによる農薬散布の様子

ターに比べて、安定感があり小回りが利きやすいといわれています。

　風景の撮影のほか、建設現場の測量、橋梁や太陽光パネルなどの点検、山林調査、被災地での捜索など、目視が難しい場所を確認するときにも重宝されています。農薬散布や、苗木の運搬に利用することもあります。物流分野でも実用化に向けた取り組みが進んでいます。民間企業の調査によると、国内のドローンの市場規模は2022年度に3,086億円、2028年度には9,340億円に達するそうです。

　ドローンは航空法の規制を受けています。以前は200グラム以上の機体が対象でしたが、規制対象外の機体が普及し、事故や法令違反が増加したため、2022年6月に対象が100グラム以上になりました。150メートル以上の高さの空域や空港周辺、人口集中地区などでの無許可の飛行が禁止されています。

　また、夜間飛行や目視できない範囲の飛行、危険物の輸送や物の投下なども航空局の許可承認が必要です。2021年度の許可承認の申請件数は7万5,049件と、5年前に比べて約5.5倍に増えています。

　航空法以外の規制もあります。小型無人機等飛行禁止法では国会議事堂など重要施設周辺などでの飛行を禁止しています。民法では飛行する土地

の所有者の同意が必要ですし、自治体の条例で飛行を禁止している場所もあります。例えば、岡崎市都市公園条例では公園内での無許可の飛行を禁止しています。ほかにも電波法や道路交通法など、ドローンは複数の法令の対象になっています。

——簡単には飛ばせないのですね。

はい。飛行に必要な手続きを説明すると、まず、飛行させるドローンの機体登録が必要です。所有者や使用者氏名、住所、機体の情報などを国土交通省に届け出て、登録記号をもらいます。自動車のナンバーのイメージでしょうか。

次に、飛行場所や条件が航空法の規制対象になっているかを確認し、航空局に必要な飛行許可の申請を行います。人口集中地区での飛行や第三者及び第三者の物件から30メートル未満の飛行は自宅の庭でも許可承認を受けなければなりません。

申請はオンラインで行えますが、飛行予定日の10開庁日前までに申請が必要です。申請内容に修正を求められることも多いので、早めに動かなければなりません。特に人が集まるイベントでの撮影は、詳細な資料が必要で、手間がかかります。

このほか、飛行計画を事前にシステム上で入力する必要もあります。許可承認書の番号や保険情報など複数の項目があるので、時間に余裕をもって入力することが大切です。

飛行日誌の作成も義務になっています。当日の飛行情報や日常点検、安全点検、整備の結果を記録します。登録忘れや入力漏れは法令に抵触します。趣味で飛ばす際も必要です。

ドローンを1回飛ばすだけでも、これだけの手続きが必要になります。行政書士としてこれらを代行できる点が、当社の強みです。岡崎市役所に20年間勤めていたので、行政機関への確認や各種規制を調べて必要な手続

きを行うことには慣れています。

　ドローンの導入を考えている企業へのサポートを例にすると、内容や頻度により企業は外部に委託するべきか、それとも自社でパイロットを育てるべきか検討します。当社にご相談いただければ、業務を受託することもできますし、インストラクターとしてパイロットを育成することもできます。導入が決まった後のドローンを飛行させるための手続きも当社がサポートします。

　操縦技術を教えるスクールや、手続きを代行する行政書士はほかにもいますが、両方をこなし、検討段階から実際にビジネスに落とし込むところまで支援できる企業は限られていると思います。

手続きにチャンスを見いだす

――公務員の次のキャリアとして創業を選んだ経緯を聞かせてください。

　人事課に退職して創業することを伝えたところ「本当に辞めてしまうのか。係長職までの20年は1日でできないぞ」と驚かれました。ただ、わたしは商工労政課などで民間の企業と仕事する機会が多かったこともあって、行政以外のかたちで地域に貢献してみたいと思っていました。父との死別を機に将来を考え直した時期でもありました。

　市役所での仕事で印象に残っているのは、空き店舗が目立つ中心市街地の活性化を考える仕事です。住民や企業と意見を交わしながら施策を検討し、最終的に同僚と空き店舗を借りてコミュニティスペース「ここやる」を立ち上げました。運営は大変でしたが、延べ7,000人以上が利用してくれたのは良い思い出です。

　行政だけで地域活性化を推進することは難しく、地元の企業や住民と一体にならないとうまくいきません。市役所に信頼できる仲間が育ってきたこともあり、わたしは創業して民間の立場から地域を支えていく道を選ぶことにしました。

岡崎市は創業支援に力を注いでおり、全国初の創業支援事業計画の認定を受けています。商工労政課時代に、岡崎ビジネスサポートセンターの創設に携わっていたので、わたし自身、創業を身近に感じていました。

――ドローンに注目したのはなぜですか。

わたしは㈱DSAのスクールの受講生でした。趣味として飛行技術を磨くうちに、パイロット仲間とともに2017年に「Teamドローン岡崎」という団体を設立しました。消防団の訓練を撮影したり、水難事故の捜索活動を手伝ったりしていました。農薬散布を手伝うようになったのもこの頃からです。ボランティア活動を通じて、ドローンの用途の多さと便利さを改めて感じました。

他方で、飛行に必要な手続きが多く、法律や条例の改正などをキャッチアップしていくのが大変だとわかりました。わたしは職業柄、法律などに触れる機会が多かったので、それを生かすことができるかもしれないと思いました。

同じ時期に㈱DSAからスクールを手伝ってほしいと言われ、農家からも技術を見込まれ仕事としての依頼がありました。ニーズが着実に増えていると感じたわたしは、手続きの代行サービスと一緒に提供すれば、事業として成り立つと考えたのです。

――行政書士の資格が役に立つわけですね。

市役所での勤続年数が17年を過ぎたので、行政書士法の特認制度で行政書士の資格を取得しました。インストラクターとパイロットの仕事に行政書士のサービスを組み合わせることで競合と差別化できると思いました。

事業計画を策定する際は、岡崎ビジネスサポートセンターに相談しました。充実した支援メニューが起業家の背中を押してくれることを実感しました。策定した計画が評価され、日本政策金融公庫から融資を受けることもできました。

ドローンの操縦を指導する野澤さん

　正直、新型コロナウイルス感染症の拡大の最中で、仕事を獲得できるか不安はありました。そこで、自宅を営業所にして開業費用を抑えつつ、融資を活用して退職金などはできるだけ手元に残すことにしました。こうして2021年4月に創業しました。

市場の拡大を見据えて

――実際に開業して、どうでしたか。

　最初の1年は売り上げを確保できず苦労しました。コロナ禍の真っただ中でしたからね。

　ただ、地道に続けるうちに、徐々に仕事が増えていきました。企業や自治体から声がかかるようになってきたのです。特にイベントでの空中撮影の依頼は増加傾向にありますし、農薬散布の仕事も広がっています。農家から評判で、今後も伸びしろがあると考えています。

――行政書士として活躍する場面も増えているようですね。

　ドローンの導入を検討する企業からの相談が増えています。リーガルチェックのほか、特に建築業者から点検でドローンを飛ばす際の手続きを頼まれることが多くなっています。

　2022年12月に国家資格である操縦者技能証明制度が創設されたことも追い風といえます。資格取得者に限って、レベル4といわれる有人地域で補助者無し、目視外の飛行ができるようになりました。今後、資格取得者が増え、ドローンが広がっていくでしょう。安全に活用が進むとよいですね。

――パイロットが増えると、野澤さんの競合になりませんか。

　最近はスクールの受講生などドローンで事業をしたい人に帯同してもらい、仕事を手伝ってもらうことも多いですから、わたしの考えや技術を理解して正しく扱えるパイロットの増加は、むしろ歓迎です。成長産業とはいえ、ドローン業界で生計を立てる難しさは、身をもって知っています。仕事をシェアし、後進を育てることも、大事な役目と思っています。

　そして、岡崎市内でも過疎化が進む中山間地域に市場の盛り上がりをうまく還元していきたいです。そのためには、官民一体となった取り組みが必要だと考えています。両者をよく知るわたしにできることがあるはずです。これからもドローンを通して、地元に貢献していきます。

聞き手から

　単体では差別化しにくい事業も、複数のサービスを組み合わせることで独自のポジションを確立できることがある。野澤さんの場合は、ドローンのインストラクター、パイロット、行政書士の三つを組み合わせて、ビジネスチャンスをつかんだ。ドローンの利用者が増加していけば、野澤さんの出番はますます増えていくだろう。

　取材の終わりに、事業を始めて良かったことは何ですかと尋ねると「勤務していた時は結局『市役所の人』としか認識されていなかった。今は『野澤さん』と声をかけられ、地元の一員になれた気がしている」と教えてくれた。野澤さんにとって創業は、収入を得る手段であるとともに、自分らしさを表現する舞台でもあるようだ。　　　　　　（長沼　大海）

地域の頼れるキッチンカーメーカー

オートモービル　ストア　アニュ
Automobile store Anu

＜開業者プロフィール＞
斎藤 なつみ（さいとう なつみ）
　学童保育施設とスポーツバーで勤務したのち、自動車販売店に転職。営業や広報、経理の仕事を経験し、同僚と2021年に Automobile store Anuを創業。

〈企業概要〉

創　　業	2021年
従業者数	2人
事業内容	キッチンカーの製造・販売ほか
所 在 地	福島県福島市二子塚針下駄75-2
電話番号	024（563）3393
Ｕ Ｒ Ｌ	https://ams-anu.com

　イベント会場や商業施設の広場でキッチンカーをよく見かけるようになった。流しやコンロ、冷蔵庫がコンパクトに配置された車の中で、店主が手際良く調理し、出来たてを渡してくれる。

　一見する限りはどのキッチンカーも似たつくりだが、「Automobile store Anu」の斎藤なつみさんによれば、内部は比較的自由にカスタマイズできるそうだ。詳しい話をうかがった。

キッチンカーをオーダーメードで

――キッチンカーは皆似たような仕様だと思っていました。

　唐揚げや焼きそば、クレープなど、提供する料理によって必要な調理器具や冷蔵設備は変わります。さらに、調理する人によって使いやすい調理器具の高さや配置は異なります。当社では一人ひとりに合わせてキッチンカーをつくっています。

　お客さんは、福島県内の人が中心で、女性がやや多いです。また、キッチンカーの製造のほか、自動車の整備や車検も受け付けています。

――なぜこの事業を始めようと思ったのでしょうか。

　創業前に勤務していた自動車販売店でもキッチンカーの注文を受けていました。ただ、納期を短くするために、換気扇の位置や機材の配置など大方の仕様を固定していました。

　キッチンカーは、車両検査と飲食店の営業許可の二つをクリアしなくてはいけません。機材の配置は完全に自由ではないので、それぞれのルールを踏まえながら、お客さんと一つ一つ決めていくのは時間がかかります。また、お客さんの要望に合わせた機材をそろえようとすると、仕入れに何週間もかかり、なかなか売り上げがたたないことも少なくありません。勤務していた会社のメインの事業は自動車の販売ですので、キッチンカーを個別に対応してつくるのは難しかったのです。

　ただ、キッチンカーであっても、オーナーになる人にとっては大切なお店であることに違いはありません。こだわってつくりたい人が少なくないのではと感じていました。そこで、勤務先を辞め、創業に向けて準備をしました。

――どのように準備を進めたのですか。

　同じ頃に勤務先を辞めた同僚に声をかけました。整備の知識が豊富な彼は、一緒に事業を始めるうえで心強い仲間です。それだけでなく、経営者

になることに不安を感じていたわたしに、営業も広報も経理も経験してきたのだから自信をもってと背中を押してくれました。今は、彼がキッチンカーの製造をメインで担ってくれています。

　開業資金は金融機関から融資を受けました。相談の際には、事業計画書のつくり方や補助金について教えてもらうこともできました。創業塾にも参加して、事業経営に必要な知識を身につけました。

　事業所は福島駅から車で15分ほどの場所にしました。ちょうど、自動車の整備工場を営んでいた男性が引退することになり、勤務時代の知人の紹介で、事務所と工場を借りることができたのです。事務所のリフォームは自分たちで行い、必要な設備や工具は中古で購入して、創業にかかる費用を抑えました。

　2021年8月に Automobile store Anu をオープンしました。コロナ禍での創業でしたが、車の整備や車検で収入を得ながら、キッチンカーの販売体制を整えていこうと考えていたので大きな不安はありませんでした。

挑戦する人たちをサポート

――キッチンカーはどのようにつくるのでしょうか。

　まず、お客さんと話し合って予算と車のサイズを決めます。キッチンカー1台当たりの価格は、軽トラックの場合は250万円から、1.5トントラックの場合は350万円からです。ベースにする車両は、価格を抑えるために中古車を使うことが多いです。お客さんが希望する年式や走行距離などの条件と予算を考え併せて、オークションで買い付けます。

　次に、提供する商品の調理に使う機材をリストアップしたうえで、飲食店の営業許可を取得するための要件を備えたものを選びます。例えば、水道の蛇口は非接触のものにする、窓は開閉できる仕様にする、火器を使う場合は換気扇を取りつけるといった要件があります。自治体ごとに細かな

ルールが違うこともありますし、複数の地域で営業するには原則、それぞれの市区町村で飲食店の営業許可を取らなくてはいけません。そのため、営業を予定している地域を聞いて、仕様や機材を決めています。

　予算もスペースも限られるなかで、できるだけお客さんの希望をかなえられるように、こちらから提案をすることもあります。例えば、調理台の下に冷蔵・冷凍庫を配したコールドテーブルは、省スペースになるので人気がありますが、高価です。冷凍庫をあまり使わないのであれば、冷蔵機能のみのコールドテーブルを検討するよう勧めています。

　仕様が決まったら、車を改造していきます。注文から完成までは機材の納期によって変わりますが、2、3カ月ほどです。

――最近、よくキッチンカーを見かけます。ニーズは高まっているのでしょうか。

　コロナ禍がきっかけの一つになったようです。当社のお客さんのなかにも、コロナ禍で廃業した飲食店の元オーナーがいました。店を再開するのは難しいけれど、もう一度自分のつくった料理を楽しんでもらいたいと、勤務の傍ら休日にキッチンカーで営業を始めたのです。

　キッチンカーは、店を構えるのに比べて費用を抑えやすく、家賃のような固定費の負担も少なく済みます。開業の選択肢を広げ、経営の再チャレンジを後押しする場にもなっているのではないでしょうか。

　ほかにも、経営する飲食店のテナント契約の期限が迫るなか、新たな出店場所が見つからずに困っていた人が、キッチンカーを注文してくれたこともあります。キッチンカーには場所や契約期間にとらわれることなく営業できるメリットもあるといえます。

　お客さんのなかには、飲食店を経営するのは初めてという人も少なくありません。なかには、何を売るかを決めずに何でも調理できるキッチンカーをつくってほしいと注文する人もいます。しかし、提供するものに

JANKY STANDにファンがつく

よって必要な調理器具や機材が変わるので、すべてのジャンルに対応するのは費用面でもスペース面でも無理があります。

　お客さんには長く事業を続けてもらい、イベントでの出店を通じて地域を活気づけてほしいと思っています。ですから、販売する商品や出店場所が決まっていない場合は、無理のない計画を一緒に練り、キッチンカーの仕様を決めています。

自らもキッチンカーを営業

——飲食業の経験がない人も安心して相談できますね。きめ細かな提案ができるのはなぜでしょうか。

　わたしたち自身がキッチンカーを出店しているからです。夏はほぼ毎週末、福島市内を中心に朝市やスポーツイベント、道の駅などに「JANKY STAND」という店を出しています。お客さんへの情報提供のための市場調査と、当社の宣伝を兼ねて始めました。

　JANKY STANDでは「カロリーが高いほどおいしい」をコンセプトに、たこ焼きや唐揚げ、ワッフルのほか、タコスとハンバーガーをミックスしたオリジナル商品「タコバーガー」など、あえて幅広いラインアップを展

開しています。イベントごとに客層が異なり、人気の集まる商品も変わるので、それぞれの特徴を知ることができます。

また、さまざまな調理器具を試すので、性能や使い勝手などの情報を蓄積する手段にもなっています。例えば、真夏に出店したイベントで唐揚げを販売した際は、キッチンカーの中の猛烈な暑さを身をもって知りました。フライヤーによっては調理場の温度が上がりにくくなるものがあるので、揚げ物を中心にしたキッチンカーを検討している人への提案に生かしています。

JANKY STANDを目当てにイベントに来てくれるファンも増えました。イベントごとに新しいお客さんとの出会いがあり、それが一つの場所にとらわれないキッチンカーの醍醐味だと感じています。

同じイベントに出店していた高齢の夫婦がJANKY STANDの看板を見て、自分たちの店の看板やメニュー表をつくってほしいと声をかけてくれたこともありました。インターネット上のデザインツールを使ってわたしが自作したものでしたが、大きな費用をかけずに明るい雰囲気になったと喜ばれました。

――イベントの出店者とも交流があるのですね。

そのとおりです。キッチンカーをもたずに出店している方もいるので、積極的にあいさつをして回ることを心がけています。話をしてみると、キッチンカーに関心はあるものの、どこに注文したらよいのか、どのような仕様にすればよいのかわからないという人が少なくありません。わたしたちが、一人ひとりに合わせてキッチンカーを設計しているという話を聞いて、購入を決めてくれる人もいます。店舗が地元にあっていつでも相談できるという安心感も、当社に注文する際の決め手になっているようです。

――今後の展望について教えてください。

キッチンカー以外の移動販売車もつくっていきたいです。費用を抑えて事業を始められ、立地に左右されずに多くの人が集まる場所に出店できる

スクールバスをキッチンカーに

メリットは、飲食店以外にも当てはまるはずです。

　ただ、イベントで出店されているものを見ると、飲食以外の商品やサービスはそれほど多くありません。目にする機会が増えれば、関心をもつ人は増えるのではないかと思いました。

　そこで、「mignon」という子ども服の移動販売を始めました。子ども服にしたのは、わたしが子育てをしているなかで、周辺に子ども服の販売店が少なく、手頃な値段で海外から輸入したかわいい服を買える場所が欲しいと感じていたからです。JANKY STANDと同じ車両を使い、大きな費用をかけずに始めました。子ども向けのイベントなど出店の場が広がっています。

　さらに、当社の事業や移動販売車の魅力を広く知ってもらおうと、県内のビジネスプランコンテストに参加しました。うれしいことに特別賞をいただき、地元の新聞やラジオなどでその様子が紹介されました。JANKY STANDや mignonの出店、コンテストへの参加を通じて、地域の皆さんの目に触れる機会が増え、注文が切れ目なく入ってくるようになりました。

　2023年の夏にはJANKY STANDのキッチンカーをリニューアルしました。もともと1.5トントラックを使っていたのですが、思い切ってアメリ

カのスクールバスを購入し、キッチンカーに改造しました。黄色く大きな車体は、トラックでつくったキッチンカーが多いなかでお客さんの目をひきます。移動販売車にはトラックのほかにも選択肢があり、設計の自由度が高いことを伝えられるので、当社の大きな看板になっています。

　これからも移動販売を始める人たちのサポートを続けて、地域を盛り上げていきたいです。

聞き手から

　取材中、Automobile store Anuに来店した夫婦がいた。キッチンカーで創業するための融資が決まり、その足で報告しに来たそうだ。夫婦と一緒に喜びを分かち合う斎藤さんを見て、心強い伴走者なのだと感じた。

　キッチンカーの注文が増え、忙しくなるなかでも斎藤さんはJANKY STANDやmignonの出店を続けている。お客さんとの出会いが楽しいからやめたくないそうだ。イベントの情報や移動販売のノウハウを蓄積したり、出店者同士のつながりをつくったりすることで競争力は一層高まっていくだろう。移動販売車を通じて、地域を元気にする斎藤さんの活躍が楽しみである。　　　　　　　　　　　　　　　　　　　　　　（青木　遥）

（日本政策金融公庫調査月報　2024年1月号掲載）

ヴィーガン生活のインフラをつくる

㈱ブイクック

<開業者プロフィール>
工藤 柊（くどう しゅう）
　大阪府出身。動物倫理と環境問題を
理由に、高校3年生でヴィーガン生活
を開始。神戸大学在学中の2020年4月
に㈱ブイクックを創業。

〈企業概要〉
創　　業　2020年
資 本 金　2,567万円
従業者数　6人
事業内容　ヴィーガン料理レシピ投稿サイト・ヴィーガン商品専門ネットスーパーの運営
所 在 地　兵庫県神戸市中央区磯上通4-1-14 三宮スカイビル7F
Ｕ Ｒ Ｌ　https://vcook.co.jp

　近年、ヴィーガンという言葉を聞く機会が増えた。日本語
では完全菜食主義と呼ばれ、肉類だけでなく卵や乳製品など
の動物性食品を避けた食生活や、そうした食生活を取り入れ
ている人のことを意味している。

　動物倫理、環境保護、健康増進などの理由から、ヴィーガン
生活を始める人は増えてきている。その一人である工藤柊さん
は、誰もがヴィーガンを選択できる社会をつくるため、大学
在学中にヴィーガンをサポートする会社を設立した。

自身が感じた課題を事業で解決

――事業内容を教えてください。

　肉類や乳製品のような動物性食品を食べないヴィーガン生活を支える、三つのサービスを提供しています。

　一つ目は、ヴィーガン料理レシピ投稿サイトの「ブイクック」です。豆腐でつくるチーズケーキや、卵を使わないマヨネーズなど、これまでにレシピは5,500件以上投稿され、月間利用者は約20万人に上ります。

　二つ目は、ヴィーガン商品専門ネットスーパーの「ブイクックスーパー」です。代替肉、パン、スイーツなど、300種類以上のヴィーガン商品を取り扱っており、特に大豆ミートが人気です。

　三つ目は、ヴィーガン総菜サブスクリプションの「ブイクックデリ」です。代替肉を使った酢豚やしょうが焼きなど、10種類以上の冷凍総菜を定期的に配送しています。製造は他社に委託しながら、利用者からのフィードバックをもとにメニューを増やしていく予定です。

――利用者はどのような方が多いのでしょうか。

　幅広い年齢層の方に利用いただいています。利用者は完全にヴィーガンとして暮らしている人ばかりではなく、例えば週に1〜2回ぐらいのペースで、無理のない範囲でヴィーガン生活を取り入れている人も多いようです。

　残念ながら日本では、ヴィーガン生活を始めたくても環境的に難しいのが現状です。ヴィーガン商品は年々増えつつありますが、一般的なスーパーマーケットではあまり売っておらず、なかなか手に入りません。また、植物性の材料だけを使った食品を手に入れようとしても、和風だしやコンソメなど動物性の原材料が含まれていることが多く、それらを完全に避けて食品を購入するのは難しいのです。こうした悩みを抱える人が、当社のサービスの利用者となっています。

レシピが日々投稿されている「ブイクック」

――どういった理由でヴィーガン生活を始めたのですか。

　高校3年生の頃、車にひかれた猫を見て強いショックを受けたのがきっかけです。やりきれない気持ちになり、家に帰ってすぐ、交通事故で亡くなる猫がどのくらいいるのかパソコンで検索しました。調べているうちに、毎年多くの猫が殺処分されていること、そして、それとは桁違いの数の豚や牛が食用として殺されていることを知りました。

　もともと環境問題に関心があったので、畜産業が環境に負荷を与えていることは認識していました。そのうえ、人間が多くの動物の命を奪っているという事実を認識し、果たしてこのままでよいのだろうかと思うようになりました。高校生の立場でできることはないかと考え、ヴィーガン生活を始めたのです。

　ただ、最初の数週間は何を食べてよいのかわからず、おにぎりとゆでた野菜ばかりを食べていました。家族の協力で、少しずつメニューの種類は増えていきましたが、ヴィーガンとして生きる大変さをいきなり実感しました。

――当事者として感じた課題が現在の事業につながっているのですね。

　大学に入ってからは、ヴィーガンが暮らしやすい環境をつくるため、学食でヴィーガンメニューを導入する活動を行いました。ですが、1年かけ

て取り組んでも、一つの大学の一つの食堂でメニューが少し増えただけで、自分一人でできることには限界があると思い知りました。

そこで、同じ思いをもつ人と組織をつくり、活動を加速させようと考えたのです。そのために、クラウドファンディングで資金を集め、日本各地を巡って活動に賛同してくれる人を募りました。そして2018年にNPO法人を立ち上げ、料理教室をはじめとするイベントの開催や、ヴィーガンのコミュニティづくりなどを行ったのです。

㈱ブイクックを創業するきっかけになったのは、NPO法人での活動のなかで、2019年にレシピ投稿サイトを開発したことです。仲間に使ってもらい、感想を聞いたところ、評判は上々でした。このサービスを本格的に事業化すれば、ヴィーガンが抱えている大きな課題を解決できるのではと考え、NPO法人から事業を引き継ぎ、会社を立ち上げることを決意したのです。

――コロナ禍の下での創業となりましたが、影響はありましたか。

2020年は東京オリンピックが開催される予定だったので、創業準備の段階ではインバウンド需要を取り込めるようなサービスも展開しようと思っていました。海外から来るヴィーガンのために、ヴィーガンメニューを導入する飲食店のサポートをしようと考えたのです。

しかし、創業直前に東京オリンピックの延期が決まり、創業して1週間も経たないうちに各地で緊急事態宣言が発令されました。外国人観光客がいなくなったことで、事業の方向性を再考せざるを得なくなったのです。

外出すら制限されるなか、時間だけはあったので、事業を通じて実現したいことは何なのかを改めて考えました。そうして、まずは日本に住むヴィーガンに必要なサービスを提供することが自分たちのミッションであると、軸足を固めたのです。結果として、進むべき道が真っすぐに定まったように思います。

「ブイクックデリ」の総菜

人とのつながりを力に

――大学在学中の創業ということで、苦労したことはありますか。

　とにかく知識と経験が不足していました。ヴィーガンカフェの店長として働いた経験はあったのですが、会社勤めをしたことはなかったので、従業員管理や経理といった企業経営の基礎がまったくわからなかったのです。

　そこで、知人が経営するIT関連の会社で2週間ほどインターンとして働き、経営の基本を勉強させてもらいました。プロダクト開発に強いところだったこともあり、このときの経験がブイクックスーパーやブイクックデリの開発をする際にも生きています。

　一方、若くして創業したことで、周囲の人から気にかけてもらえた面もあったと思います。創業前に各地を巡って仲間を集めたことや、SNSでヴィーガン同士のコミュニティをつくっていたことで、知識と経験の豊富な経営者や会社員の方々とのつながりが生まれ、多くのアドバイスをいただきました。彼らの知恵を借り、組織体制、評価制度、プロジェクトの進め方など、現在の当社の骨格を組み上げていったのです。

——サービスの開発はどのように行っているのですか。

　新しいサービスを始めるときは、まずは最小限の機能でリリースし、問題点があればその都度改良するようにしています。

　例えばブイクックスーパーは、2021年10月に開始した時点では、出店したメーカーへの注文を当社が仲介し、それぞれのメーカーが商品を発送するというモール型のECサイトでした。在庫を抱える必要がなく、運営の負担が軽いため、このスタイルを選んだのです。しかし、始めてみると思うように売り上げが伸びません。原因を調べたところ、メーカーごとに送料がかかってしまうため、複数の商品を買いにくいと感じる利用者が多かったことがわかったのです。

　これを改善するため、2022年9月に、当社がメーカーから商品を仕入れ、それを利用者へ販売する小売型ECへと切り替えました。すると、まとめ買いをする利用者が多くなり、1回の注文当たりの平均購入商品数は約5倍になりました。在庫をもち、梱包や発送も行うため、業務量は増えましたが、ビジネスとして継続していける状態になったのです。

——仮説と検証を繰り返しながらサービスの完成度を高めているのですね。

　それだけでなく、どの分野にどれだけ注力するかの取捨選択も重視しています。

　実は、ヴィーガン総菜を定期配送するブイクックデリのサービスは、2021年3月の提供開始から1年ほどでいったん休止しています。需要は十分にあったのですが、当時はまだスタッフが少なく、体制が整わない状態で複数のサービスを同時に進めてしまうと、結局すべてが中途半端になってしまうリスクがあったからです。ひとまずはより多くのヴィーガンにアプローチできるブイクックスーパーに注力し、事業を成長させようと考えました。

　結局は、この判断が功を奏しました。ブイクックスーパーの売り上げが

順調に伸びたことで、当社の対外的な評価が高まったのです。そのおかげで、2023年1月に個人投資家やベンチャーキャピタルなどから資金を調達することができました。

　スタッフも少しずつ増えてきたため、2023年3月にはブイクックデリを再開しました。レシピサイトやECサイトだけだと他社も比較的まねしやすいので、独自に開発した総菜を提供するブイクックデリは、差別化を図るうえでこれから重要になるサービスだと考えています。

「Hello Vegan!」な社会を目指して

――事業拡大に向け、組織づくりが重要になってきますね。

　現時点で従業者は6人ですが、副業やフリーランスなど、ほかの仕事と兼ねるかたちで参画してもらっている方が20人ほどいます。スタッフは、当社のサービスを利用したり、わたしとSNSで交流したりするなかで、自分も何か協力できないかと手をあげてくれた人がほとんどです。そのため、半分以上がヴィーガンであるか、ヴィーガンに近い食生活を送っています。サービスの利用者が抱える課題を当事者として理解できる人がそろっているのも、当社の強みとなっています。

　採用時に大事にしているのは、ミッションやカルチャーを共有できるかという点です。入社後のミスマッチを防ぐため、当社で仕事をするに当たって事前に知ってほしいことをまとめてホームページで公開しています。条件を満たし、そのうえでスキルが高いという人は限られるので、スタッフを増やすのは正直大変です。ただ、その分強い組織になっていると思います。

――今後の展開について教えてください。

　わたしたちが目指しているのは「Hello Vegan!」な社会、つまり誰もがヴィーガンを簡単に始められ、楽しく続けられる社会をつくることです。

これは、動物や環境に負荷をかけることのない、持続可能な社会の実現にもつながります。

　サービスを拡大していくにつれて、利用者の方から「ヴィーガン生活が続けやすくなった」という感謝の声をいただくことが増えています。一歩ずつですが、目標に向かって前進できていると感じます。

　今後はサービスの範囲をさらに広げて、発展途上である日本のヴィーガン業界を牽引する存在になりたいと考えています。そのためにも、まずはできることから、着実に取り組んでいきたいと思います。

聞き手から

　工藤さんのエピソードを聞くと、クラウドファンディングで集めた資金で仲間づくりの旅をしたり、SNSでフォローしていた相手にメッセージを送ってアドバイスを求めたりと、まさに今どきの起業家であると感じた。数十年前であれば考えられなかったような体験が可能となり、インターネットを使えば先人の知恵が簡単に得られる今の時代、起業における若さは決して不安要素ではなく、むしろ強みになっている。

　工藤さんの座右の銘は「プルス・ウルトラ（さらに向こうへ）」だそうだ。課題の解決を目指し、社会にうねりを起こしながら進み続ける彼のような若い起業家を、未来のヒーロー候補として応援していきたい。

（原澤　大地）

ストローに新しい選択肢を

㈲HAYAMI

＜開業者プロフィール＞
大久保 迅太（おおくぼ はやた）
　中央大学法学部在学中に、28カ国を
バックパッカーで巡る。卒業後、弟の
夏斗氏、ベトナム人ミン・ホアング氏
とともに㈲HAYAMIを創業。同社
のほか、外資系ベンチャーキャピタル
にも勤務する。

〈企業概要〉

代　　表	大久保 夏斗
創　　業	2020年
従業者数	3人
事業内容	草ストローの輸入販売
所 在 地	神奈川県相模原市中央区中央1-12-20
電話番号	050（3690）8939
Ｕ　Ｒ　Ｌ	https://www.hayamigrassstraw.com

　環境への配慮から、プラスチック削減の動きが進んでい
る。プラスチックストローの主な代替品としては、紙や生分
解性プラスチックなどを原料としたものが流通しているが、
㈲HAYAMIはそれらとは別のストローを広めようと奮闘し
ている。同社の活動は、創業メンバーの一人である大久保迅太
さんが、旅の途中でベトナム人青年と出会ったことから始
まった。

環境に優しい草のストロー

――草ストローとはどのような商品ですか。

　レピロニアというカヤツリグサ科の植物からつくったストローです。レピロニアの茎は直径4〜7ミリメートルで空洞なため、切ればストローとして使えます。ストローに加工した後に乾燥、殺菌、箱詰めの工程を経て出荷します。

　草ストローは二つの点から、環境に優しい商品として評価されています。一つは、レピロニアが害虫を寄せつけない性質をもつため、無農薬で栽培されている点です。もう一つは、ストローに加工する工程の大部分が人の手で行われるため、製造過程で化石燃料や電気をあまり使用しない点です。

　生産、加工を行っているのは、ベトナムの首都ホーチミンから車で3時間ほどの農村です。現地では籠やバッグを編む材料として古くからレピロニアを栽培していましたが、プラスチックや合成皮革の台頭により需要が減っていました。用途を広げるためストローに加工されるようになったといいます。しかし、既存のプラスチックストローより価格が高いため、一部の高級レストランで使われるだけで、あまり普及していませんでした。

　わたしは日本でなら普及させられると考え、起業しました。経済的に豊かな国の方が、環境問題を意識する人が多くいます。そうした人が手に取ってくれると思ったからです。

　日本での販売価格は、13センチメートルの20本入りセットが280円、20センチメートルの同じセットが400円です。プラスチックストローの10倍以上ですから、もっと安くできないのかという意見はあるでしょう。しかし、環境だけでなく途上国支援の観点からも価格を吟味し、現在の水準に設定しました。この価格なら、現地で働く人たちに適正な収入をもたらせます。ベトナムの農村の雇用創出にも貢献できます。

ベトナムの農村で栽培されるレピロニア

——環境に配慮したストローはほかにもあります。それらとはどう違うのですか。

　例えば紙ストローは求めやすい価格ですが、使用感に課題があります。使っているうちに、飲み口がふやけてしまった経験のある人は多いのではないでしょうか。紙が破れて口に貼りつくなどの声も聞きます。その点、草ストローは耐水性に優れており、長時間使っても質感は変わりません。水分を吸い上げて生きる植物でできているため、水に強いのは当然といえます。

　また、生分解性プラスチックでできたストローは、自然界の微生物によって水と二酸化炭素に分解されます。自然に返る性質をもつため環境に優しいのですが、高温、多湿など限られた条件下でないと分解が進まないケースがほとんどです。対して、草ストローは道端の草と同じように土に返ります。

熱い思いが導いた偶然の出会い

——環境問題を解決するビジネスに興味をもったきっかけを教えてください。

　学生時代にさまざまな国を渡り歩いた経験が背景にあります。大学に入って間もなく、このまま何となく過ごしてよいのだろうかと、ふと疑問が湧

きました。高校まではサッカーに熱中していたことから、大学でも何かに打ち込みたいと思ったのです。

大学の先輩に相談したところ、海外に出てみることを勧められました。そこで思い切って2カ月間、オーストラリアに留学しました。その後、今度は、フランスの小さな町でボランティアに参加しました。11カ国から集った同世代の人たちと町おこしのアイデアを出し合い、実行しました。

フランス滞在中、ボランティアの合間を縫って欧州7カ国を回りました。さまざまな国を知る楽しさにのめり込み、その後もバックパッカーとして旅をするようになりました。生活習慣や社会情勢の異なる多様な国を巡るにつれて、環境への配慮が進んでいる国とそうでない国があることを知りました。環境問題に関心をもち始めたのはこの頃だったと思います。

ビジネスに興味をもったきっかけは、ある企業のインターンに参加したことです。そこでは、米国と欧州にあるスタートアップ企業300社の、事業モデルやスキームの調査を担当しました。そのなかで、環境問題に取り組む企業が世界的に増えていること、しかもその担い手は、20歳代半ばの若者が多いことに気づきました。世界に比べると、日本が一歩遅れているという危機感を抱いたのを覚えています。

日本における環境問題への意識を変えていくためには、わたしたちの世代が動かなければならない。そう考えたことが起業の根底にあります。

——草ストローのことはどうやって知ったのですか。

実は偶然の出会いでした。大学3年生の頃だったでしょうか。バックパッカーでベトナムに向かう飛行機で、たまたま隣の席になったベトナム人青年と話すうち、環境や貧困の問題に話題が及び、いつの間にか熱く意見を交わしていました。そのなかで、ベトナムには古くからの農産物を生かしたストローがあると彼から聞いたのです。

この青年こそ、のちに共同で当社を立ち上げた、ミン・ホアングです。

ナチュラルな見た目が人気

旅行後も交流を続け、やがて現地の草ストローの製造工場に一緒に足を運び、日本に輸入するための道を探っていきました。

草ストローに注目してもらう

——草ストローが日本で受け入れられる自信はあったのでしょうか。

　ミンと本気で事業化を考えたわけですが、正直なところ、自信はありませんでした。信用が得られないだろうと想像できたからです。これは、わたしのように社会経験が乏しい若者が起業する際の共通の悩みかもしれません。単にインターネットに広告を出したり、SNSで宣伝したりするだけでは、「若者が輸入した、やけに値段の高いよくわからないストロー」と思われてしまうだろうと感じたのです。

　そこで創業前に、二つの取り組みを行うことにしました。環境に配慮しているという商品の特徴や、環境問題に対するわたしたちの思いを、第三者から語ってもらうこと、そして、関心をもってくれた人に無料でサンプルを試してもらうことです。

　まず、前者の実現に向けて、メディアを活用しました。複数のメディアに手当たり次第にプレスリリースを送ってみたのですが、反応はありません

でした。そこで、さまざまなメディアに環境ビジネスに関する記事を出していているジャーナリストをインターネットで探し、直接アプローチしました。すると、すぐに返事をくれて、取材してもらえたのです。

　その記事がインターネットに掲載されると、別のメディアからも声がかかるようになり、徐々に認知されていきました。わたしが学生であることも注目された理由の一つだったようです。

──そこで二の矢を継いだわけですね。

　そうです。希望者にサンプルを配りました。配布についてSNSで宣伝すると、すぐに100件ほどの連絡が入りました。多くは飲食店でした。予想を上回る反響に驚きとうれしさを覚えました。

　サンプルを送った人に対しては、到着後しばらくしてから、使用感や満足度のほか、改良してほしい点を電話やメールでヒアリングしていきました。

柔軟な対応で着実に広める

──ヒアリングの結果、どのような意見が寄せられたのでしょうか。

　草ストローは植物の茎からつくられるため、口径に軽微な差が生じるのですが、あまりにふぞろいだと困るという意見がありました。ほかにも色合いが均一である方がよいなど、見た目に関する意見が多かったです。

　これらを商品に取り入れるため、製造を見直すことにしました。すぐ納品してほしいという声もあったのですが、改良が済むまで少し待ってもらいました。当時はコロナ禍が始まった頃で、飲食店はどこも厳しい業況に陥っていました。そんななか、興味をもってサンプルを取り寄せ、さらに改良のヒントまでくれたわけです。できるだけ反映させて、日本で広く受け入れられる商品に仕上げたいと思ったのです。

　太さや色の基準をつくり、満たさないものは検品ではじくようにしまし

た。もちろん、日本の飲食店向けとしては規格外というだけで、機能に問題はありません。それらの商品は、のちに海外に輸出するようにしました。現在、米国やオーストラリアで販売していますが、これらの国ではむしろ、見た目がそろっていない方が自然の植物らしさがあり、環境に配慮している感じがすると、受けが良いのです。

　こうして準備を整えた後、2020年5月に当社を設立して、草ストローの販売を開始しました。わたしは同年4月から別の会社に就職することが決まっていたため、弟が代表になりました。

　弟は当時、東京農業大学の2年生でした。わたしの影響もあり、バックパッカーとして世界中を回っていたので話が合いましたし、環境問題に対する意識も共有していました。事業との親和性がある農業を専門に学んでおり、経営者と学生という二足のわらじを履く覚悟ももっていたのです。早い段階から一緒に準備を進めていたため、経営を任せることができました。弟は全体のマネジメントや経理を、ミンはベトナムにおける製造管理を、わたしは別の会社に勤務しながら二人の後方支援を、それぞれ担当しています。

――販売を開始した後の状況はどうですか。

　順調です。取引先の店舗数は、創業当初の20から右肩上がりに増え、2023年3月時点で250になりました。売り上げも、2022年度は初年度に比べ、およそ4倍に増えました。

　取引先の拡大に一役買っているのが、ロゴ入りの草ストローです。2022年1月から、口元の部分に企業の名前やロゴを入れるサービスを始めました。これには思わぬ反響がありました。自動車のディーラーやハウスメーカーが購入するようになったのです。来店客に飲み物を出す際に使ったり、ノベルティとして配ったりするようです。環境問題に取り組んでいることをわかりやすくアピールできる点が、よかったのだと思います。

──今後の展望を教えてください。

　草ストローとは別の新たな事業を立ち上げました。草ストローが広まるにつれ、一緒に働きたい、または勤務先に在籍しながら手伝いたいといった声が寄せられるようになりました。環境問題をはじめとする社会的課題の解決にかかわりたい人が多くいる一方で、人手不足に悩む団体や企業も多くあります。

　そこで、社会的課題を解決する事業に特化して、働きたい人と働き手を必要とする団体をつなぐプラットフォーム「Suketto（助っ人）Work」をつくりました。まだ知名度は低いですが、さまざまな社会的課題の解決に向けた取り組みを、わたしたちが引っ張っていきたいと思います。

聞き手から

　「日本は環境に対する意識が低く、大量生産・大量消費が当たり前になっています」と、迅太さんは真剣な表情で語ってくれた。バックパッカーとして世界中を巡ってきた経験をもとにした言葉には、説得力がある。日本に、環境問題に配慮した商品やサービスの選択肢を増やしたいという熱い思いが伝わってきた。

　もちろん、熱意だけではうまくいかない。事業に対する冷静な目ももっていた。宣伝や試供品の提供による周到な準備が、その後の発展につながったのである。「起業自体が目的だったわけではなく、草ストローを広めるために起業した」という言葉が印象深い。大久保兄弟とミンさんたち若い3人の起業家は、これからもさまざまな変革を巻き起こしていくだろう。

（笠原　千尋）

スーツでも視線を集めないケア帽子

㈱Tao Corporation

<開業者プロフィール>
村田 里依（むらた りえ）
　1970年生まれ。2児の母。10年前に乳がんがみつかる。長年金融機関に勤務していたが、治療と仕事を両立するために、2017年に地元のケーブルテレビに転職。フルタイムでの勤務を続けながら、2021年に㈱Tao Corporationを創業。

〈企業概要〉
創　　業	2021年
資 本 金	50万円
従業者数	1人
事業内容	服飾雑貨小売業
所 在 地	埼玉県狭山市富士見1-17-5
電話番号	042（956）7766
Ｕ Ｒ Ｌ	https://tao.raku-uru.jp

　代表の村田里依さんは、乳がんを患っているとわかった10年前から、治療とフルタイムの勤務を両立している。治療で脱毛したため、最初はウィッグをつけていたが、肌に合わず使用を諦めた。肌に優しいケア帽子は、明らかに医療用とわかるものが多く、周りの視線が気になった。スーツのときに違和感が少ない帽子を選ぶと、蒸れて長い時間かぶっているのが難しかった。

　同じように悩んでいる人は少なくないはず。村田さんは、肌に優しくスーツに似合うケア帽子をつくるため、勤務を続けながら起業する道を選んだ。

かぶっているのを忘れる帽子

――「Tao Caps（タオキャップス）」とはどのような商品ですか。

　女性のがん患者の方向けのケア帽子です。がんの治療は長期間にわたるため、仕事と治療を両立している人は少なくありません。仕事中にスーツ姿でかぶっても違和感がないデザインで、肌にも優しい帽子を販売しています。

　デザインは2種類です。シンプルながらアクセントにビジューをあしらったものと、かわいらしくスーツに合わせられるスカーフが付いたものです。帽子部分の生地はすべて同じですが、スカーフ部分は、サテンとシホンの2タイプあります。

　お客さまが今持っているスーツと合わせやすいように、黒、チャコール、グレー、ネイビー、ベージュなどのベーシックな色をそれぞれ用意しました。値段は、ビジューのものが9,900円、スカーフのものが1万1,000円です。

――普通の帽子とはどういったところが違うのでしょうか。

　大きな違いは帽子の形状です。スヌードのような筒状で、頭頂部が開いています。そこから湿気が逃げるので、長時間かぶっても蒸れません。もちろん、外からは肌が見えないようになっています。開口部を長めにつくっているので、生地が垂れながら重なり合い、上からも横からも筒状だとわからない構造です。

　また、丈も長めにつくりました。普通の帽子は丈が短く、上や横から見ると、もみあげや襟足に髪の毛がないとわかってしまいます。耳の下まですっぽりかぶれるようにすることで、こうした不安を解消しました。

　生地にもこだわっています。治療で弱った肌を傷つけないように、やわらかいシルクを混ぜ込んだ糸を使っています。抗菌や防臭の効果もあるので、汗をかいても臭いが気になりません。かぶり口に蒸気で縮む糸を混ぜ

頭頂部が開いているため蒸れにくい

込み、一つ一つ職人が手づくりすることで、締めつけ感がないのに長時間かぶってもずれない絶妙なフィット感を実現しました。

――なぜスーツに似合うケア帽子を開発しようと思ったのですか。

　わたしが欲しかったからです。わたしは10年前、乳がんを宣告されました。抗がん剤治療で髪がすべて抜け落ちてしまい、最初はウィッグを使っていました。しかし、肌に合わずかぶれてしまい、長時間身につけられませんでした。

　ケア帽子をかぶることにしたのですが、おしゃれなものがほとんどなく、明らかに医療用だとわかるデザインばかりでした。外に出ると周りからじろじろ見られ、落ち着きませんでした。

　目立たないように普通のニット帽をかぶれば、私服のときは前ほど見られることはなくなりましたが、スーツのときはやはり視線が気になりました。スーツに合わせることを考えてつくられていないので、落ち着いた色味を選んでもやっぱり浮いてしまうのです。

　また、ニット帽はとても蒸れますし、髪がない人が使うことを想定していないので、肌に直接触れるとチクチクします。我慢してかぶっていましたが、なかなか仕事に集中できず、歯がゆかったです。

かぶっているのを忘れて仕事に没頭できる帽子が欲しいとずっと思っていました。ですが、そのときはまだ起業は考えていませんでした。

治療も勤務も起業も諦めない

——いつ起業しようと思ったのでしょうか。

がんの再発がわかったときです。治療や手術で症状は落ち着いていたのですが、5年前がんが転移していると告げられました。つまり、現代の医療ではこれ以上の治療はできないということです。

初めて緩和ケアを担当してくれる医師に会ったときに言われた言葉で起業を決めました。「村田さんが万歳してゴールテープを切れるように伴走するよ。安心して仕事をしてね」と言われたのです。やりたいことをすべてやりきったなら、万歳してゴールテープを切れる。そのためには、やりたいことはすべて先送りにしないでやりきる、信じた道を突き進もうと思いました。

わたしはどう生きたいのか、やりたいことは何だろうかと考えたとき、帽子のことが頭に浮かびました。仕事のときにかぶっても違和感がなく、肌にも優しい帽子が欲しい人はわたしのほかにもたくさんいるのではないか。ないならわたしがつくろうと思いました。

わたしのゴールが明日なのか、10年後なのかもっと先なのかはわかりません。でもそれは、誰だって同じです。起業するのに、今からでは遅いということはないはずです。勤務先の仕事も生きがいだったので、フルタイムで働きながら起業も目指すことにしました。

——治療と勤務、そして起業とすべてをこなすことに不安はありませんでしたか。

不安がまったくなかったというとうそになるかもしれませんが、とにかくまずはやってみようと思いました。家族の応援も背中を押してくれまし

た。そうはいっても、事業に関する知識はまったくありません。本当に売れるのか、準備をどうやって進めたらいいのかわからず、たくさんの人に助けてもらいました。

起業や事業運営に関する基礎知識は、創業・ベンチャー支援センターで学びました。起業家向けの講座を受講し、マーケティングや資金繰りなど幅広く教えてもらいました。

アイデアをブラッシュアップする際は、狭山市のビジネスサポートセンターに相談しました。販売価格や販売方法、ネーミングなど、アイデアを現実に即したかたちに落とし込み、事業としてやっていけるようにアドバイスしてくださいました。さらにビジネスプランコンテストにも参加し、審査員の方の意見を取り入れながら計画を練り上げました。

起業費用はクラウドファンディングを通じて、57人の方が、合わせて100万円以上を支援してくださいました。応援してくれたたくさんの人たちの気持ちに応えるためにも、治療、勤務、家事、育児、そして事業経営、すべて手を抜かずに毎日精いっぱい取り組んでいます。

──商品化は順調に進みましたか。

いいえ。商品をつくってくれる会社がなかなかみつからなかったのです。つてもなく、コロナ禍で直接訪問することも難しかったので、インターネットで検索しては電話をかけることを繰り返しました。小ロットの生産は受け付けていなかったり、糸は繊維会社から自分で仕入れるのが条件だったりと、希望に合う会社がなかなかみつからず、想像以上に苦労しました。糸に関する知識もなく、大量に仕入れるのも難しかったので、糸を持ち込まなくてもよい会社をみつけたかったのです。

ようやく協力してくれる会社が決まったら、次は糸や縫い方を変えながら何度もサンプルを作成しました。納得のいく商品ができた頃には、着手してから1年9カ月ほど経っていました。

がん患者以外からも求められる

——その後は順調でしたか。

　新聞やテレビ、ラジオとさまざまなメディアで商品を紹介してもらえたこともあり、順調に注文が入りました。意外な需要があったことも、後押しになりました。男性の購入が多かったのです。

　話を聞いてみると、皆さん介護施設に入所しているお母さまに贈ると言うのです。施設ではなかなか身だしなみを整えられず、食堂などでほかの人に会うときに、薄くなった髪の毛が気になるのだそうです。ウィッグは一人でつけるのが難しく、ニット帽は肌に合わず困っていたが、Tao Caps はうれしそうにかぶっていると教えていただきました。がん患者だけでなくたくさんの人に求められていたのだと、とてもうれしくなりました。

　一度かぶると手放せないと好評で、口コミで評判が広がり、完売する商品も出たほどでした。ですが、需要が一巡した後は販売数が伸び悩みました。コロナ禍の影響で、特にがん患者は出歩くことが減りました。在宅勤務をする人も増えたため、一つあればよいという人が少なくなかったのです。

——販売数を増やすためにどのような取り組みをしたのですか。

　もっと多くの人に商品を知ってもらう必要があると考え、1年で20以上の講演会に登壇しました。治療と勤務を両立しながら起業したというのが珍しく、がん患者向けだけでなく、起業家や働く女性向けの講演会など、幅広くご依頼をいただきました。講演会にはがん患者以外の方も多くいらっしゃるので、知名度が上がり、帽子を買ってくださる人も少しずつ増えています。

　また、2023年度からは帽子の販売だけでなく、イベントの企画運営も事業として行うことにしました。表に立って活動するようになると、「実は

スーツ姿で Tao Caps をかぶる村田さん

わたしもがん患者なのよ」と身近な人から声をかけられることが増えました。自分ががんになる前は気づいていませんでしたが、近くに人知れず悩んでいる人がこんなにもいたのかと驚きました。こうした人たちの役に立ちたいと思うようになり、自分でイベントの運営もしてみようと思ったのです。

──どのようなイベントですか。

　治療と仕事の両立を支援するイベントです。今度開催するイベントについて詳しくご紹介します。

　二部構成で、第一部では、がん患者の方だけでなく、両立を推進している企業の方、治療する医師の方にもご登壇いただき、それぞれの視点から仕事と治療を両立する意義をお話しいただきます。がんの治療は長丁場です。患者のモチベーションを維持するためにも、病気になる前と同じように働ける環境は重要です。ですが、まだ両立が当たり前とはいえない世の中で、退職を余儀なくされる方も少なくありません。働き続けることが、患者にとってどれだけ大切なことなのか、いろいろな立場の方に知ってもらいたいです。

　第二部では、がんサバイバーで、美容ジャーナリストの女性にメイクレッスンをしていただきます。治療中は肌が弱っていますし、顔色を気に

する方も少なくありません。肌に負担をかけずに、自分に自信をもてるメイク法を知り、生き生きと仕事をしてもらえたらと思っています。

――今後の展望を教えてください。

　子ども向けのケア帽子をつくりたいと思っています。治療で入院していたときのことです。子どもたちが病気と闘いながら、院内学級で懸命に学ぶ姿を見て、自分も頑張ろうと力をもらいました。子どもたちは全員、帽子をかぶっていましたが、帽子が気になり授業に集中できない子も少なくありませんでした。子どもたちが笑顔で学べるような帽子をつくりたいと思っています。

　万歳して笑顔でゴールテープを切れるように、やりたいことはすべてやりきります。

聞き手から

　商品名の「Tao Caps（タオキャップス）」は、「たおやか」の「たお」にちなんでつけたそうだ。たおやかには、しなやかで美しいといった意味がある。そのなかでも「たお」は、たわむから派生したという説がある。しなりながらも決して折れない強さ。「困難を乗り越える芯をもちながらチャーミングに生きたい。お客さまにもがんになったという事実に翻弄されず、人生を楽しんでほしいという思いを込めました」と、村田さんは笑顔で教えてくれた。

　村田さんは、知識と体験の両方を生かしてがん患者を支援したいと、今年乳がん体験者コーディネーターの資格も取った。キャリアを閉ざさない生き方を誰もが実現できる世の中にしたい。願いを胸に歩みを止めない村田さんの姿は、がん患者だけでなく、さまざまな事情で両立に悩む多くの人を勇気づけている。

（尾形　苑子）

「Why me?」に自信をもって答えられる事業を

㈱薬zaiko

<開業者プロフィール>
海老沼 徹（えびぬま とおる）
　1988年生まれ。薬剤師。子どものころからアレルギー症状に苦しんできたことがきっかけで、薬に興味をもち薬学部に進学。卒業後は、アレルギーの薬を多数開発している外資系製薬会社に入社。より多くのアレルギー患者の役に立ちたいと、2021年に㈱薬zaikoを創業。

〈企業概要〉
創　　業　2021年
資 本 金　500万円
従業者数　13人
事業内容　調剤薬局、医療情報提供サービスの運営
所 在 地　東京都足立区島根2-17-1
電話番号　03（3860）9915
Ｕ Ｒ Ｌ　https://adachi-itsukipharmacy.com

　代表の海老沼徹さんは、アレルギー症状がひどく、子ども時代につらい思いをした。特に思春期は、症状の悪化や周囲との違いにつらさが増した。薬について詳しく知りたくても、医師や薬剤師は忙しそうで、自分から相談する勇気がもてず、本で調べても専門用語が多くて内容を理解できずとても悩んだという。

　同じような思いを抱える子どもを少しでも減らしたい。そう考えた海老沼さんは、調剤薬局を引き継ぎ、同時に子どもでも気軽にLINEで薬剤師に相談することができるサービス「ALLERU」を始めた。

承継元を飛び込み営業で探す

——調剤薬局を第三者から引き継いだそうですね。

　はい。初めから事業承継で起業しようと決めていました。調剤薬局の多くは、病院の近くにあり、その病院の患者さんが持ち込む処方箋が収入の柱になります。既存の病院と薬局は、緊密な関係を築いているので、近くに新しく薬局を開いても集客は簡単ではありません。

　新しい病院の近くで開業しようにも、病院ができるかわかりませんし、声をかけてもらうつてもありません。調剤設備をそろえるにも多額の資金が必要です。白紙の状態からの起業は、考えられませんでした。

　事業承継は、承継元の薬局にも、経営者が安心して引退できるというメリットがあります。わたしは、起業前、大手製薬会社で営業をしていました。薬局を回っていたときに、引退したいが後継者がみつからず、病院に迷惑をかけるので辞められないという話をよく聞いていました。

——承継元の薬局の経営者とはもともと知り合いだったのですか。

　いいえ、面識はありませんでした。実は、今の薬局を引き継ぐ前、引き継ぎ完了を目前に、破談になったことがあります。起業の相談をしていた地元の金融機関から紹介された薬局でした。経営者は事業承継に納得していたのですが、不動産会社が第三者への事業承継に難色を示し話がまとまらなかったのです。親族でも従業員でもない第三者が事業承継する難しさを実感しました。

　事業承継を成功させるには、自分を信頼してもらうことが大事だと考え、紹介を待つだけでなく、個別にアプローチすることにしました。生まれ育った足立区で起業したかったので、まず足立区にある個人経営の薬局を厚生労働省の登録情報からすべてリストアップしました。次にリストアップした約200店にDMを送り、事業承継を希望していることを伝えま

した。さらに、それぞれの店舗についてインターネットで調べたり、聞き込みをしたりして、有力候補を50店に絞り込みました。そして、飛び込みで訪問し、事業承継への熱意を伝え、後継者を探している人がいたら紹介してほしいとお願いして回ったのです。

　多くの薬局で門前払いされましたが、諦めずに何度も訪問したり、メールを送ったりと関係づくりに力を入れました。するとしばらくして、仲良くなった薬局の方が、承継元を紹介してくれたのです。

――引き継ぎはスムーズに進みましたか。

　いいえ。紹介されたのは、薬局をいくつか経営している方が、不採算店として閉鎖を検討している店舗でした。そのまま引き継いでも、経営が維持できるかわかりません。

　立て直す余地があるのか、自分の目で確かめる必要がありました。そこで、引き継ぐかを決める前に、業務委託というかたちで、実際にその薬局で働くことにしたのです。

　働きながら財務内容や来店状況を詳しく確認したところ、経営不振の原因は大きく二つありました。一つは、売り上げの減少です。近くにチェーン展開の薬局ができたこともあり、年々患者さんが減っていました。そこにコロナ禍の受診控えが重なり、大きく売り上げが減少していたのです。

　もう一つは人件費です。患者さんの多い曜日や時間帯は決まっていたのですが、常に同じ人数の薬剤師が待機しており、人件費が経営を圧迫していました。ただ、もともといた従業員は、わたしが業務委託で働き始めた時には、ほとんどが退職していました。そのため、最初は自分が常駐し、役員報酬を調整すれば倒産することはないと思いました。

　売り上げの改善案も思いついたので事業承継を決め、そこからはスムーズに進みました。2カ月ほどの準備期間を経て、2022年に「足立いつき薬局」がオープンしました。

オンライン服薬指導が好評

アレルギー患者のための事業を

——どう立て直したのですか。

　主に二つのことに取り組みました。一つは、オンラインサービスの強化です。離れた病院の処方箋ももってきてもらえるように、オンライン服薬指導を始めました。薬剤師が患者さんに行う薬の効果や副作用の説明はスマートフォンなどのビデオ通話機能を利用して行い、薬は近隣であれば基本的には当日のうちに配達します。薬局で待つ必要がないため、小さい子どもがいる方や仕事で忙しい方に好評です。コロナ禍で薬局での滞在時間を短くしたい人が多かったのも追い風になりました。

　もう一つは、「ALLERU」という、アレルギー患者さんが薬やアレルギーの悩みをLINEで薬剤師に相談できるサービスを始めたことです。薬の処方は有料ですが、相談だけであれば無料です。医師ではないので診断はできませんが、薬にまつわる疑問を解消できた、症状のつらさを共有して気持ちが楽になったと喜ばれています。また、ホームページでは、アトピー性皮膚炎やぜんそく、アレルギーについて、医療や薬の知識がない人にもわかりやすく説明しています。若者の目に留まりやすいよう複数の

SNSを使い、アレルギーに関する新しい論文をいち早く解説したり、よく処方される薬を比較しながら特徴を説明したりもしています。

　このサービスが行政などに評価され、経済産業省・日本貿易振興機構主催「始動 Next Innovator 2021」で選抜メンバーとなったり、足立区「創業プランコンテスト」で最優秀賞を獲得したりしました。こうした実績が行政や公的機関の広報で取り上げられたことで知名度が上がり、信頼してくださる方が増えました。複数の病院から出された処方箋をまとめてもってきてくれる人も多く、売り上げは順調に増加しています。

──アレルギーに特化したサービスを始めたのはなぜですか。

　わたしが長年アレルギーの症状に悩んできたからです。今は薬のおかげでかなり良くなりましたが、子ども時代、特に思春期は症状のひどさや、友達と同じ生活ができないことに悩み、とてもつらかったです。

　薬についてもっと詳しく知りたくても、医師や薬剤師は忙しそうで、迷惑がられたらと思うと、自分から相談する勇気がもてませんでした。自分で解決しようと本などで調べても、専門用語がたくさん出てきて理解することができず、毎日悩んでいました。同じような思いを抱える子どもを少しでも減らしたいと思い、ALLERUを始めたのです。

──いつから起業しようと考えていたのですか。

　働きながら大学院に通っていたときです。それまでは、起業を考えたこともありませんでした。子ども時代の経験から、大学ではアレルギーの薬について勉強しようと、薬学部に進学しました。卒業後は、アレルギーで悩む人の役に立ちたいと思い、アレルギーの薬をたくさん開発している外資系の製薬会社に入りました。

　営業を担当し、成績は全国トップクラスでした。ただ、他社の薬の方が医師のニーズに合うと思っても、薦めるわけにはいきません。この仕事で、アレルギーに苦しむ人の助けに本当になれるのかと悩むようになり、

転職先を探し始めました。

　しかし、転職先は思うようにみつかりませんでした。自分が目指すべき道を決めきれていなかったからだと思います。そこで、勤務を続け、大学院に通ってスキルアップしながら転職先を考えることにしました。

　起業を志したきっかけは、大学院で行われたビジネスプランコンテストです。軽い気持ちで参加したのですが、そのとき考えたプランが思いの外評価されたのです。メンターとなった教授からたくさんのアドバイスをもらい、プランを練り込むなかで、初めて起業を意識しました。そして、そのプランが決勝まで進んだとき、起業を決めたのです。

支援者の指摘で原点に立ち返る

――そのプランがALLERUですか。

　いいえ。そのときのプランは、薬局の不良在庫を解消するというもので、会社名の「薬zaiko」の由来でもあります。最初はこのプランで起業しようと思ったのですが、金融機関や投資家からはまったく評価されなかったのです。

　なぜだろうと考えたとき、自分がやるべき事業ではないからだと気づきました。わたしは、大学進学のときからアレルギーに関わる仕事をしたいと思っていましたし、転職を決めたのもアレルギーで苦しむ人の役に立てないと悩んだからです。

　ところが、大学院でつくったプランはアレルギーと関係ありません。このプランを何としてもやり遂げるという強い気持ちが、自分のなかになかったのです。「Why me?なぜ自分がこの事業をやるのか」。この問いに自信をもって答えられる事業は何だろうか。そう考えたとき、ALLERUを思いつきました。

　調剤薬局に関するビジネスを展開するのであれば、実際に店舗を経営し

育児中の薬剤師が活躍

ている方が実態がわかりますし、患者さんにも安心してもらえるだろうと思い、調剤薬局を事業承継して起業することに決めました。

──もともと勤めていた薬剤師は退職したそうですが、人材はどのように集めたのですか。

　紹介による採用がほとんどです。当社のような実績のない中小企業では、求人を出しても人材が集まらないケースが少なくありません。どうすれば人材を集められるだろうと考えたとき、思い浮かんだのが、育児のために薬剤師の仕事を離れていた妻のことでした。

　似たような境遇の人は多いのではと考え、周りに聞いてみると、育児や家事の合間に短時間だけ働きたいが、薬局の仕事はフルタイムが多く、働く先がみつからないという人は少なくありませんでした。そこで、半日勤務を原則として人づてに探したところ、たくさん紹介していただけました。

　現在13人の従業員がいますが、そのほとんどが育児中の女性です。子どもの熱などで急に休みが必要になるケースも多いので、不公平感なく助け合える環境づくりに力を入れています。具体的には、昇給の基準を明確化したり、偏りなく仕事ができるように多能工化を目指して研修を行ったりしています。

──今後の展望を教えてください。

　新たに事業承継を行い、経営する薬局を足立区内で10店舗まで増やしたいです。さらに、薬の在庫センターをつくりたいと思っています。薬局の経営は順調ですが、薬の在庫管理や配送網の整備にはコストがかかります。複数の薬局の在庫を一括で管理して配送する拠点をつくれば、大幅にコストを抑えられます。

　複数の薬局と在庫センターをセットで運営するビジネスモデルをほかの地域にも展開していき、将来的には、上場できるといいですね。そして、この事業で得た利益を投資して、アレルギーで悩む人の助けになる事業をさらに増やしていきたいと考えています。

聞き手から

　取材のあと海老沼さんがカウンターに戻ると、すぐに患者さんから声がかかった。雑談しながら体調や薬の要望を聞き、ときには患者さんの希望を病院に伝え薬を替えてもらう。患者さんから薬について質問があると、すぐにわかりやすい言葉で答えを返す。楽しそうに話す患者さんの様子からは、海老沼さんへの強い信頼がうかがえた。

　「人とのつながりが経営の支えです」と海老沼さんは何度も語っていた。海老沼さんは起業してから毎日店舗に滞在して患者さんと話し、今ではほとんどの患者さんの情報を覚えたという。承継元の経営者や紹介者にも、現状を報告し続けているそうだ。出会った一人ひとりに真摯に向き合う海老沼さんの姿勢が、人をひきつけるのだろう。東京証券取引所で海老沼さんが鐘を鳴らす日が楽しみだ。　　　　　　　　　（尾形　苑子）

ヤギの力で人と地域を幸せに

女子畑やぎ牧場
おな ご ばた

＜開業者プロフィール＞
割方 遥花（わりかた はるか）

　広島県出身。結婚後、2016年に夫の地元である呉市安浦町へ移住。2018年の西日本豪雨を機に、地域貢献への意欲が高まり、2022年に女子畑やぎ牧場を創業。

〈企業概要〉
創　　業　2022年
従業者数　1人
事業内容　ヤギの販売・貸し出し、イベント出張
所 在 地　広島県呉市安浦町女子畑1365-4
電話番号　0823(27)4843
Ｕ Ｒ Ｌ　https://075butter.jimdofree.com

　　周囲を山で囲まれた土地で、ヤギたちが思い思いに草を頬張る。広島県呉市安浦町にある「女子畑やぎ牧場」では、そんな牧歌的な風景が広がっている。

　　代表の割方遥花さんは、この地域の出身ではなく、創業を決断するまで動物にかかわる仕事をしてきたわけでもない。それでも牧場の開業を決意した背景には、何があったのだろうか。

心を癒やす除草ヤギ

——ヤギたちがのびのび過ごしていますね。

　牧場として活用しているのは夫の実家が所有する土地で、もともとは休耕地になっていました。広さは田んぼ5枚分です。飼育している頭数は、出産で増えたり販売で減ったりするため、多いときには10頭ぐらいいましたが、現在は6頭です。購入を希望される人が多く、子ヤギが生まれるのを待ってもらっている状態です。

　飼育しているのは、繁殖用にほかの牧場から譲ってもらったり、当牧場で生まれたりしたヤギだけではなく、もともとはペットとして飼われていたものの、さまざまな理由から飼い主の手を離れたヤギもいます。そのため、今のところ飼育している品種はばらばらなのですが、最近はトカラヤギという品種をメインにしようと、繁殖を進めています。名前のとおり鹿児島県のトカラ列島の原産で、体長は70〜80センチメートル、体重は20〜30キログラムほどと、ヤギのなかでは小型なのが特徴です。人懐っこく、模様もきれいなので、ペットに向いている品種です。

　ヤギたちの主食は雑草です。栄養を補うため、飼料も与えてはいますが、基本的には牧場内に生えている雑草を気ままに食べて過ごしています。一日中面倒を見続ける必要はないので、わたしも朝晩はヤギたちの世話をし、昼間はパートで働くという、二足のわらじで毎日を過ごしています。

——どのような人が購入するのでしょうか。

　農家であったり、山間部に住んでいたりして、広い土地を所有しており、雑草の処理に悩んでいるという人が多いです。ヤギを放しておけば雑草を食べてくれるので、草刈りの手間が省けます。除草のために機械や薬品を使う必要もなくなるので、環境にも優しいです。

　除草目的だけではなく、単純に愛玩用として購入するケースも増えてい

フレンドリーなトカラヤギ

ます。最近は、都市部から地方へと移住するのに合わせてヤギを飼い始める人もいます。

　当牧場では、ヤギの販売に加えて貸し出しも行っています。きちんと飼育できるか不安だという場合は、まずお試しで数カ月一緒に過ごしてもらい、問題がなければ販売、というステップを踏んでいます。

　また、依頼を受けて地域のお祭りやイベントに出張することも多いです。子どもから大人まで幅広い層に喜んでもらえますし、そこでヤギと触れ合ったことがきっかけで飼育に興味を抱き、購入してくれる人もいます。

──飼育するうえで気をつけていることは何ですか。

　当牧場で生まれたヤギは、焼きごてを使って除角しています。角が残っていると、飼い主や周りのヤギにけがをさせてしまう危険があるからです。大人になってからの除角はとても大変なので、生後7日から10日ぐらいまでの間に行うことが重要です。

　加えて、繁殖の予定のない雄ヤギには去勢を行っています。去勢をしていない雄ヤギは気性が荒く、匂いも強いので、一般の人が飼育するのは難しいからです。ヤギたちが最後まで大切に育ててもらえるように、適切な処置をしたうえで送り出すことが、牧場主としての責務だと思っています。

西日本豪雨の経験が転機に

——この辺りが地元なのですか。

　いいえ。地元はここから70キロメートルほど離れた広島市です。呉市安浦町は夫の地元で、結婚後の2016年に移住してきましたが、その頃は、正直なところ地域への思い入れはあまりありませんでした。

　また、これまでやってきた仕事も、教員や市役所職員を臨時で勤めたぐらいでした。自分がこの地域で牧場を始めるなんて、まったく想像していなかったです。

——創業を決めた契機は何だったのでしょうか。

　2018年の西日本豪雨がきっかけです。町の中心部が浸水し、大きな被害を受けました。その後、復興のためにたくさんの人がボランティアに来てくださり、とても助けられたのです。それ以来、住民ではない人たちがここまで安浦町を大事にしてくれたのだから、これからは自分たち住民がもっと大事にしていかなければと、地域貢献への思いが強くなりました。除草用のヤギの存在を知ったのも、西日本豪雨がきっかけでした。ボランティアのなかに、ヤギを連れて来た人がいたのです。とてもかわいくて、すぐに魅了されました。

——人生を変える出会いだったのですね。

　わたし自身、安浦町に引っ越してきてから休耕地の雑草にずっと悩んでいたので、ちょうどよいと思い、まずはペットとして1頭を飼い始めました。すると、近所の人が見に来たり、自分も飼ってみたいと相談に来たりするようになったのです。対応しているうちに、ここでヤギ牧場を開けば、地域の魅力を高められるのではと考えるようになりました。

　実は子どもの頃、わたしには動物にかかわる仕事に就きたいという夢がありました。大人になり、そのことはすっかり忘れていたのですが、ヤギ

を飼い始めたことで、ふと思い出したのです。今こそ夢を叶えるチャンス
だと、2019年に創業を決心しました。

――創業を思い立ってから、どのような準備をされたのですか。

　動物の販売や貸し出しなどを事業として行うには、第一種動物取扱業の
登録をする必要があります。そのためには一定の要件を満たさねばなら
ず、わたしの場合は資格の取得と実務経験が必要でした。

　そのため、通信教育を受講し、試験を受け、愛玩動物飼養管理士という
民間資格を取得し、並行して呉市内にあるヤギ牧場で働きました。半年間
経験を積めば登録の要件は満たすのですが、命を取り扱う以上、中途半端
は許されないと思い、1年間しっかり修業しました。

――創業後、大変だったことはありますか。

　これまで商売にかかわったことがなかったので、事業として成立させる
のが大変でした。例えば、最初はヤギの販売価格の相場がわかっておら
ず、安く設定しすぎてしまい、後で計算してみたところ利益がほとんどあ
がっていなかったのです。

　事業として長く続けていくことを考えると、ある程度は利益をあげ、そ
れで牧場の設備を整えたり、繁殖用のヤギを増やしたりしなければなりま
せん。当牧場のヤギは、除角や去勢を行っており、とても飼いやすいの
で、この点をほかの牧場との違いとしてアピールし、価格もそれに見合う
ものへと設定し直しました。そのほかにも、わからないことはたくさんあ
りますが、日々勉強しています。

命の温かさを伝える

――ボランティア活動も行っていると聞きました。

　呉市内の幼稚園や保育園、小学校で、「いのちのおはなし」という出張
授業を行っています。内容としては、まずヤギの出産の動画を流し、子ど

もたちに命が誕生する瞬間を見てもらいます。それから、実際に子ヤギに触れ、聴診器で心音を聞くことで、命の温もりを実感してもらいます。クイズを通じて、農村地域におけるヤギと人間のかかわりについても考える機会もつくっています。

　出張授業は、同じ町内に住んでいる元保育士さんの提案で、創業前から非営利で続けているものです。現在は、現役の教員や大学生など4人の力を借りて行っています。

　出張授業を始めた理由は、農村地域の過疎化が進み、都市部へと人口が集中するなかで、多くの子どもたちにとって動物が身近な存在ではなくなりつつあると感じたからです。大人であれば、ヤギに触ると温もりを感じるのは当然のことと思うでしょう。ですが、動物に触れた経験のない子どもたちにとっては、それがわからないのです。

　コロナ禍によって遠出が難しくなったうえ、動物園などで行われていたような動物と触れ合えるイベントが中止になってしまったことで、この傾向は加速しています。そのため、情操教育の一環として出張授業の需要はここ数年でより高まっており、2023年は10回ほど実施しました。命の尊さについて考えるだけではなく、ヤギのファンを増やし、地域の魅力に気づいてもらうきっかけにもなるので、今後も続けていきたいと考えています。

――コロナ禍ではペットブームが起きましたが、その影響はありましたか。

　ありがたいことに、創業してからこれまで、販売、貸し出し、出張のいずれも多くの希望をいただいています。ヤギはアニマルセラピーによく用いられる動物ですので、コロナ禍で不安やストレスが高まるなか、癒やしを与えてくれる存在として注目されたのかもしれません。

　ヤギに興味をもってくれる人が増えるのはうれしい半面、安易な気持ちでは飼育してほしくないという気持ちもあります。ヤギを飼えば、除草の負担こそ軽減されますが、小屋や柵の設置、ふんの掃除といった、別の負

割方さんお手製の小屋

担が生じます。匂いや鳴き声が原因で、近所トラブルにつながることもあ
ります。

　そのため、ヤギの購入を希望する人に対しては、良いところだけを伝え
るのではなく、飼育に伴う負担についても包み隠さず伝えるようにしてい
ます。住宅街に住んでいたり、仕事が多忙だったりして、飼育が難しいと
思われる人には、販売をお断りすることもあります。ただ売り上げを追う
のではなく、ヤギと飼い主の双方が幸せになる手助けをすることがわたし
の仕事だと考えているからです。

──今後の展望を教えてください。

　ヤギに加えて、2024年3月からはヒツジの飼育も始めました。ヤギと比
べると飼育しているところが少ないので、希少価値がありますし、羊毛を
使って小物をつくるのも面白いと思っています。出張授業も、これまでは
こちらからヤギを連れて行っていましたが、今後は子どもたちに牧場まで
来てもらい、ヒツジの毛刈りを体験させてあげようと考えています。

　ヤギの飼育頭数も、もっと増やしていきたいです。まだ活用できていな
い土地があるので、放牧地として少しずつ整備していきながら、子どもた
ちが遊べるような環境も整えていって、将来的には来て楽しんでもらえる

ような牧場にしようと計画しています。

　牧場を始めてから、ヤギを見に来てくれる人が増えたり、地域住民同士で交流が生まれたりと、町が少しずつ活性化しているように感じます。自分の趣味の延長で始めたことが、事業となって収入を生み、地域に貢献もできているので、日々がとても充実しています。

聞き手から

　起業家と一口に言っても、その姿は多様である。事業を拡大して大きな利益をあげようとする起業家もいれば、割方さんのように自分の夢を叶え、地域に貢献しようとするのも、起業家の一つのあり方といえよう。

　目的が千差万別である以上、起業家に求められる資質も当然ながら一様ではない。だが、あえて重要な資質を一つ挙げるとすれば、責任感ではないだろうか。責任感をもって仕事を遂行することで、信用が生まれ、次の仕事につながるからである。

　「地域で愛されるアイドルとして、ヤギたちを送り出しています」と、割方さんは誇らしげに語ってくれた。夢を届ける仕事の裏側にある、割方さんの強い責任感に触れ、ビジネスの基本について改めて考えさせられた。

（原澤　大地）

教育現場から生まれた AI の目

インテグライ
㈱IntegrAI

＜開業者プロフィール＞
矢野 昌平（やの しょうへい）
　長岡技術科学大学大学院を卒業後、長岡工業高等専門学校の教師となる。その後、カナダ UBC 大学での在外研究などを経て、2021年から同高専の研究推進教授。2020年に自身の研究室の学生と㈱IntegrAIを起業し代表取締役社長に就任。現在はともに起業した学生に経営を譲り渡している。

〈企業概要〉

代　　　表	バヤルバト・ノブンバヤスガラント
創　　業	2020年
資 本 金	500万円
従業者数	6人
事業内容	人工知能（AI）搭載カメラの製造販売
所 在 地	新潟県長岡市西片貝町888
Ｕ Ｒ Ｌ	https://integrai.jp

　長岡工業高等専門学校で教師を務める矢野昌平さん。音響工学の専門家として教育、研究活動に取り組む傍ら、自身の研究室の学生と人工知能（AI）を搭載した小型カメラ、インテグライシステムを開発し、モンゴルからの留学生と一緒に㈱IntegrAIを起業した。全国初の高専発ベンチャー企業を立ち上げた経緯と今後の展望についてうかがった。

AIが分析するカメラ

——インテグライシステムはどのような製品ですか。

　インテグライシステムはAI内蔵の小型カメラで機械のモニターや計器などに出力される数値を撮影し、デジタルデータとして記録するシステムです。例えば、温度や湿度を示すデジタル数字や、電圧を示すメーターの針などを読み取ります。

　リアルタイムの映像はもちろんのこと、数値データに変換したものもクラウド上に保存されるので、インターネット接続があればいつでもどこからでも確認できます。

　例えば、機械に付いている温度計をインテグライシステムで読み取るようにすれば、機械のそばまで行かなくても温度をチェックできます。あらかじめ設定した温度を上回ったり下回ったりしたら、メールで通知を受け取ることも可能です。つまり、工場の見回りや動作確認など、これまで人の目が担っていた仕事を代替できるわけです。

　読み取りたい場所に向けて小型カメラを磁石でつけるだけですので設置は簡単です。現在はシステム利用料を含めてカメラ1台当たり月額5,000円で提供しています。

——監視カメラとは何が違うのでしょうか。

　大きな違いは二つあります。一つは目的に合わせてシステムが学習する点です。撮影した対象が示す情報から何を計測するのかAIに学習させるアノテーションという作業を行います。対象によってはわかりにくい情報があります。例えば、デジタル表示される数字の4と7や、8と9はとても似ていますよね。人間でもたまに読み間違えてしまうことがあると思います。こうしたミスが起きないように、インテグライシステムは撮影した映像を何度も学習することで計測の正確性を高めていきます。こうして精度

磁石で簡単に固定できる

の高い AIの目が完成していくのです。

　もう一つはデータを分析できる点です。カメラで撮影したデータを分析する機能を備えています。一例ですが、時系列グラフで表示することが可能です。監視カメラのように映像を残すだけではありません。

　地元、長岡市内にある熱処理加工の企業は鉄鋼製品を高温で加熱する窒化という工程の温度管理にインテグライシステムを導入しました。窒化を行う炉の内部が500度以上になると次の工程へ進みます。500度になるタイミングは、加熱する製品の大きさや形によってばらつきがあります。従業員は機械に付属する温度計を、日夜を問わず頻繁に見に行って確認する必要がありました。

　インテグライシステムを導入したことで、500度になったタイミングで通知をもらえるため見回りが不要になり、従業員の負担が減ったそうです。通知を受けるまで別の作業ができるので生産性も高まりました。

　このように、小型カメラを設置するだけで、仕事を効率化できたのです。インテグライシステムの一番の強みは、今ある機械に使える点だと考えています。わたしはこれをレトロトランスフォーメーションと呼んでいます。

学生たちと起業

——インテグライシステムが生まれるまでの経緯を教えてください。

　インテグライシステムは長岡高専独自のプレラボ活動から生まれました。プレラボとは高校生に当たる高専1～3年生のときから研究室に所属できる制度です。高専にはものづくりに興味のある学生がたくさん入学してきます。高専では大学2年生に相当する高専5年生から研究室に所属するのですが、早い段階からものづくりを実践できる場を提供することがプレラボのねらいです。

　わたしの研究室ではプレラボ活動の一環として、地元の中小企業の工場を見学しています。工場で働く人たちの悩みを聞き、解決策を考えることで、社会に受け入れられるものづくりに取り組めるからです。画期的な技術を使った製品であっても、現場で使ってもらえなければ意味がありません。

　わたしの専門は音響工学ですが、プレラボ活動ではさまざまな製品の開発に取り組んでおり、AIやディープラーニングについて学生たちと一緒に勉強しています。

　インテグライシステムは見学先のある社長から、「工場の見回りが大変。見回りロボットがあれば楽になる」という悩みを聞いたことがきっかけで生まれました。工場内を動き回るロボットをつくるのは、コストも時間もたくさんかかるため現実的ではありません。しかし、見回りの機能に限定すればわれわれの研究室で解決できると考えて、プレラボ生たちでやってみることにしました。

　このときの開発メンバーが、モンゴルから留学生として長岡高専に来ていたバヤルバト・ノブンバヤスガラント（以下、ノムハ）さんと、オドンメチド・ソドタウィラン（以下、ソドー）さんです。AIが映像を学習す

るプログラムの構築や、設置しやすいようにカメラの台座やアームの形状を工夫するなどして、インテグライシステムの前身となる METERAI^{メテライ}をつくりました。

　悩みを聞かせてくれた社長に METERAI を使ってみてもらうと、とても喜んでくれました。その後、他社の工場見学を続けるうちに、目視で行っている仕事が多いことに気づきました。METERAI のニーズは大きいのではないかと感じました。

　並行して、DCON と呼ばれる全国高等専門学校ディープラーニングコンテストに出場したところ、アイデアや技術力、そして実用性を評価していただけたのでしょうか。最優秀賞を受賞することができました。

――最優秀賞を受賞したことがきっかけで起業したわけですね。

　最優秀賞のチームは賞金100万円と、起業する場合、一般社団法人ディープラーニング協会内のファンドから100万円の出資を受けられます。さらに長岡市のスタートアップ支援も活用し、ノムハさんとソドーさんと㈱IntegrAIを起業しました。

　数年前までこのような起業に向けた資金面のサポートは、ほとんどありませんでした。起業するに当たって、高専や自治体のサポート体制が充実していたことは大きな後押しになったと感じています。

　ノムハさんとソドーさんはそれぞれ大学に進学予定だったことや、対外的な信用を早く得るには日本人経営者である方が好ましいと考えたことから、わたしが代表取締役社長になりました。

　社名は数学で積分を意味する「integral」と「AI」を組み合わせた造語です。積分には小さなパーツをまとめるという意味があります。AIを活用して小さな課題から解決して、やがて社会の大きな課題を解決していきたいという意味を込めています。起業を機に、社名に合わせてMETERAIをインテグライシステムに改名しました。

長岡から全国へ

――起業後はどうでしたか。

　設立当初は新型コロナウイルス感染症が流行してしまい営業活動ができず、まったく仕事はありませんでした。起業してから約1年後の2021年7月、長岡市の担当者から新型コロナウイルスのワクチンを保管する冷凍庫の温度管理に使えないかという相談がありました。スタートアップ支援で当社の製品を知っていた担当者が連絡してきてくれたのです。これが当社にとって初めての仕事になりました。

　ワクチンの有効性を維持するためにはマイナス60度以下で保存しなければいけません。万が一、冷凍庫の不具合で温度が変化してしまうと、保管していたワクチンをすべて使えなくなる可能性がありました。

　そこで冷凍庫の温度表示部分にカメラを設置して、マイナス60度から変化したら通知が届くように設定しました。導入した直後に市の担当者から、「ワクチンを出し入れするために冷凍庫を開けると、庫内の温度が少し変わりますよね。それだけで通知がありました。AIがしっかり監視してくれていることがわかって安心しました」という報告がありました。インテグライシステムが問題なく作動していること、そして何より社会の役に立つことがわかり、とてもうれしかったです。

――今では大企業からも導入の依頼があるそうですね。

　ワクチン管理の一件が大きく報道されると、インテグライシステムの知名度は一気に高まりました。1年目は苦戦しましたが、3年目の年商は1,500万円ほどになりました。これまでに長岡市内で約10社、東京都内で約30社に導入しています。

　2020年の秋には、宇宙航空研究開発機構（JAXA）からも連絡がありました。ロケットの燃料が入ったタンクを保管する部屋にある温度計を監視したい

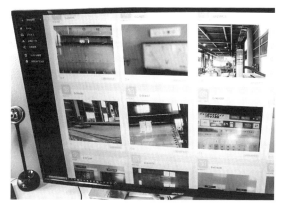

パソコンやスマホで確認できる

という依頼でした。燃料は危険物ですから室内に入ることができず、窓ガラス越しに温度計を読み取る必要がありました。光の反射などで読み取りがうまくいかないこともありましたが、学習を繰り返すことで読み取りの精度を99パーセント近くまで高め、2022年の春、無事に納品できました。

　現在は、大手自動車メーカーや大手食品メーカーへの導入に向けた準備が進んでいます。中小企業だけでなく大企業も製造ラインのデジタル化にインテグライシステムの導入を検討しているのです。これからも活躍の余地は大きいと感じています。

――今後の展望を教えてください。

　ノムハさんとソドーさんは東京の大学に通っているのですが、2024年の春に卒業予定であることや事業が軌道に乗ってきたことから、卒業後のキャリアを見据えて2023年5月にノムハさんを代表取締役社長とし、わたしは専務取締役になりました。ノムハさんとソドーさんは東京で、わたしは長岡でインテグライシステムの普及に努めていきたいです。

　インテグライシステムに新たな機能を追加することも検討しています。例えば、インテグライシステムが工場のラインを流れる製品の溶接ミスや細かい傷などを見つけ出し不良品を選別する、検品機能の開発を考えています。

わたしの専門分野である音に関する機能の開発も進めています。例えば、機械が発する音の微妙な変化を聞き分けて、機械が正常に作動しているかどうかを判定する機能などを考えています。

——教師としては今後どのような取り組みをしていきますか。

DCONに代表されるように、近年は全国の高専がアントレプレナーシップ教育に力を注いでいます。長岡市のようにスタートアップ支援に積極的な自治体もあります。若い世代へのアントレプレナーシップ教育が重要視されているなか、企業や学校、自治体の力を借りながら起業までしたことは、今後の教育活動のプラスになると思います。

これからも教師として学生たちのアイデアや熱意を引き出せる存在でありたいです。プレラボ活動やDCONなどのコンテストへの挑戦も続けていきたいと思います。近い将来、㈱IntegrAIに続く長岡高専発のベンチャー企業が誕生することを期待しています。

聞き手から

文部科学省が2022年に公表した「アントレプレナーシップ人材の裾野拡大に向けたプラットフォーム形成に係る調査分析報告書」は、アントレプレナーシップ教育の課題として、教育現場の整備不足、学生の認識不足、指導体制の構築不足などを指摘している。

㈱IntegrAIはこれらの課題を乗り越えて、高専発ベンチャー企業として活躍している。プレラボ活動のように早い段階から事業機会を意識する環境があり、DCONのように学生たちに起業の意識をもたせる機会があり、そして矢野さんのように起業を後押しする教師がいる。㈱IntegrAI誕生のストーリーはものづくりに興味をもつ若者たちに起業へ踏み出す勇気を与えてくれる。

（田中 哲矢）

（日本政策金融公庫調査月報　2023年12月号掲載）

事例編総論

コロナ禍に起業した12人への
ヒアリングを振り返って

日本政策金融公庫総合研究所

主席研究員　桑本　香梨

1 はじめに

　本事例編では、新型コロナウイルス感染症の流行が始まった2020年から2022年までに起業した12人の事例を紹介した。外出自粛やインバウンドの減少、度重なる緊急事態宣言など、厳しい環境のただなかにあった時期である。一方で、第2章でみたように、三密回避に伴う生活様式の変化により、新たなビジネスチャンスが生まれた時期でもあった。コロナ禍は起業にどのように影響したのか。事例編のまとめとして12の起業事例を整理し、コロナ禍のような危機時の起業に向けた示唆を得たい。

　なお、12人による事業の概要と詳しい事例の掲載ページは、事例編の表紙に一覧にしている。起業年は、12人中5人が2020年、4人が2021年、3人が2022年であった。従業者規模は本人のみの事業もあれば、13人や47人というところもある。

2 起業の状況

(1) コロナ禍が後押しした起業

　コロナ禍が起業の何らかのきっかけになったという人は、12人中4人であった。

　㈲KEiNAの今山実穂さん（事例1）は、コロナ禍となったことで起業に関心をもった。両親を感染させてしまう不安から秩父に帰省できない日々を過ごすなかで、地元への愛着を再認識したことがきっかけであった。2022年に秩父にカフェを併設したプライベートキャンプ場「KEiNA CHICHIBU」を開いた。原則土日のみの営業にして、都内の自宅と秩父を夫と娘3人で行き来する二拠点生活を送っている。秩父の自然と食材を

満喫できると評判である。

　感染症が流行して初めて起業に関心をもったという今山さんのような人は少数派で、第4章では起業関心層の13.8％にとどまっていた。ただ、感染拡大前から何となく起業に関心をもっていた人が、コロナ禍に背中を押されたというケースもあったようである。

　例えば、「幽霊蒸留所」をコンセプトにオリジナルのジンを製造するGinpsy㈲の山口真弘さん（事例2）が起業を考えるようになったのは、勤務先で副業が解禁された2019年であった。ただそのときは、漠然と考えるだけだったという。その後、コロナ禍で増えた空き時間に参加したオンラインのビジネスサロンで、講師からクラフトジンについて聞いたことを機に、意気投合したサロンのメンバー5人と2022年に副業起業を果たした。

　㈱OPEReの澤田優香さん（事例3）が起業を思い立ったのはコロナ禍となる前、自身が入院した時であった。ちょっとした用事ではナースコールを使いにくい患者と、さまざまなタスクを抱える入院病棟の看護師の両方に役立つアプリを考えついた。これを使えば、患者は急ぎではない用事でも気軽に連絡でき、看護師は依頼を一覧して、優先順位をつけて対応できる。ただ、システム開発会社や投資会社から良い反応を得られず、事業構想を磨いているさなかにコロナ禍に突入した。すると、知り合いの看護部長から、患者との接触を避けながら容体や体温を確認するために、アプリを使わせてほしいと頼まれる。澤田さんは急遽、アプリの開発を進めて2020年6月に起業した。その後、コロナ患者の急増に伴い、引き合いは増えていった。

　澤田さんの起業の経緯は、第2章でみた「プル型」に該当するだろう。一方、「プッシュ型」の起業をしたのが石井友之さん（事例4）である。ゲーム関連企業に長く勤めていたが、少子化や家庭用ゲーム機器の高性能化に

コロナ禍が追い打ちをかけるかたちとなり、勤務先がゲームコーナー事業から撤退することを決めた。自分が携わった事業を存続させたいという思いから、石井さんはその事業を買い取り、㈱Stand upを起業した。コロナ禍で撤退の話が本格化しなければ、石井さんが起業することもなかったかもしれない。

⑵　十分な準備をして好機をとらえる

　澤田優香さん（事例3）や石井友之さん（事例4）は、コロナ禍となったことで起業に至ったわけだが、突然発生した潮流に乗る場合でも、事前に体制を整えておくことが肝要である。

　山口真弘さん（事例2）は、クラフトジンの販売開始直後につまずいた。当時、おうち時間が増えたことで世間一般に飲食料品の通信販売が好調だったにもかかわらず、同社のジンはECサイトでの売れ行きが思わしくなかったのである。5人の仲間と繰り返し検討した末に、商品のストーリーを知ってもらう工夫が必要だと気づいてからは、SNSや催事での発信に注力し、ファンを増やしていった。

　野菜の収穫体験ができるプライベートキャンプ場を運営する今山実穂さん（事例1）は、近隣のキャンプ場とコンセプトが競合しないことを事前に確認した。起業前には専門機関に相談したり、創業塾で学んだりしてノウハウを身につけている。

　知り合いの看護師に頼まれ、アプリを急ピッチで完成させた澤田優香さん（事例3）も、それ以前から事業構想を磨き、出場したビジネスプランコンテストで優秀なシステムエンジニアを紹介してもらっていたからこそ、機を逃すことなく起業することができた。

　また、コロナ禍が起業の動機とは結びついていない人でも、外出自粛や営業時間の短縮が続くなかで起業のリスクを抑えるために、あらかじめ手

を打っていた。

　2021年にドローンのインストラクターとしてクローバードローンを起業した野澤成裕さん（事例5）は、すぐには仕事を獲得できない場合に備えて、自宅を事業所にして開業費用を抑え、借り入れを活用して退職金は手元に残した。

　ほかにも、オーダーメードのキッチンカーを製造販売する Automobile store Anu の斎藤なつみさん（事例6）は、コロナ禍の影響を受けにくい車の整備や車検で収入を安定させながら、キッチンカーの販売体制を整えていく計画で、2021年に起業した。

　起業を成功させるために十分な準備が重要であることは、平時も危機時も変わらない。

3　起業後の影響

　感染症流行は、起業のきっかけにならなかったとしても、事業に何らかの影響をもたらしている。プラスとマイナスの影響それぞれについて、具体的な内容をみていきたい。

⑴　困難を乗り越える取り組みが事業を強くする

　コロナ禍にマイナスの影響を受けた企業は少なくない。事例のなかには、起業からしばらく営業活動ができず、売り上げが立たなかったという企業もあった。起業前後に予期せぬ障害に直面した人は、どのように乗り越えたのだろうか。

　自身もヴィーガンである工藤柊さん（事例7）は、ヴィーガン向けに料理レシピ投稿サイトとネットスーパー、総菜デリを運営する㈱ブイクックを、2020年に立ち上げた。当初、東京オリンピックの開催に向けてインバ

ウンド需要も取り込めるサービスを考えていたが、起業直前にオリンピックの延期が決定され、海外からの旅行客も日本に渡航できなくなったことで頓挫した。しかし、このことから、同社のミッションを日本に暮らすヴィーガンに必要なサービスを届けることと定義し、その後の事業展開を迷いなく行えるようになった。

　空洞の茎をもつレピロニアという植物からつくった草ストローを輸入販売する㈲HAYAMIの大久保迅太さん（事例8）は、創業前に草ストローのことを知ってもらおうと、SNSで希望する飲食店を募り、サンプルを送った。折しも感染拡大が始まったころで、飲食店は一様に厳しい環境に置かれていた。それでも100件ほどがサンプルを取り寄せ、改良に向けた意見を寄せてくれた。このことに勇気を得た大久保さんは、日本で広く受け入れられる商品にしたいとの思いを強めた。ストローの太さや色の基準を定め、規格外品は輸出向けにするよう販売体制を整えた。環境への配慮が高まるなかで、需要は年々伸びている。

　㈱Tao Corporationの村田里依さん（事例9）は、自身の罹患をきっかけにがん患者向けのケア帽子を開発した。協力会社を探したり、糸や縫い方をいくつも試したりと苦労して開発したケア帽子は、人目を気にせず使えるデザインで、かぶり心地も良いと好評だった。しかし、在宅勤務が増えたことに加えて、重症化を恐れて外出するがん患者が減ったことで、販売は伸び悩んだ。多くの人に商品を知ってもらうことが必要だと感じた村田さんは、講演会に登壇したり、治療と仕事の両立を支援するイベントを企画運営したりすることで、顧客を広げている。

　事業によって直面する問題の内容や影響の大きさは異なるが、どの事例でも前向きに対処し、さらなる飛躍につなげようとしている様子がみられた。危機を乗り越えるために打った手は、平時に戻った後も事業を成長させる糧になるはずである。

事　例　編　*227*

⑵　チャンスを一過性のものにしない

　コロナ禍には、新たな事業機会が生まれたほか、優良物件に入居しやすくなるなど、プラスの影響もあった。好機をとらえ、起業して早々に事業を軌道に乗せられたケースもある。

　地元の調剤薬局を承継して㈱薬 zaiko を起業した海老沼徹さん（事例10）は、オンラインの服薬指導を行うことで、コロナ禍で薬局での滞在時間を短くしたい患者を取り込むことができた。アレルギー患者がLINEで薬剤師に相談できるサービス「ALLERU」も、気軽に疑問を解消できると評判を呼んでいる。

　勤務先が撤退を決めた事業を買い取り起業した石井友之さん（事例4）には、勝算があった。事業で手がけるのはスーパーマーケットやショッピングセンターにあるゲームコーナーで、ターゲットは親と一緒に立ち寄る小学生以下の子どもである。遠くへ出かけられなくなった分、近所に遊び場を求めてやってくる子どもはむしろ増えると考えたのである。起業後も、コロナ禍で増えた商業施設の空きテナントを安く借りられるようになったことで、起業当初7カ所だったゲームコーナーは2年で11カ所に増えた。スタッフも10人から50人近くまで増えている。

　期せずして、コロナ禍が集客につながったケースもある。キッチンカーを製造販売する斎藤なつみさん（事例6）の店には、コロナ禍で廃業した飲食店の店主から依頼が入る。キッチンカーであれば固定費を抑えて店を開けるので、経営の再チャレンジの場になっているようだという。

　2022年に除草ヤギの販売や貸し出しを行う女子畑やぎ牧場を起業した割方遥花さん（事例11）は、コロナ禍で不安やストレスが高まるなかで、癒やしの存在として事業が注目されていると感じる。動物園で動物と触れ合うイベントが中止されるようになったことを受けて、近隣の幼稚園や保

育園、小学校で子どもたちがヤギと触れ合う出張授業も行っており、引き合いは多い。

　高等専門学校で教鞭をとる矢野昌平さん（事例12）は、学生と開発したAI搭載カメラを市場に出すべく、2020年に㈱IntegrAIを起業した。機械のモニターや計器を監視し、異常を検知したら知らせるカメラで、工場など現場の人手不足解消につなげたいとの思いから開発したものだった。コロナ禍で営業もままならずにいたが、地元市役所でコロナワクチンを保管する業務用冷蔵庫の温度管理に使われたことを機に、全国から注目される。コロナワクチンはマイナス60度以下での保管が必要で、当時、冷蔵庫の不具合ですべてのワクチンを使えなくなるケースもあった。ほかの自治体からも受注するようになり、売り上げは急増した。

　同社には、宇宙航空研究開発機構（JAXA）も目をつけた。ロケット燃料を入れたタンクを保管する部屋の温度管理ができないか依頼してきたのである。矢野さんは、試行錯誤を繰り返し、ガラス越しに温度を読みとる機能の精度を99％近くまで上げることに成功、2022年に納品した。コロナ禍で得たチャンスを広げるためには、矢野さんのように商品やサービスを磨き続ける姿勢が大切であろう。

　入院患者と看護師をつなぐアプリを公開した澤田優香さん（事例3）は、コロナ禍が収束すれば需要は減るだろうと考えるようになった。そこで、人手がより不足している外来病棟をターゲットに変えて、通院・入院時の患者への案内や定型的な連絡を、LINEを経由して自動で行うアプリを新たに開発した。2022年から提供を開始し、多くの病院で導入されている。

　危機はいずれ去り、それに付随したメリットもなくなる。危機時に始めた事業を長く継続させていくためには、有事に対応するだけではなく、将来を見据えて体制を整えておかなければいけない。

4　おわりに

　本事例編の総論では、社会全体が新型コロナウイルス感染症の影響を強く受けていた2020年から2022年に起業した12人の取り組みを整理し、非常時の起業への影響や、有用な対応を考えた。

　事例では、第2章や第4章でみたように数は多くないが、コロナ禍が起業への関心を引き起こしたり、直接または間接的な起業動機になったりしたケースが複数みられた。それぞれ、突然のビジネスチャンスを逃さずに起業していたが、事前の十分な準備も怠っていなかった。好機にいち早く対応するためには、起業に関心をもった時点で、経営について触れたり学んだりする機会をもっておくとよいかもしれない。

　コロナ禍の起業には、営業活動ができなくなるなどの障害もあった。事例の起業家たちは、副業として起業したり、自宅を事業所にして起業費用を抑えたりして対応していた。また、起業後に直面した問題に対応するために、事業のコンセプトを見つめ直したり、PRの場を広げたりしたことが、その後の事業の成長に結びついていた。コロナ禍のような大きな危機に立ち向かった経験は、その後の事業経営における自信につながるはずである。

　コロナ禍に生じたニーズを獲得して、事業を軌道に乗せたケースもあった。ただ、危機時に生じたビジネスチャンスは一過性のものである。事例の起業家たちは、平時に向けて二の矢、三の矢を放っていた。今回のような経済ショックが近い将来に訪れる可能性もある。不確実性が高まる現代社会においては、さまざまな環境に臨機応変に対応できるように常にさまざまな手を考えておくことが、起業のリスクを軽減し、事業を円滑に進める鍵になるだろう。

資　料　編

　1991年度以降の「新規開業実態調査」の個票データについては、すべて、東京大学社会科学研究所附属社会調査・データアーカイブ研究センターに設置されているSSJデータアーカイブに収録されています。

　SSJデータアーカイブでは、統計調査、社会調査の調査個票データを収集・保管しており、学術目的であれば必要なデータを利用することができます。

　詳細については、https://csrda.iss.u-tokyo.ac.jp をご参照ください。

資料編

1　「2023年度新規開業実態調査」アンケート調査票と単純集計結果

> 選択肢を回答する設問においては回答割合を、実数を回答する設問においては平均値を
> それぞれ記した。

Ⅰ　事業の概要についてうかがいます。

問1　略

問2　開業時の経営形態をお答えください。

1	個人経営	60.4%	2	株式会社	30.4%
3	NPO法人	0.5%	4	その他	8.7%

問3　現在の経営形態をお答えください。

1	個人経営	57.9%	2	株式会社	32.7%
3	NPO法人	0.5%	4	その他	8.9%

問4　既存の同業者と比べて、事業内容（商品・サービスの内容、対象とする市場など）に
　　新しい点がありますか。

1	大いにある	12.7%	2	多少ある	49.0%
3	あまりない	31.0%	4	まったくない	7.3%

問5　略

問6　主要な商品・サービスの価格帯は、業界の平均的な水準と比べてどうですか。

1	かなり高い	2.1%	2	やや高い	20.9%
3	ほとんど変わらない	50.8%	4	やや低い	22.9%
5	かなり低い	3.3%			

問7　現在の事業はベンチャービジネスやニュービジネスに該当すると思いますか。

1	思う	10.7%	2	思わない	71.7%
3	わからない	17.7%			

問8　フランチャイズ・チェーンに加盟していますか。

1	加盟している	6.7%	2	加盟していない	93.3%

問9　ご自宅から主な事業所までの通勤にかかる時間（片道）はどれくらいですか。

1	自宅の一室	17.8%	2	自宅に併設	7.7%
3	15分未満（1、2を除く）	30.5%	4	15分以上30分未満	23.4%
5	30分以上1時間未満	15.2%	6	1時間以上	5.4%

問10　商圏の範囲について、最も当てはまるものを一つお答えください。

1	事務所や店舗の近隣	9.4%	2	同じ市区町村内	35.9%
3	同じ都道府県内	24.3%	4	近隣の都道府県	13.9%
5	日本国内	15.4%	6	海外	1.2%

問11　主な販売先・顧客についてうかがいます。

　(1)　主な販売先・顧客は固定されていますか。

1	固定客がほとんどである	52.1%	2	固定客が半分くらいである	32.6%
3	固定客はほとんどいない	15.3%			

　(2)　主な販売先・受注先はどちらですか。一つお答えください。

1	事業所（企業・官公庁など）	35.4%
2	一般消費者	64.6%

問12　仕事の進め方（時間や場所、やり方など）について、あなたの裁量はどの程度ありますか。最も当てはまるものを一つお答えください。

1	通常は自分の意向で決められる	62.8%
2	通常は販売先・顧客の意向に従う	15.5%
3	販売先・顧客や仕事の内容によって異なる	21.7%

Ⅱ　経営者ご本人についてうかがいます。

問13　性別をお答えください。

1	男性	75.2%	2	女性	24.8%

問14　生年月を西暦でご記入ください。

西暦 ☐☐☐☐ 年 ☐☐ 月

問15　最終学歴（中退を含む）をお答えください。

1	中学	3.5%	2	高校	29.2%
3	高専	0.7%	4	専修・専門・各種学校	26.1%
5	短大	4.4%	6	大学	31.9%
7	大学院	4.2%	8	その他	0.0%

問16　配偶者はいますか。

1　いる　　　　73.2%　　2　いない　　　　26.8%

問17　あなたは主たる家計維持者ですか。

1　主たる家計維持者である　83.1%　　2　主たる家計維持者ではない　16.9%

問18　あなた自身が育児や介護に携わる時間（1日当たりの平均）はどれくらいですか。また、育児・介護を含めた家事全般に充てる時間（1日当たりの平均）はどれくらいですか。それぞれについてお答えください。なお、世帯が同一ではない場合も含みます。

⑴　育児（孫など、ご自身のお子さん以外も含む。ただし、報酬を目的とした育児は除く）

1	1時間未満	17.3%	2	1時間以上2時間未満	13.5%
3	2時間以上4時間未満	10.8%	4	4時間以上6時間未満	4.2%
5	6時間以上8時間未満	2.1%	6	8時間以上10時間未満	1.1%
7	10時間以上12時間未満	0.6%	8	12時間以上	1.5%
9	携わっていない	48.9%			

⑵　介護（報酬を目的とした介護は除く）

1	1時間未満	8.4%	2	1時間以上2時間未満	1.1%
3	2時間以上4時間未満	0.9%	4	4時間以上6時間未満	0.3%
5	6時間以上8時間未満	0.0%	6	8時間以上10時間未満	0.1%
7	10時間以上12時間未満	0.1%	8	12時間以上	0.2%
9	携わっていない	88.9%			

⑶　家事全般（育児や介護を含む。ただし、報酬を目的としたものは除く）

1	1時間未満	33.8%	2	1時間以上2時間未満	29.8%
3	2時間以上4時間未満	16.1%	4	4時間以上6時間未満	4.7%
5	6時間以上8時間未満	1.4%	6	8時間以上10時間未満	0.7%
7	10時間以上12時間未満	0.3%	8	12時間以上	1.4%
9	携わっていない	11.7%			

問19　現在の事業からの経営者ご本人の収入が、世帯の収入に占める割合はどれくらいですか。

1　100%（ほかの収入はない）　32.0%　　2　75%以上100%未満　　25.3%

3　50%以上75%未満　17.8%　　4　25%以上50%未満　11.0%

5　25%未満　13.9%

問20　あなた自身が、現在の事業以外から得ている収入はありますか。当てはまるものをすべてお答えください。

1　別の事業からの収入（4〜6を除く）　9.8%

2　勤務収入（パート、アルバイトを含む）　9.9%

3　年金や仕送りからの収入　3.6%

4　不動産賃貸による収入　3.6%

5　太陽光発電による収入　1.6%

6　金融や不動産などの投資収入（利子や売買益）　4.8%

7　その他　0.9%

8　現在の事業以外に収入はない　69.9%

問21　現在の事業以外の職業についてうかがいます。

(1)　現在の事業のほかに、現在就いている職業はありますか。当てはまるものをすべてお答えください。

1　会社や団体の代表者　4.2%

2　会社や団体の常勤役員（1、7を除く）　1.7%

3　正社員・正職員（管理職）（7を除く）　2.5%

4　正社員・正職員（管理職以外）（7を除く）　1.3%

5　パートタイマー・アルバイト　5.2%

6　派遣社員・契約社員　1.4%

7　家族従業員　0.8%

8　自営業主（現在の事業とは別の事業）　4.9%

9　学生　0.1%

10　その他　1.0%

11　該当するものはない　78.5%

(2)　(1)で「1」〜「8」と回答した方にうかがいます。それ以外の方は問22へお進みください。

現在の事業のほかに就いている職業の、1週間当たりの就労時間はどれくらいですか。

※1時間未満の端数がある場合は、切り上げてお答えください。

1週間当たり　21.3　時間くらい

問22　現在の事業からの経営者ご本人の収入が、<u>経営者ご本人の定期的な収入に占める割合</u>はどれくらいですか。

 1　100％（ほかの収入はない）　59.2%　　2　75％以上100％未満　　12.6%
 3　50％以上75％未満　5.3%　　4　25％以上50％未満　　6.9%
 5　25％未満　16.0%

問23　仕事の経験についてうかがいます。
 ※年数について1年未満の端数がある場合は、<u>切り上げて</u>お答えください。

 ⑴　学校を卒業してから現在の事業を開業するまでに、勤務した経験がありますか。経験がある場合は、<u>勤務した企業（官公庁を含む）の数と経験年数の合計</u>もご記入ください。
  ※パートタイマー・アルバイト、派遣社員・契約社員、家族従業員として働いた経験を含みます。
  1　ある　→　合計 3.8 社　20.1 年　　　　2　ない
  98.1%　　　　　　　　　　　　　　　　　1.9%

 ⑵　現在の事業を開業する前に、現在の事業に関連する仕事をした経験がありますか。経験がある場合は、<u>経験年数の合計</u>もご記入ください。
  1　ある　→　合計 15.2 年　　　　2　ない
  84.4%　　　　　　　　　　　　　15.6%

 ⑶　現在の事業を開業する前に、正社員として働いた経験がありますか。経験がある場合は、<u>勤務した企業（官公庁を含む）の数と経験年数の合計</u>もご記入ください。
  1　ある　→　合計 3.0 社　18.3 年　　　　2　ない
  94.8%　　　　　　　　　　　　　　　　　5.2%

 ⑷　現在の事業を開業する前に、管理職（3人以上の部下をもつ課もしくは部などの長またはリーダー）として働いた経験がありますか。経験がある場合は、<u>勤務した企業（官公庁を含む）の数と経験年数の合計</u>もご記入ください。
  1　ある　→　合計 1.6 社　11.0 年　　　　2　ない
  66.6%　　　　　　　　　　　　　　　　　33.4%

⑸ 現在の事業を開業する前に、事業を経営した経験がありますか。当てはまるものを一つお答えください。経験がある場合は、現在の事業を始める前に経営した事業の数と経験年数の合計も、ご記入ください。

1　事業を経営したことはない　　　　　　　　　86.9%

2　事業を経営したことがあり、
　　現在も主に自分がその事業を経営している　　4.8%

3　事業を経営したことがあり、
　　現在もその事業には携わっているが、　　　　1.2%
　　経営は主にほかの人がやっている

4　事業を経営したことはあるが、
　　その事業の経営から退いた　　　　　　　　　7.1%
　　（すでにその事業を行っていない場合も含む）

合計　1.2 事業
　　　8.8 年

問24　現在の事業を開業する直前の職業についてうかがいます。

⑴　最も当てはまるものを一つお答えください。

1　会社や団体の常勤役員（6を除く）　　　　　　10.3%

2　正社員・正職員（管理職）（6を除く）　　　　　40.0%

3　正社員・正職員（管理職以外）（6を除く）　　　30.9%

4　パートタイマー・アルバイト　　　　　　　　　8.1%

5　派遣社員・契約社員　　　　　　　　　　　　　2.9%

6　家族従業員　　　　　　　　　　　　　　　　　1.1%

7　自営業主　　　　　　　　　　　　　　　　　　4.4%

8　学生　　　　　　　　　　　　　　　　　　　　0.2%

9　専業主婦・主夫　　　　　　　　　　　　　　　0.7%

10　その他　　　　　　　　　　　　　　　　　　　1.4%

⑵　⑵〜⑹は、⑴で「1」〜「6」と回答した方にうかがいます。それ以外の方は問25へお進みください。

開業する直前の勤務先の従業者規模をお答えください。

1	4人以下	11.8%	2	5〜9人	16.8%
3	10〜19人	15.7%	4	20〜29人	8.3%
5	30〜49人	8.5%	6	50〜99人	9.4%
7	100〜299人	10.5%	8	300〜999人	7.0%
9	1,000人以上	11.1%	10	公務員	0.9%

⑶　開業する直前の勤務先をどのように離職しましたか。最も当てはまるものを一つお
　　答えください。

1	自らの意思による退職	82.0%
2	定年による退職	1.4%
3	事業部門の縮小・撤退に伴う離職	2.4%
4	勤務先の廃業による離職	2.5%
5	勤務先の倒産による離職	0.6%
6	解雇	1.4%
7	その他の理由による離職	2.2%
8	離職していない（現在も働いている）	7.5%

⑷　⑷～⑹は、⑶で「1」～「7」と回答した方にうかがいます。それ以外の方は問25へお
　　進みください。

　　　　開業する直前の勤務先を離職した時期を西暦でご記入ください。

　　西暦 ☐☐☐☐ 年 ☐☐ 月

⑸　開業する直前の勤務先からの離職には、新型コロナウイルス感染症の影響がありま
　　したか。新型コロナウイルス感染症の流行前に離職した方は「2　影響はなかった」
　　とお答えください。

1	影響があった　　27.1%	2	影響はなかった　　72.9%

⑹ ⑶で「1 自らの意思による退職」と回答した方にうかがいます。それ以外の方は
問25へお進みください。

開業する直前の勤務先を離職した具体的な理由として、当てはまるものを<u>すべて</u>お
答えください。

1	結婚のため	0.7%
2	出産のため	0.9%
3	育児のため	3.5%
4	介護のため	1.0%
5	配偶者の転勤・転居に帯同するため	0.1%
6	生活の拠点を移すため（5を除く）	2.5%
7	就学のため	0.2%
8	スキルアップのため（7を除く）	14.1%
9	高齢になったため	0.8%
10	自身の健康上の問題から	3.5%
11	家族の健康上の問題から	1.7%
12	仕事の内容に不満があったから	19.7%
13	もっとやりたい仕事ができたから	17.8%
14	勤務地に不満があったから	3.4%
15	勤務条件（給与・労働時間など）に不満があったから （14を除く）	19.2%
16	事業を始めるため	80.6%
17	職場の雰囲気や人間関係に不満があったから	16.7%
18	その他	3.7%

問25 企業や官公庁、団体などに勤務しながら、副業として現在の事業を立ち上げました
か。最も当てはまるものを<u>一つ</u>お答えください。

1	現在も勤務しながら事業を行っている	11.8%
2	勤務しながら事業を立ち上げたが、 現在は勤務を辞め事業を専業として行っている	15.0%
3	勤務を辞めてから事業を立ち上げた	71.1%
4	事業を立ち上げたときは勤務していなかったが、 現在は勤務しながら事業を行っている	1.4%
5	一度も勤務したことはない	0.7%

Ⅲ　開業の準備についてうかがいます。

問26　事業を開始した時期（<u>西暦</u>）と年齢をご記入ください。

西暦 $\boxed{2}\,\boxed{0}\,\boxed{}\,\boxed{}$ 年 $\boxed{}\,\boxed{}$ 月　　　　$\boxed{43.7}$ 歳のとき

問27　開業を準備した時期の状況についてうかがいます。

⑴　具体的な開業準備（場所の検討、取引先の探索、求人活動など）を始めた時期を<u>西暦で</u>
　　ご記入ください。

西暦 $\boxed{}\,\boxed{}\,\boxed{}\,\boxed{}$ 年 $\boxed{}\,\boxed{}$ 月

⑵　事業を経営したいと思ったのは、新型コロナウイルス感染症が流行する前でした
　　か。最も当てはまるものを<u>一つ</u>お答えください。

1　感染症が流行する前から開業の時期を決めていた　　　　15.9%

2　感染症が流行する前から、いずれ開業する
　　つもりだった（時期は未定）　　　　　　　　　　　　　47.6%

3　感染症が流行する前から開業に関心はあったが、
　　当時は実際に開業するつもりはなかった　　　　　　　　19.8%

4　感染症が流行してから初めて、開業に関心をもった　　　16.8%

⑶　開業の準備に当たり、新型コロナウイルス感染症流行の影響はありましたか。

1　影響があった　　　　　36.7%　　　2　影響はなかった　　　　　63.3%

242

⑷ ⑶で「1 影響があった」と回答した方にうかがいます。それ以外の方は問28へお進みください。

以下の①〜④について、新型コロナウイルス感染症流行を考慮して、当初の計画から変えたものはありますか。それぞれについて、最も当てはまるものを一つお答えください。

① 開業時期

1 当初計画より早めた　14.2%　　2 当初計画のとおり　42.2%

3 当初計画より遅らせた　43.5%

② 開業場所の立地

1 当初計画より好立地　11.5%　　2 当初計画のとおり　77.7%

3 当初計画より悪化　10.8%

③ 開業費用

1 当初計画より増やした　37.2%　　2 当初計画のとおり　46.6%

3 当初計画より減らした　16.2%

④ 売り上げ計画

1 当初計画より拡大した　6.2%　　2 当初計画のとおり　46.8%

3 当初計画より縮小した　47.1%

問28 現在の事業を始めるに当たって、ほかの企業（倒産や廃業した企業を含む）から引き継いだものはありますか。有償・無償を問わず、当てはまるものをすべてお答えください。

1 従業員　9.3%

2 土地や店舗・事務所・工場など　6.8%

3 機械・車両などの設備　9.2%

4 製品・商品　4.2%

5 販売先・受注先　12.6%

6 仕入先・外注先　12.7%

7 免許・資格　4.8%

8 のれん・ブランド・商標　3.7%

9 その他　0.5%

10 引き継いだものはない　70.9%

問29 新型コロナウイルス感染症の影響についてうかがいます。

(1) 新型コロナウイルス感染症の流行が開業を決意するきっかけとなりましたか。新型
コロナウイルス感染症の流行前に開業した方は「2 きっかけとはなっていない」と
お答えください。

1 きっかけとなった 　　　16.6%　　　2 きっかけとはなっていない 　83.4%

(2) (1)で「1 きっかけとなった」と回答した方にうかがいます。それ以外の方は(3)へ
お進みください。

きっかけの具体的な内容として、当てはまるものを<u>すべて</u>お答えください。

1 自身が離職したから 　　　　　　　　　　　　　　　28.2%
2 家族が離職したから 　　　　　　　　　　　　　　　1.7%
3 自身の勤務収入が減ったから（1を除く） 　　　　　22.7%
4 家族の収入が減ったから（2を除く） 　　　　　　　2.4%
5 適当な勤め先がなくなったから（1を除く） 　　　　4.5%
6 勤務先ではやりたい仕事ができなくなったから 　　20.6%
7 地方に転居するから 　　　　　　　　　　　　　　　1.4%
8 勤務先ではテレワークができなかったから 　　　　3.1%
9 勤務先で副業をしやすくなったから 　　　　　　　3.4%
10 時間にゆとりができたから 　　　　　　　　　　　10.7%
11 新たな事業機会が生まれたから 　　　　　　　　　23.7%
12 廃業した企業から事業を引き継ぐことになったから　2.4%
13 適当な物件を入手しやすくなったから（賃借を含む）3.1%
14 補助金を利用しやすくなったから 　　　　　　　　3.8%
15 借り入れしやすくなったから 　　　　　　　　　　3.1%
16 一緒に事業をする人材を集められたから 　　　　　6.2%
17 周りから声をかけられたから 　　　　　　　　　　6.2%
18 その他 　　　　　　　　　　　　　　　　　　　　14.1%

(3) 2020年以降に開業した方にうかがいます。それ以外の方は問30へお進みください。

コロナ禍となってから開業したことで、良かったことはありますか。当てはまるものを<u>すべて</u>お答えください。

1 資金調達が容易になった	7.3%
2 支援機関からの創業のサポート（融資を除く）を十分に受けられるようになった	7.1%
3 好立地の空き物件を手に入れられた（賃借を含む）	6.3%
4 開業費用を抑えられた	2.6%
5 人手を確保できた	1.8%
6 同業者・競合店が少なかった	3.5%
7 販売先・顧客を十分に確保できた	2.5%
8 原材料・商品を手に入れやすくなった	0.4%
9 オンラインで遠隔地への営業活動をしやすくなった	6.5%
10 その他	0.9%
11 特にない	72.3%

問30 開業時、以下の(1)～(7)についての充足度はいかがでしたか。それぞれについて、最も当てはまるものを<u>一つ</u>お答えください。

	十分だった	どちらかといえば十分だった	どちらかといえば不十分だった	不十分だった
(1) 販売先（受注先）の数	19.6%	30.1%	26.8%	23.5%
(2) 仕入先（外注先）の数	32.6%	35.8%	18.3%	13.4%
(3) 従業員の数	48.7%	24.3%	15.3%	11.6%
(4) 従業員のスキル	42.0%	27.6%	18.0%	12.4%
(5) 自己資金の準備額	15.6%	27.2%	39.5%	17.8%
(6) 金融機関からの資金調達額	28.8%	36.0%	25.9%	9.3%
(7) トータルの資金調達額	26.4%	35.6%	27.9%	10.1%

問31　事業を始めようと思った動機について、当てはまる選択肢の番号を三つまで重要な順にご記入ください。

	最も 重要な動機	2番目に 重要な動機	3番目に 重要な動機
① 収入を増やしたかった	16.6%	12.8%	16.8%
② 自由に仕事がしたかった	22.4%	20.4%	15.2%
③ 事業経営という仕事に興味があった	12.5%	12.8%	10.6%
④ 自分の技術やアイデアを事業化したかった	11.5%	9.9%	9.8%
⑤ 仕事の経験・知識や資格を生かしたかった	13.8%	19.1%	13.5%
⑥ 趣味や特技を生かしたかった	2.2%	3.0%	3.5%
⑦ 社会の役に立つ仕事がしたかった	8.9%	9.1%	10.3%
⑧ 年齢や性別に関係なく仕事がしたかった	2.5%	3.7%	6.1%
⑨ 時間や気持ちにゆとりが欲しかった	3.8%	7.7%	11.7%
⑩ 適当な勤め先がなかった	1.8%	1.1%	2.0%
⑪ その他	4.0%	0.6%	0.5%

問32　現在の事業に決めた理由について、最も当てはまるものを一つお答えください。

1　成長が見込める事業だから　　　　　　　　　　　7.8%

2　新しい事業のアイデアやヒントをみつけたから　　3.8%

3　地域や社会が必要とする事業だから　　　　　　　13.6%

4　身につけた資格や知識を生かせるから　　　　　　23.2%

5　これまでの仕事の経験や技能を生かせるから　　　43.9%

6　趣味や特技を生かせるから　　　　　　　　　　　4.0%

7　不動産などを活用できるから　　　　　　　　　　0.6%

8　経験がなくてもできそうだから　　　　　　　　　1.9%

9　その他　　　　　　　　　　　　　　　　　　　　1.1%

問33　開業計画書を作成しましたか。また、作成した開業計画書の妥当性についてどなたかに評価してもらいましたか。

1　作成し、評価してもらった　　　　　　　　　　　70.7%

2　作成したが、評価してもらっていない　　　　　　20.5%

3　作成していない　　　　　　　　　　　　　　　　8.8%

問34　開業を念頭において、技術やノウハウを身につけるために事前に行ったことはありますか。当てはまるものを<u>すべて</u>お答えください。

1	勤務経験を通じて身につけた	66.5%
2	関連書籍等を使って自学自習した	27.0%
3	通信教育やインターネット上の講習を受けた	10.6%
4	高校、専門学校、大学などの教育機関に通った	6.4%
5	公共の職業訓練校に通った	1.1%
6	開業前の勤め先で研修や勉強会に参加した	12.7%
7	研修やセミナーに参加した（6を除く）	23.0%
8	習い事を通じて身につけた（3〜7を除く）	2.9%
9	同業者と意見交換を行った	39.2%
10	同業者を巡り研究した（9を除く）	17.0%
11	周囲の企業経営者に相談した	32.3%
12	金融機関や税理士などの専門家に相談した	25.6%
13	家族・親戚に相談した（11、12を除く）	26.2%
14	友人や知人に相談した（11、12を除く）	28.0%
15	その他	1.2%
16	何もしなかった	4.1%

問35　開業後に、現在の事業に関する技術やノウハウを向上させるために行っていることはありますか。当てはまるものを<u>すべて</u>お答えください。

1	副業先での勤務経験を通じて身につけている	4.5%
2	関連書籍等を使って自学自習している	32.3%
3	通信教育やインターネット上の講習を受けている	14.7%
4	高校、専門学校、大学などの教育機関に通っている	0.6%
5	公共の職業訓練校に通っている	0.4%
6	副業先での研修や勉強会に参加している	1.8%
7	研修やセミナーに参加している（6を除く）	27.9%
8	習い事をしている（3〜7を除く）	1.8%
9	同業者と意見交換を行っている	58.1%
10	同業者を巡り研究している（9を除く）	19.9%
11	周囲の企業経営者に相談している	36.5%
12	金融機関や税理士などの専門家に相談している	29.9%
13	家族・親戚に相談している（11、12を除く）	16.8%
14	友人や知人に相談している（11、12を除く）	23.2%
15	その他	1.5%
16	何もしていない	5.4%

問36　開業にかかった費用の内訳をご記入ください。<u>該当しない項目には「0」</u>とご記入ください。

開業にかかった費用の内訳	（億）	（万円）
① 土地を購入する代金		41.3
② 建物を購入する代金（新築・増改築を含む）		120.9
③ 土地・建物を借りる費用（敷金や入居保証金など）		86.1
④ 工場・店舗・事務所などの内外装工事費用		176.0
⑤ 機械設備・車両・じゅう器・備品などの購入費用		277.8
⑥ 営業保証金、フランチャイズ加盟金		34.7
⑦ 運転資金（仕入代金、人件費など）		290.2
合　計		1,027.0

問37　開業にかかった費用の調達先の内訳をご記入ください。<u>該当しない項目には「0」</u>とご記入ください。

費用の調達先の内訳	（億）	（万円）
① 自己資金（預貯金、退職金など）		280.4
② 配偶者・親・兄弟姉妹・親戚からの借入金・出資金		50.4
③ 自社の役員・従業員からの借入金・出資金（②を除く）		13.4
④ 事業に賛同した個人・法人からの借入金・出資金		22.1
⑤ 友人・知人からの借入金・出資金（④を除く）		1.7
⑥ 日本政策金融公庫からの借入金		457.9
⑦ 地方自治体の制度融資		23.1
⑧ 公的機関からの借入金（⑥、⑦を除く）		30.0
⑨ 民間金融機関（銀行、信用金庫など）からの借入金		256.6
⑩ ベンチャーキャピタルからの出資金		1.3
⑪ リース、設備手形、設備業者のローン		14.3
⑫ その他		28.9
合　計		1,180.1

Ⅳ 開業後の経営の状況についてうかがいます。

問38 従業員数についてうかがいます。(1)開業時、(2)現在のそれぞれについて、従業員数をご記入ください。該当者がいない場合は「0」とご記入ください。常勤役員を務めている家族については家族従業員としてお答えください。

	経営者本　人	家族従業員（役員を含む）	常勤役員（家族従業員を除く）	正社員（常勤役員を除く）	パートタイマー・アルバイト	派遣社員・契約社員
(1)開業時	1人	0.3人	0.1人	0.5人	0.8人	0.1人
(2)現　在	1人	0.4人	0.2人	0.9人	1.3人	0.1人

問39 経営者ご本人の現在の事業に従事している時間は、1週間当たりどれくらいですか。
※1時間未満の端数がある場合は、切り上げてお答えください。

1週間当たり 48.3 時間くらい

問40 ご自身や従業員の働き方として実践していることはありますか。ただし、新型コロナウイルス感染症の経済社会への影響がなくなったときも継続して実施するものに限ります。当てはまるものをすべてお答えください。

1	時差出勤	10.2%
2	時短勤務	12.0%
3	フレックスタイム制	10.7%
4	副業	8.1%
5	残業・休日労働の削減	18.0%
6	休暇取得の促進	14.2%
7	在宅勤務	14.4%
8	オンラインでの会議や打ち合わせ	16.5%
9	オンラインでの商談やプレゼンテーション	8.3%
10	特にない	48.4%

問41　事業における受注経路についてうかがいます。当てはまるものをすべてお答えください。
　　　1　訪問や電話などによる直接の営業活動　　　　　　　24.6%
　　　2　ホームページの作成やチラシ等の配布などの、
　　　　　宣伝広告活動　　　　　　　　　　　　　　　　　45.2%
　　　3　自身の SNS やブログを通じて　　　　　　　　　　38.2%
　　　4　取引先の紹介　　　　　　　　　　　　　　　　　40.7%
　　　5　前職での知り合いの紹介　　　　　　　　　　　　37.3%
　　　6　友人・知人の紹介（4、5を除く）　　　　　　　　37.1%
　　　7　家族・親戚の紹介　　　　　　　　　　　　　　　17.2%
　　　8　仲介会社を通じて　　　　　　　　　　　　　　　8.8%
　　　9　クラウドソーシング業者を通じて　　　　　　　　1.0%
　　　10　公開されている求人誌、求人欄、
　　　　　ネット上の求人サイト等の募集広告に応募して　　3.4%
　　　11　コンペや入札に応募して　　　　　　　　　　　　1.9%
　　　12　その他　　　　　　　　　　　　　　　　　　　　3.2%
　　　13　特にない　　　　　　　　　　　　　　　　　　　7.2%

問42　現在の売り上げ状況をお答えください。
　　　1　増加傾向　　　　58.6%　　　2　横ばい　　　　　　33.4%
　　　3　減少傾向　　　　　7.9%

問43　現在の採算状況をお答えください。黒字基調の方は、黒字基調になった時期もご記入
　　　ください。
　　　1　黒字基調　→　開業して 6.5 カ月後　　　　2　赤字基調
　　　　64.7%　　　　　　　　　　　　　　　　　　　35.3%

問44　同業他社と比べて現在の業況（事業の状況）はいかがですか。
　　　1　良い　　　　　8.8%　　　2　やや良い　　　　50.2%
　　　3　やや悪い　　　32.1%　　　4　悪い　　　　　　8.8%

問45　開業前に予想していた月商（1カ月当たりの売上高）はどれくらいでしたか。また、現在の月商もご記入ください。

	（億）	（万円）
(1)　開業前に予想していた月商		298.0
(2)　現在の月商		346.7

問46　新型コロナウイルス感染症の流行に関連した商品・サービスについてうかがいます。

(1)　新型コロナウイルス感染症の流行に関連して提供している商品・サービスはありますか。

1　あったがすでに提供をやめた　→　最も多い時期で売上高の約 23.2 ％を占めた

　　1.6%

2　ある　→　現在の売上高の約 28.1 ％を占める

　　3.4%

3　提供したことはない

　　95.0%

(2)　(1)で「2　ある」と答えた方にうかがいます。それ以外の方は問47へお進みください。

　　その商品・サービスについて、今後も提供を続けますか。最も当てはまるものを一つお答えください。

1　提供を継続し、販売を強化する　　　　　　　17.5%

2　これまでどおりの提供を継続する　　　　　　66.7%

3　提供は継続するが、販売は縮小する　　　　　12.3%

4　提供をやめる　　　　　　　　　　　　　　　3.5%

問47　現在の事業をするに当たって、最も重視していることを一つお答えください。

1　収入　　　　　33.3%　　　2　仕事のやりがい　　　　42.3%

3　私生活との両立　24.4%

問48　(1)開業時に苦労したこと、(2)現在苦労していることは何ですか。それぞれについて、
　　　当てはまる選択肢の番号を三つまでご記入ください。

	(1) 開業時に 苦労したこと	(2) 現在苦労 していること
①　商品・サービスの企画・開発	14.6%	15.0%
②　顧客・販路の開拓	48.5%	49.5%
③　仕入先・外注先の確保	20.3%	9.3%
④　従業員の確保	15.2%	26.0%
⑤　従業員教育、人材育成	9.7%	17.0%
⑥　業界に関する知識の不足	10.1%	6.6%
⑦　商品・サービスに関する知識の不足	7.2%	4.5%
⑧　財務・税務・法務に関する知識の不足	37.5%	32.2%
⑨　資金繰り、資金調達	59.6%	37.0%
⑩　経営の相談ができる相手がいないこと	13.1%	12.4%
⑪　家事や育児、介護等との両立	7.8%	11.2%
⑫　その他	1.2%	1.7%
⑬　特にない	4.8%	7.5%

問49　次の(1)～(4)について、現在の事業を始める前と比べてどうなりましたか。それぞれに
　　　ついて最も当てはまるものを一つお答えください。

(1)　経営者ご本人の収入

1　増えた　　　　　34.9%　　　2　変わらない　　　　23.0%

3　減った　　　　　42.1%

(2)　仕事のやりがい（自分の能力の発揮など）

1　増した　　　　　82.2%　　　2　変わらない　　　　16.8%

3　減った　　　　　0.9%

(3)　働く時間の長さ

1　長くなった　　　46.8%　　　2　変わらない　　　　30.6%

3　短くなった　　　22.6%

(4)　ワークライフバランスの実現（仕事と生活の調和）

1　改善した　　　　40.9%　　　2　変わらない　　　　36.4%

3　悪くなった　　　22.7%

問50　今後の事業規模についてどのようにお考えですか。⑴売上高、⑵商圏の広さ、⑶将来
　　　の株式上場のそれぞれについて最も当てはまるものを一つお答えください。

　　⑴　売上高
　　　1　拡大したい　　　　　　　90.0%　　2　現状程度でよい　　　　　9.6%
　　　3　縮小したい　　　　　　　0.4%

　　⑵　商圏の広さ
　　　1　拡大したい　　　　　　　58.3%　　2　現状程度でよい　　　　　40.7%
　　　3　縮小したい　　　　　　　1.0%

　　⑶　将来の株式上場
　　　1　考えている　　　　　　　9.5%　　2　考えていない　　　　　　90.5%

問51　現在の事業の継続についてどのようにお考えですか。最も当てはまるものを一つお答
　　　えください。
　　　1　家業として承継していきたい　　　　　　　　　5.7%
　　　2　家族以外に承継を希望する人がいれば、
　　　　　いずれ引き継ぎたい　　　　　　　　　　　　15.7%
　　　3　自分で続けられる間は続けたい　　　　　　　63.5%
　　　4　継続にはこだわらない　　　　　　　　　　　15.1%

問52　将来の生活に対する不安はありますか。最も当てはまるものを一つお答えください。
　　　1　大きな不安を感じている　　　　　　　　　　13.8%
　　　2　不安を感じている　　　　　　　　　　　　　33.2%
　　　3　どちらともいえない　　　　　　　　　　　　27.1%
　　　4　あまり不安を感じていない　　　　　　　　　18.7%
　　　5　ほとんど不安を感じていない　　　　　　　　7.1%

問53 次の(1)〜(4)について、あなたは現在どの程度満足していますか。それぞれについて最も当てはまるものを一つお答えください。

	かなり満足	やや満足	どちらともいえない	やや不満	かなり不満
(1) 事業からの収入（経営者ご本人の収入）	4.5%	21.0%	26.5%	24.8%	23.2%
(2) 仕事のやりがい（自分の能力の発揮など）	34.6%	48.8%	12.7%	3.2%	0.7%
(3) ワークライフバランス（仕事と生活の調和）の実現	17.9%	33.6%	26.2%	16.7%	5.5%
(4) 開業に対する総合的な満足度	26.3%	47.0%	19.5%	5.1%	2.0%

問54 現在の事業を始めて良かったことは何ですか。当てはまるものをすべてお答えください。

1	収入が予想どおり増えた	18.1%
2	収入が予想以上に増えた	7.3%
3	自分が自由に使える収入を得られた	17.0%
4	自由に仕事ができた	62.9%
5	事業経営を経験できた	59.9%
6	自分の技術やアイデアを試すことができた	48.0%
7	仕事の経験・知識や資格を生かせた	60.9%
8	自分の趣味や特技を生かせた	22.2%
9	同じ趣味や経験をもつ仲間が増えた	20.8%
10	社会の役に立つ仕事ができた	39.2%
11	人や社会とかかわりをもてた	38.9%
12	年齢や性別に関係なく仕事ができた	20.9%
13	時間や気持ちにゆとりができた	33.2%
14	個人の生活を優先できた	17.5%
15	家事（育児・介護を含む）と仕事を両立できた	12.1%
16	自分や家族の健康に配慮できた	13.8%
17	空いている時間を活用できた	16.9%
18	転勤がない	14.5%
19	その他	0.6%
20	特にない	1.3%

V 新型コロナウイルス感染症による経営への影響についてうかがいます。

問55 新型コロナウイルス感染症による影響についてお尋ねします。

(1) 現在の事業を行うに当たり、新型コロナウイルス感染症によるマイナスの影響はありますか。最も当てはまるものを一つお答えください。

1 大いにある　　　　　　　10.7%　　　2 多少ある　　　　　　　35.4%

3 ない　　　　　　　　　53.9%

(2) (1)で「1」または「2」と回答した方にうかがいます。それ以外の方は(3)へお進みください。

新型コロナウイルス感染症によるマイナスの影響について、具体的な内容として当てはまるものをすべてお答えください。

1 国内の取引先の需要が減っている　　　　　　　　19.5%

2 国内の一般消費者の需要が減っている　　　　　　40.6%

3 海外で需要が減っている　　　　　　　　　　　　3.6%

4 インバウンド（訪日外国人旅行者）の需要が減っている　　6.5%

5 原材料・商品が手に入りにくくなっている
　　（仕入価格の上昇を含む）　　　　　　　　　　41.9%

6 営業を（一部）休止・自粛している　　　　　　　9.5%

7 人手を確保できない　　　　　　　　　　　　　14.2%

8 従業員の解雇や帰休を余儀なくされた　　　　　　3.5%

9 出張・交際・イベントなどの営業活動に制約がある　　10.6%

10 資金調達が難しくなっている　　　　　　　　　　9.7%

11 感染防止に向けた経費がかさんでいる　　　　　　17.8%

12 その他　　　　　　　　　　　　　　　　　　　3.2%

(3) 現在の事業を行うに当たり、新型コロナウイルス感染症によるプラスの影響はありましたか。「あった」方は、その具体的な内容もご記入ください。

1 あった　　　　　　　　12.1%　　　2 なかった　　　　　　87.9%

⑷　新型コロナウイルス感染症の発生によって行政から受けた支援について、当てはまるものを<u>すべて</u>お答えください。なお、補助金には助成金・支援金なども含みます。

1	持続化給付金	8.7%
2	家賃支援給付金	1.1%
3	雇用調整助成金	1.0%
4	各種 GoTo キャンペーン	5.4%
5	政府系金融機関による実質無利子・無担保融資	7.2%
6	民間金融機関による実質無利子・無担保融資	0.9%
7	休業・営業自粛に対する補助金	0.9%
8	その他の補助金	5.3%
9	補助金以外の支援	1.2%
10	支援は受けていない	75.0%

⑸　⑷で「1」〜「9」と回答した方にうかがいます。それ以外の方は問56へお進みください。
　行政から受けた支援をすべて合わせて、経営を安定させる効果があったと思いますか。

1	大いに効果があった	22.5%
2	必要なだけの効果はあった	33.3%
3	効果はあったが十分とはいえない	30.9%
4	ほとんど効果はなかった	13.3%

問56　略

2 業種別、性別、開業時の年齢別の主要アンケート項目集計結果

(1) 開業時の経営形態　問2

(単位：%)

	個人経営	株式会社	NPO法人	その他	有効回答数（件）
全　　　　　体	60.4	30.4	0.5	8.7	1,788
建　設　業	55.4	43.3	0.0	1.3	157
製　造　業	51.6	40.6	0.0	7.8	64
情　報　通　信　業	28.0	60.0	0.0	12.0	50
運　輸　業	82.8	15.5	0.0	1.7	58
卸　売　業	26.7	69.3	0.0	4.0	75
小　売　業	75.9	20.8	0.0	3.3	212
飲食店・宿泊業	92.9	4.6	0.0	2.5	197
医　療　・　福　祉	32.6	35.9	2.6	28.9	304
教育・学習支援業	84.7	6.8	0.0	8.5	59
サ　ー　ビ　ス　業	73.0	22.1	0.2	4.7	511
不　動　産　業	5.0	87.5	0.0	7.5	80
そ　の　他	38.1	47.6	0.0	14.3	21
男　　　　　性	56.3	35.5	0.3	7.9	1,345
女　　　　　性	72.9	14.9	1.1	11.1	443
29　歳　以　下	69.9	27.2	0.0	2.9	103
30　～　39　歳	65.7	24.6	0.2	9.5	537
40　～　49　歳	55.5	34.4	1.0	9.0	677
50　～　59　歳	60.7	30.7	0.3	8.3	361
60　歳　以　上	54.5	36.4	0.0	9.1	110

(注) 1 「持ち帰り・配達飲食サービス業」は、「小売業」に含む（以下同じ）。
　　 2 「不動産賃貸業」を除く（以下同じ）。

(2) 現在の経営形態　問3

(単位：%)

	個人経営	株式会社	NPO法人	その他	有効回答数（件）
全　　　　　体	57.9	32.7	0.5	8.9	1,781
建　設　業	49.7	49.0	0.0	1.3	157
製　造　業	48.4	43.8	0.0	7.8	64
情 報 通 信 業	20.0	68.0	0.0	12.0	50
運　輸　業	82.8	15.5	0.0	1.7	58
卸　売　業	26.7	69.3	0.0	4.0	75
小　売　業	71.6	24.6	0.0	3.8	211
飲食店・宿泊業	92.4	5.1	0.0	2.5	197
医　療・福　祉	30.7	37.0	2.6	29.7	303
教育・学習支援業	84.7	6.8	0.0	8.5	59
サ ー ビ ス 業	70.6	24.5	0.2	4.7	506
不　動　産　業	5.0	87.5	0.0	7.5	80
そ　の　他	38.1	47.6	0.0	14.3	21
男　　　　性	53.5	38.1	0.3	8.1	1,342
女　　　　性	71.5	16.2	1.1	11.2	439
29 歳 以 下	63.7	32.4	0.0	3.9	102
30 ～ 39 歳	63.3	27.0	0.2	9.5	537
40 ～ 49 歳	53.7	36.0	1.0	9.2	672
50 ～ 59 歳	58.3	32.8	0.3	8.6	360
60 歳 以 上	50.9	40.0	0.0	9.1	110

(3) 開業時の年齢　問26

(単位：%)

	29歳以下	30〜34歳	35〜39歳	40〜44歳	45〜49歳	50〜54歳	55〜59歳	60歳以上	平均年齢（歳）	有効回答数（件）
全　　　　体	5.8	9.8	20.2	20.1	17.8	12.6	7.5	6.1	43.7	1,789
建　設　業	2.5	9.6	19.7	22.3	20.4	14.0	7.0	4.5	44.2	157
製　造　業	6.3	6.3	23.4	20.3	18.8	14.1	4.7	6.3	43.6	64
情　報　通　信　業	10.0	14.0	10.0	32.0	18.0	8.0	2.0	6.0	41.5	50
運　輸　業	0.0	3.4	1.7	12.1	17.2	29.3	20.7	15.5	51.6	58
卸　売　業	2.7	5.3	17.3	22.7	14.7	20.0	4.0	13.3	47.0	75
小　売　業	4.7	9.9	25.9	17.9	17.9	9.9	7.1	6.6	43.3	212
飲食店・宿泊業	5.6	8.1	17.3	20.3	18.8	14.7	8.6	6.6	44.5	197
医　療　・　福　祉	6.9	8.9	24.6	21.3	13.8	9.5	7.9	7.2	43.4	305
教育・学習支援業	10.2	16.9	25.4	16.9	11.9	8.5	8.5	1.7	40.5	59
サ　ー　ビ　ス　業	6.8	11.4	18.8	19.6	19.2	12.9	6.7	4.7	43.1	511
不　動　産　業	3.8	10.0	26.3	18.8	21.3	8.8	8.8	2.5	42.8	80
そ　の　他	9.5	19.0	4.8	14.3	23.8	9.5	14.3	4.8	43.6	21
男　　　性	5.1	9.1	20.4	19.9	18.5	12.9	7.3	6.7	44.0	1,346
女　　　性	7.7	12.0	19.6	20.5	15.6	11.7	8.4	4.5	42.8	443
29　歳　以　下	100.0	0.0	0.0	0.0	0.0	0.0	0.0	0.0	26.5	103
30　〜　39　歳	0.0	32.7	67.3	0.0	0.0	0.0	0.0	0.0	35.5	538
40　〜　49　歳	0.0	0.0	0.0	53.0	47.0	0.0	0.0	0.0	44.3	677
50　〜　59　歳	0.0	0.0	0.0	0.0	0.0	62.6	37.4	0.0	53.7	361
60　歳　以　上	0.0	0.0	0.0	0.0	0.0	0.0	0.0	100.0	63.9	110

(4)　性　別　問13　　　　　　　　（単位：％）

	男性	女性	有効回答数（件）
全　　　　　　体	75.2	24.8	1,789
建　　設　　業	94.9	5.1	157
製　　造　　業	84.4	15.6	64
情　報　通　信　業	94.0	6.0	50
運　　輸　　業	94.8	5.2	58
卸　　売　　業	89.3	10.7	75
小　　売　　業	75.0	25.0	212
飲食店・宿泊業	72.6	27.4	197
医　療　・　福　祉	66.9	33.1	305
教育・学習支援業	69.5	30.5	59
サ　ー　ビ　ス　業	65.8	34.2	511
不　動　産　業	90.0	10.0	80
そ　　の　　他	90.5	9.5	21
29　歳　以　下	67.0	33.0	103
30　～　39　歳	74.0	26.0	538
40　～　49　歳	76.4	23.6	677
50　～　59　歳	75.3	24.7	361
60　歳　以　上	81.8	18.2	110

(5) 開業直前の職業　問24(1)

(単位：％)

	会社や団体の常勤役員	正社員・正職員（管理職）	正社員・正職員（管理職以外）	パートタイマー・アルバイト	派遣社員・契約社員	家族従業員	自営業主	学生	専業主婦・主夫	その他	有効回答数（件）
全体	10.3	40.0	30.9	8.1	2.9	1.1	4.4	0.2	0.7	1.4	1,742
建設業	18.8	34.4	35.1	3.2	2.6	1.3	3.2	0.0	0.6	0.6	154
製造業	8.1	38.7	33.9	4.8	3.2	1.6	8.1	0.0	1.6	0.0	62
情報通信業	14.9	53.2	25.5	0.0	2.1	0.0	0.0	2.1	0.0	2.1	47
運輸業	5.4	33.9	51.8	1.8	0.0	0.0	1.8	0.0	0.0	5.4	56
卸売業	18.1	43.1	29.2	2.8	0.0	2.8	2.8	0.0	0.0	1.4	72
小売業	7.2	43.0	28.0	10.1	3.4	0.0	5.3	0.0	1.9	1.0	207
飲食店・宿泊業	7.4	36.8	30.0	16.3	3.2	1.6	2.6	0.0	1.1	1.1	190
医療・福祉	9.1	45.0	31.5	5.4	3.7	0.7	2.7	0.0	0.7	1.3	298
教育・学習支援業	10.7	37.5	25.0	10.7	7.1	0.0	5.4	0.0	0.0	3.6	56
サービス業	9.8	36.1	29.7	11.0	3.0	1.6	6.6	0.4	0.2	1.6	499
不動産業	8.8	56.3	32.5	0.0	0.0	0.0	2.5	0.0	0.0	0.0	80
その他	23.8	23.8	19.0	4.8	4.8	4.8	4.8	4.8	4.8	4.8	21
男性	12.5	44.8	31.8	2.1	1.8	1.1	4.0	0.3	0.2	1.4	1,312
女性	3.7	25.1	28.1	26.3	6.5	1.2	5.3	0.0	2.3	1.4	430
29歳以下	2.0	30.7	47.5	9.9	2.0	0.0	4.0	2.0	1.0	1.0	101
30～39歳	5.9	38.7	36.2	8.8	2.3	0.2	6.1	0.0	1.0	1.0	525
40～49歳	11.9	41.9	29.7	6.8	2.3	2.0	3.6	0.3	0.8	0.9	664
50～59歳	12.8	43.2	24.1	8.1	4.6	1.4	4.1	0.0	0.3	1.4	345
60歳以上	22.4	32.7	18.7	11.2	5.6	0.0	1.9	0.0	0.0	7.5	107

(6)　開業直前の勤務先従業者規模　問24(2)

(単位：％)

	4人以下	5〜9人	10〜19人	20〜29人	30〜49人	50〜99人	100〜299人	300〜999人	1,000人以上	公務員	有効回答数（件）
全　　　　体	11.8	16.8	15.7	8.3	8.5	9.4	10.5	7.0	11.1	0.9	1,597
建　設　業	18.8	25.7	20.1	11.1	6.3	6.3	2.8	3.5	5.6	0.0	144
製　造　業	12.7	7.3	23.6	10.9	9.1	9.1	10.9	7.3	9.1	0.0	55
情　報　通　信　業	11.1	6.7	17.8	4.4	6.7	17.8	11.1	6.7	15.6	2.2	45
運　輸　業	2.0	0.0	5.9	2.0	9.8	13.7	39.2	11.8	15.7	0.0	51
卸　売　業	17.4	14.5	14.5	13.0	10.1	7.2	14.5	5.8	2.9	0.0	69
小　売　業	6.4	12.2	12.2	9.6	10.1	11.7	12.2	10.1	15.4	0.0	188
飲食店・宿泊業	14.0	16.3	14.0	5.1	9.0	9.0	11.8	10.7	9.0	1.1	178
医　療　・　福　祉	6.9	18.9	18.9	10.5	10.9	8.0	7.6	5.1	11.3	1.8	275
教育・学習支援業	4.0	10.0	14.0	12.0	14.0	6.0	10.0	16.0	10.0	4.0	50
サ　ー　ビ　ス　業	16.0	20.7	14.9	7.3	6.0	9.4	9.8	5.1	10.0	0.7	449
不　動　産　業	7.9	11.8	14.5	3.9	7.9	10.5	10.5	6.6	26.3	0.0	76
そ　の　他	5.9	23.5	17.6	0.0	5.9	17.6	0.0	11.8	11.8	5.9	17
男　　　　性	11.1	16.0	15.1	8.4	8.3	10.0	11.0	7.3	12.0	0.7	1,214
女　　　　性	14.0	19.6	17.8	7.8	8.9	7.6	8.6	6.0	8.4	1.3	383
29　歳　以　下	6.5	18.5	16.3	5.4	6.5	13.0	13.0	8.7	10.9	1.1	92
30　〜　39　歳	11.8	19.2	17.5	7.4	9.5	7.8	8.4	5.9	11.4	1.3	475
40　〜　49　歳	14.7	16.0	16.8	8.5	7.1	9.2	11.0	6.8	9.4	0.6	620
50　〜　59　歳	10.1	15.7	12.6	9.7	9.7	8.5	12.6	7.9	12.9	0.3	318
60　歳　以　上	4.3	13.0	9.8	8.7	9.8	18.5	7.6	9.8	16.3	2.2	92

(注)　開業直前の職業が「会社や団体の常勤役員」「正社員・正職員（管理職）」「正社員・正職員（管理職以外）」「パートタイマー・アルバイト」「派遣社員・契約社員」「家族従業員」であった人に尋ねたもの。

(7) 開業直前の勤務先離職理由　問24(3)

(単位：％)

	自らの意思による退職	定年による退職	事業部門の縮小・撤退	勤務先の廃業	勤務先の倒産	解雇	その他	離職していない	有効回答数（件）
全　　　　体	82.0	1.4	2.4	2.5	0.6	1.4	2.2	7.5	1,610
建　設　業	77.9	2.1	2.1	3.4	1.4	2.1	2.8	8.3	145
製　造　業	73.2	1.8	1.8	3.6	1.8	1.8	5.4	10.7	56
情報通信業	73.3	0.0	4.4	0.0	0.0	4.4	2.2	15.6	45
運　輸　業	94.2	1.9	1.9	0.0	0.0	1.9	0.0	0.0	52
卸　売　業	79.1	1.5	7.5	4.5	1.5	0.0	3.0	3.0	67
小　売　業	79.3	3.2	2.7	2.7	0.5	1.6	2.1	8.0	188
飲食店・宿泊業	83.2	0.0	1.1	2.8	0.6	0.6	4.5	7.3	179
医療・福祉	83.5	1.1	2.9	1.4	0.7	2.2	1.4	6.8	279
教育・学習支援業	88.2	0.0	0.0	2.0	0.0	0.0	0.0	9.8	51
サービス業	81.7	1.5	2.4	2.9	0.4	0.7	1.8	8.6	453
不　動　産　業	93.6	1.3	0.0	1.3	0.0	1.3	1.3	1.3	78
そ　の　他	70.6	0.0	0.0	11.8	0.0	5.9	0.0	11.8	17
男　　　　性	82.1	1.7	2.7	2.6	0.5	1.3	2.0	7.0	1,222
女　　　　性	81.7	0.5	1.3	2.3	1.0	1.5	2.6	9.0	388
29　歳　以　下	90.2	0.0	2.2	2.2	0.0	1.1	0.0	4.3	92
30　～　39　歳	86.0	0.0	1.3	1.7	0.6	1.7	1.7	7.1	480
40　～　49　歳	82.3	0.0	2.2	3.4	1.0	0.8	2.6	7.7	623
50　～　59　歳	78.8	0.6	4.0	2.8	0.0	2.5	3.1	8.1	321
60　歳　以　上	61.7	22.3	3.2	1.1	1.1	0.0	1.1	9.6	94

(注) (6)に同じ。

(8)　斯業経験　問23(2)　　　　　　　　　　　　　　　　（単位：％）

	あ　る	な　い	有効回答数（件）
全　　　　　体	84.4	15.6	1,764
建　　設　　業	93.6	6.4	156
製　　造　　業	85.5	14.5	62
情　報　通　信　業	88.0	12.0	50
運　　輸　　業	84.5	15.5	58
卸　　売　　業	87.8	12.2	74
小　　売　　業	74.0	26.0	204
飲食店・宿泊業	80.5	19.5	195
医　療　・　福　祉	84.5	15.5	304
教育・学習支援業	75.9	24.1	58
サ　ー　ビ　ス　業	85.1	14.9	503
不　動　産　業	94.9	5.1	79
そ　の　他	90.5	9.5	21
男　　　　　性	84.7	15.3	1,331
女　　　　　性	83.1	16.9	433
29　歳　以　下	79.6	20.4	103
30　～　39　歳	85.8	14.2	527
40　～　49　歳	86.2	13.8	667
50　～　59　歳	82.1	17.9	358
60　歳　以　上	78.0	22.0	109

(9) 開業時の従業者数　問38(1)

（単位：％）

	1人（経営者本人のみ）	2人	3人	4人	5～9人	10人以上	平均（人）	有効回答数（件）
全　　　　　体	44.9	22.0	10.3	7.3	12.4	3.2	2.8	1,707
建　設　業	45.7	27.2	11.3	7.3	7.9	0.7	2.2	151
製　造　業	49.2	25.4	7.9	11.1	6.3	0.0	2.1	63
情　報　通　信　業	50.0	25.0	12.5	4.2	8.3	0.0	2.1	48
運　輸　業	79.2	7.5	3.8	0.0	5.7	3.8	2.1	53
卸　売　業	38.0	35.2	11.3	5.6	8.5	1.4	2.4	71
小　売　業	45.8	29.9	6.0	5.0	8.0	5.5	2.7	201
飲食店・宿泊業	33.5	30.3	11.2	9.0	10.1	5.9	3.7	188
医　療　・　福　祉	17.4	6.7	16.8	16.4	36.6	6.0	4.7	298
教育・学習支援業	51.9	14.8	5.6	11.1	11.1	5.6	2.8	54
サ　ー　ビ　ス　業	60.9	20.8	8.3	3.1	5.6	1.2	2.0	481
不　動　産　業	51.9	36.7	6.3	3.8	1.3	0.0	1.7	79
そ　の　他	20.0	15.0	30.0	5.0	25.0	5.0	3.5	20
男　　　　　性	41.1	24.4	10.6	7.9	12.8	3.2	2.9	1,288
女　　　　　性	56.3	14.6	9.3	5.5	11.2	3.1	2.5	419
29　歳　以　下	59.0	15.0	11.0	7.0	8.0	0.0	2.0	100
30　～　39　歳	45.6	24.2	9.4	9.0	9.4	2.4	2.6	509
40　～　49　歳	44.6	21.4	11.0	6.1	12.6	4.3	2.9	653
50　～　59　歳	43.6	21.9	9.6	7.6	14.3	2.9	2.9	342
60　歳　以　上	34.0	21.4	10.7	5.8	24.3	3.9	4.0	103

（注）「パートタイマー・アルバイト」「派遣社員・契約社員」を含む。

⑩　現在の従業者数　問38(2)

（単位：%）

	1人（経営者本人のみ）	2人	3人	4人	5～9人	10人以上	平均（人）	有効回答数（件）
全　　　　体	36.5	21.0	9.9	6.8	18.7	7.1	3.9	1,720
建　設　業	33.3	23.5	14.4	11.1	16.3	1.3	3.1	153
製　造　業	42.2	14.1	15.6	12.5	14.1	1.6	2.7	64
情報通信業	31.9	27.7	12.8	6.4	14.9	6.4	3.4	47
運　輸　業	72.2	11.1	1.9	1.9	9.3	3.7	2.9	54
卸　売　業	29.2	25.0	16.7	8.3	18.1	2.8	3.3	72
小　売　業	37.7	27.0	10.3	6.4	12.3	6.4	3.2	204
飲食店・宿泊業	32.1	27.8	5.3	9.1	20.9	4.8	4.0	187
医　療・福　祉	15.1	5.7	6.7	9.1	42.3	21.1	6.7	298
教育・学習支援業	40.4	19.3	8.8	3.5	15.8	12.3	4.3	57
サ　ー　ビ　ス　業	49.4	22.8	10.5	3.3	10.3	3.7	3.1	486
不　動　産　業	34.6	38.5	11.5	7.7	7.7	0.0	2.2	78
そ　の　他	15.0	15.0	20.0	5.0	35.0	10.0	4.5	20
男　　　性	32.0	23.6	10.9	6.6	19.5	7.3	4.0	1,295
女　　　性	50.1	13.2	7.1	7.3	16.0	6.4	3.4	425
29　歳　以　下	43.6	16.8	10.9	5.0	16.8	6.9	3.3	101
30　～　39　歳	35.3	23.1	11.3	6.8	18.1	5.4	3.4	515
40　～　49　歳	35.7	21.5	9.6	6.4	19.1	7.8	4.0	656
50　～　59　歳	39.1	19.1	8.4	9.0	16.8	7.5	4.1	345
60　歳　以　上	32.0	17.5	9.7	3.9	27.2	9.7	5.1	103

(注)　(9)に同じ。

(11)　最も重要な開業動機　問31　　　　　　　　　　　　　　　　　　　　　　（単位：％）

	収入を増やしたかった	自由に仕事がしたかった	事業経営という仕事に興味があった	自分の技術やアイデアを事業化したかった	仕事の経験・知識や資格を生かしたかった	趣味や特技を生かしたかった	社会の役に立つ仕事がしたかった	年齢や性別に関係なく仕事がしたかった	時間や気持ちにゆとりが欲しかった	適当な勤め先がなかった	その他	有効回答数（件）
全　　　　　　体	16.6	22.4	12.5	11.5	13.8	2.2	8.9	2.5	3.8	1.8	4.0	1,768
建　　設　　業	24.4	20.5	16.7	7.1	13.5	0.0	4.5	1.3	3.2	1.9	7.1	156
製　　造　　業	9.4	15.6	1.6	28.1	26.6	3.1	6.3	0.0	1.6	3.1	4.7	64
情　報　通　信　業	12.0	22.0	16.0	22.0	10.0	2.0	6.0	2.0	4.0	0.0	4.0	50
運　　輸　　業	32.8	25.9	10.3	1.7	10.3	0.0	3.4	5.2	3.4	1.7	5.2	58
卸　　売　　業	13.9	19.4	18.1	8.3	23.6	1.4	5.6	2.8	2.8	2.8	1.4	72
小　　売　　業	14.4	17.7	15.3	13.9	14.4	4.8	7.2	3.8	4.3	0.5	3.8	209
飲食店・宿泊業	12.3	23.6	16.9	16.4	7.7	7.7	6.2	2.1	2.6	1.5	3.1	195
医　療　・　福　祉	10.3	21.9	9.0	9.0	15.3	0.0	23.9	2.0	2.3	2.7	3.7	301
教育・学習支援業	17.2	12.1	10.3	17.2	8.6	8.6	12.1	6.9	3.4	0.0	3.4	58
サ　ー　ビ　ス　業	19.8	26.5	10.5	9.7	14.1	1.0	4.8	2.6	5.7	1.8	3.6	505
不　　動　　産　　業	17.7	29.1	19.0	7.6	11.4	0.0	3.8	1.3	2.5	2.5	5.1	79
そ　　の　　他	23.8	4.8	4.8	19.0	9.5	0.0	23.8	0.0	4.8	4.8	4.8	21
男　　　　　　性	17.7	20.9	14.3	10.7	14.0	1.7	9.3	2.0	3.5	2.0	3.9	1,333
女　　　　　　性	13.1	27.1	6.9	14.0	13.3	3.7	7.8	3.9	4.6	1.4	4.1	435
29　歳　以　下	21.4	34.0	11.7	9.7	5.8	3.9	5.8	0.0	1.9	1.9	3.9	103
30　～　39　歳	18.1	26.7	15.1	11.7	10.4	1.7	7.5	1.1	4.0	0.9	2.8	531
40　～　49　歳	16.2	20.4	14.0	12.6	13.8	2.5	8.9	1.2	3.9	2.2	4.2	672
50　～　59　歳	14.6	18.3	8.1	10.4	20.2	1.7	9.0	6.7	4.5	1.4	5.1	356
60　歳　以　上	13.2	16.0	5.7	9.4	17.0	2.8	18.9	5.7	1.9	4.7	4.7	106

⑿　現在の事業に決めた理由　問32

（単位：％）

	成長が見込める事業だから	新しい事業のアイデアやヒントをみつけたから	地域や社会が必要とする事業だから	身につけた資格や知識を生かせるから	これまでの仕事の経験や技能を生かせるから	趣味や特技を生かせるから	不動産などを活用できるから	経験がなくてもできそうだから	その他	有効回答数（件）
全　　　　　体	7.8	3.8	13.6	23.2	43.9	4.0	0.6	1.9	1.1	1,722
建　　設　　業	6.5	1.3	7.2	20.9	62.1	0.0	0.0	1.3	0.7	153
製　　造　　業	8.2	4.9	8.2	16.4	54.1	4.9	1.6	0.0	1.6	61
情　報　通　信　業	16.3	12.2	12.2	10.2	42.9	2.0	0.0	2.0	2.0	49
運　　輸　　業	5.3	3.5	22.8	22.8	42.1	0.0	0.0	3.5	0.0	57
卸　　売　　業	12.0	4.0	1.3	14.7	65.3	0.0	0.0	2.7	0.0	75
小　　売　　業	9.8	9.8	11.7	18.0	37.6	8.3	0.5	3.4	1.0	205
飲食店・宿泊業	4.7	5.8	10.0	12.1	47.4	12.6	2.6	3.2	1.6	190
医　療　・　福　祉	6.5	0.7	33.4	26.3	31.4	0.0	0.0	0.3	1.4	293
教育・学習支援業	5.5	1.8	20.0	25.5	30.9	12.7	0.0	1.8	1.8	55
サ　ー　ビ　ス　業	8.4	2.7	8.8	28.1	45.5	3.3	0.2	2.0	1.0	488
不　動　産　業	5.3	2.6	2.6	47.4	36.8	1.3	3.9	0.0	0.0	76
そ　　の　　他	15.0	5.0	10.0	25.0	40.0	0.0	0.0	0.0	5.0	20
男　　　　　性	9.1	3.9	13.1	21.7	45.1	3.4	0.5	2.0	1.2	1,309
女　　　　　性	3.6	3.6	15.3	28.1	40.2	6.1	1.0	1.5	0.7	413
29　歳　以　下	14.6	5.2	10.4	29.2	33.3	6.3	0.0	0.0	1.0	96
30　～　39　歳	8.7	3.1	12.4	28.6	40.0	3.9	0.4	1.9	1.2	518
40　～　49　歳	7.2	4.3	13.1	20.8	47.8	3.7	0.6	1.8	0.8	655
50　～　59　歳	6.4	2.9	16.2	20.0	46.1	3.2	0.9	2.3	2.0	345
60　歳　以　上	5.6	6.5	17.6	17.6	41.7	7.4	1.9	1.9	0.0	108

⒀　開業費用　問36

(単位：％)

	500万円未満	500万〜1,000万円未満	1,000万〜1,500万円未満	1,500万〜2,000万円未満	2,000万円以上	中央値（万円）	平均値（万円）	有効回答数（件）
全　　　体	43.8	28.4	13.6	5.2	9.0	550	1,027	1,710
建　設　業	57.5	28.8	8.5	1.3	3.9	400	557	153
製　造　業	52.4	19.0	7.9	4.8	15.9	400	1,160	63
情報通信業	75.0	16.7	4.2	4.2	0.0	200	363	48
運　輸　業	71.9	22.8	0.0	3.5	1.8	300	457	57
卸　売　業	37.8	29.7	12.2	5.4	14.9	645	908	74
小　売　業	35.2	30.2	16.6	6.0	12.1	660	922	199
飲食店・宿泊業	25.4	33.9	19.0	8.5	13.2	830	1,877	189
医療・福祉	33.7	29.3	15.3	5.8	16.0	700	1,630	294
教育・学習支援業	47.3	27.3	16.4	3.6	5.5	550	742	55
サービス業	49.7	27.4	13.9	4.4	4.6	500	711	481
不動産業	39.5	34.2	15.8	6.6	3.9	540	769	76
そ の 他	52.4	19.0	4.8	14.3	9.5	480	1,340	21
男　　　性	40.7	28.9	14.4	6.0	10.0	600	1,115	1,295
女　　　性	53.5	27.0	11.1	2.7	5.8	435	752	415
29 歳 以 下	57.3	26.0	9.4	3.1	4.2	410	608	96
30 〜 39 歳	44.4	25.4	15.0	5.9	9.3	550	984	507
40 〜 49 歳	42.1	29.9	13.9	5.2	8.9	580	906	655
50 〜 59 歳	42.7	30.8	11.9	5.2	9.3	600	1,474	344
60 歳 以 上	42.6	27.8	13.9	3.7	12.0	575	916	108

⑭ 開業費用（不動産を購入した企業）　問36

（単位：%）

	500万円未満	500万〜1,000万円未満	1,000万〜1,500万円未満	1,500万〜2,000万円未満	2,000万円以上	中央値（万円）	平均値（万円）	有効回答数（件）
全　　　　体	10.1	22.0	14.5	15.1	38.4	1,550	2,758	159
建　設　業	50.0	10.0	20.0	0.0	20.0	623	1,057	10
製　造　業	7.7	7.7	7.7	23.1	53.8	2,353	3,429	13
情　報　通　信　業	–	–	–	–	–	–	–	–
運　輸　業	0.0	50.0	0.0	0.0	50.0	1,915	1,915	2
卸　売　業	0.0	0.0	25.0	0.0	75.0	2,545	2,248	4
小　売　業	8.3	29.2	16.7	16.7	29.2	1,225	1,613	24
飲食店・宿泊業	4.2	16.7	16.7	12.5	50.0	1,975	2,237	24
医　療・福　祉	2.8	16.7	8.3	16.7	55.6	2,145	5,600	36
教育・学習支援業	0.0	100.0	0.0	0.0	0.0	753	723	3
サ　ー　ビ　ス　業	8.8	35.3	20.6	14.7	20.6	1,050	1,622	34
不　動　産　業	20.0	0.0	20.0	40.0	20.0	1,600	1,798	5
そ　の　他	50.0	0.0	0.0	25.0	25.0	965	2,560	4
男　　　　性	9.8	17.9	10.7	16.1	45.5	1,825	3,156	112
女　　　　性	10.6	31.9	23.4	12.8	21.3	1,180	1,809	47
29　歳　以　下	12.5	37.5	12.5	12.5	25.0	901	1,648	8
30　〜　39　歳	10.2	20.4	10.2	14.3	44.9	1,630	2,919	49
40　〜　49　歳	9.4	23.4	20.3	10.9	35.9	1,410	2,114	64
50　〜　59　歳	11.1	14.8	11.1	29.6	33.3	1,600	4,668	27
60　歳　以　上	9.1	27.3	9.1	9.1	45.5	1,500	1,905	11

⒂　開業費用（不動産を購入しなかった企業）　　問36

（単位：%）

	500万円未満	500万〜1,000万円未満	1,000万〜1,500万円未満	1,500万〜2,000万円未満	2,000万円以上	中央値（万円）	平均値（万円）	有効回答数（件）
全　　　　体	47.3	29.1	13.5	4.2	6.0	500	850	1,551
建　　設　　業	58.0	30.1	7.7	1.4	2.8	400	522	143
製　　造　　業	64.0	22.0	8.0	0.0	6.0	338	570	50
情　報　通　信　業	75.0	16.7	4.2	4.2	0.0	200	363	48
運　　輸　　業	74.5	21.8	0.0	3.6	0.0	300	404	55
卸　　売　　業	40.0	31.4	11.4	5.7	11.4	598	831	70
小　　売　　業	38.9	30.3	16.6	4.6	9.7	600	828	175
飲食店・宿泊業	28.5	36.4	19.4	7.9	7.9	780	1,825	165
医　療　・　福　祉	38.0	31.0	16.3	4.3	10.5	625	1,076	258
教育・学習支援業	50.0	23.1	17.3	3.8	5.8	500	743	52
サ　ー　ビ　ス　業	52.8	26.8	13.4	3.6	3.4	450	642	447
不　動　産　業	40.8	36.6	15.5	4.2	2.8	520	696	71
そ　　の　　他	52.9	23.5	5.9	11.8	5.9	480	1,053	17
男　　　　性	43.6	29.9	14.7	5.1	6.7	540	922	1,183
女　　　　性	59.0	26.4	9.5	1.4	3.8	400	617	368
29　歳　以　下	61.4	25.0	9.1	2.3	2.3	375	514	88
30　〜　39　歳	48.0	26.0	15.5	5.0	5.5	500	777	458
40　〜　49　歳	45.7	30.6	13.2	4.6	5.9	518	775	591
50　〜　59　歳	45.4	32.2	12.0	3.2	7.3	500	1,202	317
60　歳　以　上	46.4	27.8	14.4	3.1	8.2	500	804	97

⒃　現在の売り上げ状況　問42　　　（単位：％）

	増加傾向	横ばい	減少傾向	有効回答数（件）
全　　　　　体	58.6	33.4	7.9	1,770
建　　設　　業	51.9	39.7	8.3	156
製　　造　　業	53.2	27.4	19.4	62
情　報　通　信　業	58.0	36.0	6.0	50
運　　輸　　業	53.4	41.4	5.2	58
卸　　売　　業	60.3	27.4	12.3	73
小　　売　　業	49.5	34.3	16.2	210
飲食店・宿泊業	51.3	38.3	10.4	193
医　療　・　福　祉	67.9	29.2	3.0	305
教育・学習支援業	75.9	20.7	3.4	58
サ　ー　ビ　ス　業	59.3	35.5	5.2	504
不　動　産　業	72.5	20.0	7.5	80
そ　　の　　他	42.9	42.9	14.3	21
男　　　　　性	60.9	31.7	7.4	1,332
女　　　　　性	51.8	38.8	9.4	438
29　歳　以　下	58.8	36.3	4.9	102
30　～　39　歳	65.1	29.8	5.1	533
40　～　49　歳	57.8	34.3	7.9	671
50　～　59　歳	52.0	34.8	13.2	356
60　歳　以　上	53.7	38.9	7.4	108

(17)　現在の採算状況　問43　　　（単位：％）

	黒字基調	赤字基調	有効回答数（件）
全　　　　体	64.7	35.3	1,713
建　設　業	74.7	25.3	150
製　造　業	56.7	43.3	60
情　報　通　信　業	64.0	36.0	50
運　輸　業	68.5	31.5	54
卸　売　業	72.0	28.0	75
小　売　業	57.0	43.0	200
飲食店・宿泊業	52.5	47.5	181
医　療　・　福　祉	61.8	38.2	296
教育・学習支援業	62.1	37.9	58
サ　ー　ビ　ス　業	69.5	30.5	488
不　動　産　業	76.3	23.8	80
そ　の　他	52.4	47.6	21
男　　　　性	66.4	33.6	1,299
女　　　　性	59.4	40.6	414
29　歳　以　下	72.7	27.3	99
30　～　39　歳	73.0	27.0	518
40　～　49　歳	62.7	37.3	652
50　～　59　歳	58.0	42.0	338
60　歳　以　上	50.0	50.0	106

⒅　現在の業況　問44

(単位：％)

	良い	やや良い	やや悪い	悪い	有効回答数（件）
全　　　　　体	8.8	50.2	32.1	8.8	1,720
建　　設　　業	7.3	57.3	30.7	4.7	150
製　　造　　業	4.8	52.4	30.2	12.7	63
情　報　通　信　業	12.5	52.1	25.0	10.4	48
運　　輸　　業	14.0	63.2	19.3	3.5	57
卸　　売　　業	8.0	54.7	28.0	9.3	75
小　　売　　業	6.8	46.3	37.6	9.3	205
飲食店・宿泊業	6.3	46.0	38.6	9.0	189
医　療　・　福　祉	10.6	46.9	34.2	8.2	292
教育・学習支援業	12.3	36.8	38.6	12.3	57
サ　ー　ビ　ス　業	9.3	51.9	28.6	10.3	486
不　動　産　業	9.1	51.9	33.8	5.2	77
そ　　の　　他	9.5	52.4	28.6	9.5	21
男　　　　　性	8.8	51.9	30.9	8.3	1,300
女　　　　　性	8.8	45.0	35.7	10.5	420
29　歳　以　下	10.0	61.0	27.0	2.0	100
30　〜　39　歳	9.7	54.8	28.1	7.4	524
40　〜　49　歳	8.6	48.4	35.4	7.6	649
50　〜　59　歳	8.7	44.3	33.8	13.1	343
60　歳　以　上	4.8	48.1	30.8	16.3	104

⒆　予想月商達成率　問45

（単位：％）

	50％未満	50〜75％未満	75〜100％未満	100〜125％未満	125％以上	中央値	平均値	有効回答数（件）
全　　　　　体	9.7	17.6	16.9	23.1	32.7	100.0	116.1	1,702
建　設　業	4.0	12.1	12.8	28.2	43.0	120.0	134.6	149
製　造　業	15.0	16.7	15.0	18.3	35.0	100.0	121.2	60
情　報　通　信　業	10.6	23.4	4.3	19.1	42.6	111.1	177.8	47
運　輸　業	7.1	7.1	25.0	26.8	33.9	105.0	108.3	56
卸　売　業	13.7	16.4	8.2	16.4	45.2	120.0	139.6	73
小　売　業	13.1	19.7	19.7	20.2	27.3	92.7	99.9	198
飲食店・宿泊業	7.4	24.2	27.9	22.6	17.9	83.3	92.7	190
医　療　・　福　祉	5.5	19.2	26.7	22.3	26.4	95.5	109.9	292
教育・学習支援業	20.0	30.9	7.3	21.8	20.0	70.0	90.2	55
サ　ー　ビ　ス　業	11.6	13.7	11.4	25.9	37.5	108.3	117.8	483
不　動　産　業	9.0	15.4	7.7	20.5	47.4	120.0	158.2	78
そ　の　他	4.8	38.1	14.3	14.3	28.6	86.4	97.1	21
男　　　　性	9.2	16.3	17.5	23.7	33.4	100.0	119.5	1,289
女　　　　性	11.4	21.5	15.3	21.3	30.5	100.0	105.7	413
29　歳　以　下	4.1	18.4	13.3	20.4	43.9	114.4	135.5	98
30　〜　39　歳	6.2	16.8	15.1	23.6	38.3	108.3	125.3	517
40　〜　49　歳	9.2	17.0	17.6	24.4	31.9	100.0	115.8	643
50　〜　59　歳	14.7	19.4	18.2	21.4	26.4	91.7	101.9	341
60　歳　以　上	19.4	18.4	21.4	20.4	20.4	80.0	100.9	103

（注）予想月商達成率＝調査時点の月商÷開業前に予想していた月商×100

3 1991〜2023年度調査の属性にかかる時系列データ

(1) 業 種

(単位：%)

	製造業	卸売業	小売業	飲食店	個人向けサービス業	事業所向けサービス業	建設業	その他
1991	11.8	11.8	19.4	11.6	32.1		8.1	5.2
1992	8.7	8.9	18.5	12.5	18.7	16.7	8.3	7.7
1993	7.6	8.5	17.7	14.7	21.8	14.8	7.9	7.0
1994	5.9	9.5	19.6	15.8	20.6	14.5	5.9	8.2
1995	8.9	7.0	16.8	16.8	25.9	9.3	7.9	7.4
1996	5.8	10.3	19.1	15.7	22.3	12.7	7.6	6.5
1997	5.6	8.8	17.7	16.9	24.3	11.2	9.4	6.1
1998	5.1	9.2	16.6	16.2	22.5	13.1	9.2	8.0
1999	5.6	9.3	15.6	16.3	24.7	10.8	8.8	8.8
2000	5.2	9.5	16.3	15.7	25.3	12.1	8.4	7.5
2001	6.9	8.7	15.9	13.4	27.4	11.1	8.7	8.0
2002	5.2	7.2	18.6	15.4	27.4	12.1	8.4	5.8
2003	7.3	8.4	15.3	13.7	27.7	10.8	9.3	7.5

(単位：%)

	建設業	製造業	情報通信業	運輸業	卸売業	小売業	飲食店・宿泊業	医療・福祉	教育・学習支援業	個人向けサービス業	事業所向けサービス業	不動産業	その他
2004	8.9	5.5	3.2	3.8	7.5	14.2	14.0	14.9	1.6	15.8	7.7	2.2	0.8
2005	8.5	5.2	2.5	3.6	6.8	15.9	14.5	16.1	1.5	14.2	6.9	2.4	1.9
2006	9.6	5.4	2.6	3.6	8.2	15.2	14.5	14.1	2.2	12.0	8.9	3.2	0.5
2007	7.5	5.0	3.2	2.4	5.9	13.6	16.9	15.8	1.6	17.4	8.2	1.6	0.9
2008	9.5	4.0	2.8	3.2	7.4	14.0	14.5	13.2	2.5	13.3	10.8	4.2	0.6
2009	9.5	6.2	3.0	3.6	6.1	10.4	13.9	14.8	1.3	18.2	8.1	4.2	0.9
2010	8.8	4.7	2.4	2.5	8.4	14.0	12.8	15.7	2.1	13.9	9.4	4.1	1.2
2011	7.1	2.7	2.9	4.0	7.9	12.9	13.6	17.5	2.3	24.8		3.6	0.8
2012	7.2	3.2	2.7	2.2	7.2	14.6	12.9	19.8	2.6	16.0	6.0	4.2	1.5
2013	6.3	4.5	2.6	2.5	6.1	10.6	15.1	19.6	3.4	15.2	8.4	4.8	0.9
2014	6.4	3.5	2.5	1.8	5.5	13.2	14.9	21.9	3.2	15.0	7.2	3.7	1.2
2015	8.6	4.1	2.6	2.0	5.1	11.9	15.9	19.5	2.6	23.2		3.7	0.7
2016	8.5	4.4	1.6	1.9	5.6	9.4	15.8	18.0	2.9	26.2		4.5	1.1
2017	8.9	4.2	2.2	2.7	4.6	11.9	14.2	19.6	3.6	23.3		4.1	0.7
2018	7.7	3.4	3.2	2.8	4.9	13.1	14.7	17.4	2.6	25.1		4.2	0.8
2019	8.8	3.4	2.7	3.5	5.3	12.8	15.6	14.7	3.1	25.9		3.7	0.5
2020	9.4	3.1	2.9	2.6	3.5	11.8	14.3	16.7	3.6	26.4		4.4	1.3
2021	7.2	2.7	2.5	4.6	4.3	11.5	14.7	17.4	2.9	28.1		3.3	0.9
2022	6.8	3.9	2.7	3.8	3.2	13.8	10.1	16.4	4.4	29.4		4.9	0.6
2023	8.8	3.6	2.8	3.2	4.2	11.9	11.0	17.0	3.3	28.6		4.5	1.2

(注) 1 2004年度から業種分類を変更した。
  2 「持ち帰り・配達飲食サービス業」は、「小売業」に含む。

(2) 性　別　　　　　（単位：%）

	男性	女性
1991	87.6	12.4
1992	87.1	12.9
1993	87.1	12.9
1994	85.3	14.7
1995	86.7	13.3
1996	86.8	13.2
1997	85.1	14.9
1998	86.4	13.6
1999	87.5	12.5
2000	85.6	14.4
2001	84.7	15.3
2002	86.0	14.0
2003	86.2	13.8
2004	83.9	16.1
2005	83.5	16.5
2006	83.5	16.5
2007	84.5	15.5
2008	84.5	15.5
2009	85.5	14.5
2010	84.5	15.5
2011	85.0	15.0
2012	84.3	15.7
2013	84.9	15.1
2014	84.0	16.0
2015	83.0	17.0
2016	81.8	18.2
2017	81.6	18.4
2018	80.1	19.9
2019	81.0	19.0
2020	78.6	21.4
2021	79.3	20.7
2022	75.5	24.5
2023	75.2	24.8

(3)　開業直前の職業

（単位：％）

	会社や団体の常勤役員	（管理職）正社員・正職員	（管理職以外）正社員・正職員	パートタイマー・アルバイト	派遣社員・契約社員	家族従業員	自営業主	学生	専業主婦・主夫	その他
1991	14.8	35.0	39.5	1.5	−	−	−	0.4	2.6	6.1
1992	14.5	36.3	36.7	2.9	−	−	−	0.3	2.0	7.2
1993	14.8	36.5	39.5	3.3	−	−	−	0.2	2.1	3.5
1994	13.9	35.2	41.9	3.0	−	−	−	0.3	1.7	3.9
1995	12.0	35.2	36.4	2.8	0.3	−	−	0.9	1.7	10.6
1996	14.2	37.6	36.2	2.1	0.4	−	−	0.2	1.9	7.3
1997	12.2	31.5	47.1	3.2	0.4	−	−	0.6	1.4	3.5
1998	11.3	37.1	42.2	2.9	0.3	−	−	0.1	1.4	4.6
1999	12.2	36.1	40.9	3.8	0.4	−	−	0.2	1.2	5.3
2000	14.6	36.8	38.5	3.9	1.4	−	−	0.3	1.6	2.9
2001	14.5	36.6	36.5	5.0	1.9	−	−	0.3	1.3	3.9
2002	13.3	34.6	40.1	3.4	1.5	−	−	0.3	1.4	5.5
2003	12.0	42.1	30.4	5.9	1.5	−	−	0.7	1.5	5.9
2004	12.2	37.4	34.7	5.6	−	−	−	0.6	1.4	8.2
2005	12.4	36.1	33.5	6.1	1.9	−	−	0.2	1.7	8.0
2006	13.1	37.2	32.6	5.3	2.4	−	−	0.7	1.7	7.1
2007	10.9	39.8	33.6	5.9	2.7	−	−	0.8	2.5	3.6
2008	13.1	38.2	33.9	5.4	2.5	−	−	0.5	1.4	5.1
2009	13.7	38.4	32.9	5.4	2.6	−	−	0.4	1.4	5.1
2010	13.0	45.2	26.3	6.0	2.5	−	−	0.4	0.9	5.8
2011	13.0	38.0	31.3	6.1	2.6	−	−	0.4	1.4	7.4
2012	10.7	41.2	31.0	6.4	3.0	−	−	0.4	1.4	5.8
2013	10.7	44.7	28.8	5.8	2.9	−	−	0.3	1.3	5.6
2014	10.2	44.9	29.2	6.4	2.8	−	−	0.2	0.8	5.5
2015	11.3	40.7	29.4	6.6	3.9	−	−	0.3	0.9	6.7
2016	10.4	45.1	28.5	7.4	3.4	−	−	0.3	0.7	4.3
2017	10.0	40.8	31.9	5.8	3.3	0.8	3.8	0.4	1.1	2.1
2018	10.0	42.2	29.5	7.7	2.8	2.0	3.5	0.3	1.3	0.6
2019	11.4	38.3	32.1	7.7	3.3	1.4	4.2	0.2	0.7	0.6
2020	10.7	39.5	29.8	9.2	3.1	1.6	3.4	0.3	1.1	1.2
2021	11.2	41.3	28.3	7.4	3.3	0.8	4.7	0.1	1.3	1.5
2022	11.3	39.2	29.3	7.6	3.9	0.8	5.4	0.5	0.6	1.4
2023	10.3	40.0	30.9	8.1	2.9	1.1	4.4	0.2	0.7	1.4

（注）1　1991～1994年度調査および2004年度調査では「派遣社員・契約社員」の選択肢はない。
　　　　また、1995～1999年度調査では「派遣社員・契約社員」ではなく「派遣社員」の値を掲載
　　　　している。
　　　2　2007年度調査までの選択肢は「専業主婦・主夫」ではなく「専業主婦」である。

(4) 開業時の年齢

(単位：％)

	29歳以下	30〜39歳	40〜49歳	50〜59歳	60歳以上	平均年齢（歳）
1991	14.5	39.9	34.1	9.3	2.2	38.9
1992	14.1	38.5	36.7	9.0	1.7	38.9
1993	14.7	37.8	34.3	11.8	1.4	39.2
1994	13.4	39.0	34.3	11.1	2.1	39.2
1995	13.2	36.9	36.1	11.5	2.3	39.7
1996	13.1	37.9	35.0	12.3	1.8	39.6
1997	15.0	37.0	32.6	12.8	2.5	39.6
1998	15.2	35.6	31.7	14.6	2.9	40.2
1999	12.2	36.1	30.4	18.8	2.6	40.9
2000	12.1	32.2	31.9	21.1	2.7	41.6
2001	11.0	34.4	29.2	21.5	3.9	41.8
2002	13.4	35.4	28.3	19.1	3.8	40.9
2003	11.8	36.5	26.4	21.1	4.2	41.4
2004	10.3	33.4	27.3	23.2	5.8	42.6
2005	9.9	31.8	27.7	24.1	6.5	43.0
2006	8.3	34.2	29.1	23.1	5.3	42.9
2007	11.3	39.5	24.3	20.5	4.3	41.4
2008	9.5	38.9	28.4	18.4	4.8	41.5
2009	9.1	38.5	26.5	19.4	6.5	42.1
2010	8.7	35.6	29.2	18.9	7.7	42.6
2011	8.2	39.2	28.4	17.7	6.6	42.0
2012	9.8	39.4	28.3	16.9	5.6	41.4
2013	8.1	40.2	29.8	15.5	6.5	41.7
2014	7.6	38.6	30.5	17.4	5.9	42.1
2015	7.4	35.8	34.2	15.4	7.1	42.4
2016	7.1	35.3	34.5	16.9	6.2	42.5
2017	8.1	34.2	34.1	16.9	6.6	42.6
2018	6.9	31.8	35.1	19.0	7.3	43.3
2019	4.9	33.4	36.0	19.4	6.3	43.5
2020	4.8	30.7	38.1	19.7	6.6	43.7
2021	5.4	31.3	36.9	19.4	7.0	43.7
2022	7.2	30.7	35.3	19.3	7.5	43.5
2023	5.8	30.1	37.8	20.2	6.1	43.7

(5)　開業費用

（単位：％）

	500万円未満	500万〜1,000万円未満	1,000万〜1,500万円未満	1,500万〜2,000万円未満	2,000万円以上	中央値（万円）	平均値（万円）
1991	23.8	26.7	18.4	10.3	20.8	970	1,440
1992	22.4	29.3	17.4	9.4	21.5	908	1,682
1993	21.0	28.3	17.3	10.4	22.9	1,000	1,750
1994	19.6	28.1	17.8	9.2	25.3	1,000	1,775
1995	20.3	28.0	18.3	9.3	24.2	1,000	1,770
1996	22.1	30.3	16.5	8.8	22.4	919	1,530
1997	21.5	29.8	19.5	9.1	20.1	920	1,525
1998	24.3	27.5	18.9	9.9	19.3	900	1,377
1999	24.3	30.8	15.8	7.8	21.3	850	1,682
2000	24.4	29.2	15.5	9.7	21.1	895	1,537
2001	22.6	32.2	16.6	7.9	20.8	850	1,582
2002	24.9	28.8	17.1	8.1	21.1	900	1,538
2003	29.6	30.2	15.8	7.3	17.1	800	1,352
2004	29.8	28.9	15.2	6.4	19.6	780	1,618
2005	31.8	29.0	14.2	5.6	19.4	705	1,536
2006	30.1	27.1	16.4	7.5	18.9	800	1,486
2007	31.7	28.6	15.7	5.7	18.3	724	1,492
2008	35.4	29.1	15.0	6.6	13.9	660	1,238
2009	34.3	28.3	15.0	6.6	15.8	700	1,288
2010	38.1	28.5	13.3	4.7	15.5	620	1,289
2011	39.8	26.6	13.8	5.4	14.5	620	1,162
2012	35.4	31.1	12.7	6.4	14.3	682	1,269
2013	34.7	31.0	14.4	6.6	13.2	690	1,195
2014	32.5	31.8	13.8	6.7	15.2	700	1,287
2015	32.8	31.6	14.9	6.9	13.8	720	1,205
2016	35.3	30.9	14.5	6.0	13.3	670	1,223
2017	37.4	29.3	14.0	6.8	12.6	639	1,143
2018	37.4	31.0	13.7	5.8	12.1	600	1,062
2019	40.1	27.8	15.0	5.6	11.5	600	1,055
2020	43.7	27.3	13.3	5.0	10.8	560	989
2021	42.1	30.2	12.4	5.4	9.9	580	941
2022	43.0	28.5	12.5	5.5	10.5	550	1,077
2023	43.8	28.4	13.6	5.2	9.0	550	1,027

4　日本政策金融公庫（国民生活事業）の新規開業支援窓口

⑴　創業支援センター

　創業支援センターでは、地域の創業支援機関とのネットワークの構築等を通じて、創業・第二創業をお考えの皆さまを支援する取り組みを行っています。

名　称	担当地域
北海道創業支援センター	北海道
東北創業支援センター	青森、岩手、宮城、秋田、山形、福島の各県
北関東信越創業支援センター	茨城、栃木、群馬、埼玉、新潟、長野の各県
東京創業支援センター	東京都
南関東創業支援センター	千葉、神奈川、山梨の各県
北陸創業支援センター	富山、石川、福井の各県
名古屋創業支援センター	岐阜、静岡、愛知、三重の各県
京都創業支援センター	滋賀県、京都府
神戸創業支援センター	兵庫県
大阪創業支援センター	大阪、奈良、和歌山の各府県
中国創業支援センター	鳥取、島根、岡山、広島、山口の各県
四国創業支援センター	徳島、香川、愛媛、高知の各県
福岡創業支援センター	福岡、佐賀、長崎、大分の各県
熊本創業支援センター	熊本、宮崎、鹿児島の各県

2024年6月1日現在

(2)　ビジネスサポートプラザ

　ビジネスサポートプラザでは、創業される方や公庫を初めて利用される方を対象に平日はもちろん、土日相談（祝日を除く）を実施しています。予約制ですので、ゆっくりご相談いただけます。

名　　称	所在地	予約専用ダイヤル	土日相談実施日
東京ビジネスサポートプラザ（新宿）	〒160-0023 東京都新宿区西新宿1-14-9	03(3342)3831	毎週土曜日および毎月第1、3日曜日
名古屋ビジネスサポートプラザ	〒450-0002 愛知県名古屋市中村区名駅3-25-9 （堀内ビル6階）	052(561)6316	毎週土曜日
大阪ビジネスサポートプラザ	〒530-0057 大阪府大阪市北区曾根崎2-3-5 （梅新第一生命ビルディング7階）	06(6315)0312	毎週土曜日

2024年6月1日現在

(3)　スタートアップサポートプラザ

　スタートアップサポートプラザでは、ベンチャーキャピタルや民間金融機関などの支援機関と連携しつつ、シード・アーリー期の融資相談にきめ細かく対応しています。

名　　称	担当地域
東京スタートアップサポートプラザ	東京都
名古屋スタートアップサポートプラザ	岐阜、静岡、愛知、三重の各県
大阪スタートアップサポートプラザ	大阪、奈良、和歌山の各府県
福岡スタートアップサポートプラザ	福岡、佐賀、長崎、大分の各県

※各拠点の対象エリア外におけるスタートアップ支援の窓口は、各支店にて対応しています。
2024年6月1日現在

2024年版　新規開業白書

2024年6月30日　発行　　　　　　　　（禁無断転載）

編　者　日本政策金融公庫総合研究所

発行者　平　岩　照　正
発行所　株式会社 佐伯コミュニケーションズ

〒151-0051 東京都渋谷区千駄ヶ谷5-29-7
ドルミ御苑1002号
電話 03(5368)4301
FAX 03(5368)4380
https://www.saiki.co.jp/